6.8　企業家の財界活動——まとめに代えて　114

補論5　村田昭・山内溥・佐藤研一郎　116

第7章　福岡県 ……………………………………………………… 121

7.1　福岡県の概要　121

7.2　安川一族　123

7.3　麻生一族　131

7.4　佐藤慶太郎　137

7.5　出光佐三　142

7.6　石橋一族　147

7.7　おわりに　156

第8章　岡山県 ………………………………………………………… 158

8.1　岡山県の概要　158

8.2　大原一族　159

8.3　林原一族　171

8.4　松田一族　174

8.5　福武一族　178

8.6　石川康晴　183

8.7　安原真二郎と岡﨑一族　185

8.8　おわりに　187

第3部　寄付活動を活かす政策

第9章　社会に果たす寄付の役割 …………………………………… 193

9.1　はじめに　193

9.2　政府の失敗　193

9.3　迅速性・柔軟性　195

9.4　起業家精神の活用　198

9.5　善意の連鎖　204

9.6 まとめ 210

第 10 章 公共心の涵養——結論に代えて ……………………………… 212
　補論 6　マイク・シコースキー氏の慈善活動の動機　220

参考文献 ……………………………………………………………… 223
人名索引 ……………………………………………………………… 235

凡例

表記に関して，

1. 国名・地名は日本語名をカタカナで表記する。ただし，United States of America は米国，United Kingdom of Great Britain and Northern Ireland は英国などとする。

2. 企業の法人格は創業家と区別をするなど必要がある場合を除いて記載しない。また，その他にも企業名に略称を用いることがある。

3. わが国の財団の中には 2008 年の公益法人制度改革により財団法人から公益財団法人に移行したものが少なくないが，煩雑さを避けるために財団の法人格を記載しない。

文献の引用に関して，

1. 訳書のある欧文献から引用する場合には訳書の該当箇所のある頁を記載する。

2. ある機関のウェブサイト（ホームページ）から引用する場合にはその機関名のみを記載する。ただし，文章の前後から機関名の推測が容易な場合には，冗長さを避けるために，単に "website" とする。

3. 引用箇所で和暦表記された日付（年）は西暦表記に変更する。

4. 引用箇所でカタカナ表記された欧米の機関（大学を除く），施設などの固有名詞は現地語表記に変更する。

5. 引用文に僅かな修正（・削除・加筆）を施すことがあるが，加筆した，あるいは前後関係から元の単語と意味が正確には一致しない訳語を使用した箇所のみ〔　〕で示す。

6. 直前の引用文献と同じ文献からの引用は *id.* と表記し，次に引用した頁を記載するが，同じ文献の同じ頁からの引用は単に「〃」と表記する。

英単語・英語固有名詞の和訳に関して，

1. 大学名は日本語表記（初出時には原則として現地語表記を併記），それ以外は現地語表記のみとする。また，University は Univ.，School は Sch.，College は Col.，Center は Ctr.，Institute は Inst. と略字を使用する。

2. 人名は日本語表記（初出時には原則として現地語表記を併記するが，ファーストネームのみの場合は除く）とする。ただし，表では現地語表記のみとする。また，原則としてミドルネームを記載しない。大学や慈善団体（財団）の名称にある個人のミドルネームも同様とする。

3. 財団名は現地語表記のみとする。また，foundation は fdn と略字を使用する。

4. 大学や慈善団体の "trustee" には「理事」と「評議員」の訳があり，日本の大学ではこれらは同じものではないが，本書では一様に「理事」と訳す。単なる "board" は "board of trustees"（「理事会」）のことと解する。"director" はディレクタ，ただし "board of directors" の一員の場合には「理事」，また "board of directors" も「理事会」と訳す。ただし，企業の "director" は「取締役」，国家機関（office）のそれは局長とする。さらに，"advisory board" を「諮問委員会」，"(senior) advisor" を相談役，"officer" を「執行役員」と訳す。

5. 経済団体や慈善財団の "president" には「会長」と「理事長」の訳があるが，本書では「理事長」と訳し，"chairman" を「会長」とする。ただし，"board chair" は理事長，委員会の president は「委員長」，会議（conference）のそれは「議長」とする。

6. 企業の "president" は「社長」と訳すが，銀行のそれは「頭取」とする。

地域振興と慈善活動

──慈善・寄付は地域を呼び覚ます──

序章　寄付・慈善活動を考える

　個人が特定の法人などに寄付（附）をする場合には，税制優遇措置が適用される。この当該活動を促進するための制度は寄付を節税対策とする見方と繋がりやすい。累進的な所得税制の下ではとりわけ富裕層の寄付にそれが成り立つ。また，わが国では同じ理由での寄付者による寄付の公表には売名行為との批判が付きまとう。寄付が現行制度の中で必ずしも好意的に受け止められていないのである。他方で，「まえがき」で述べたように，起業家の寄付などの慈善活動がいくつかの都市の産業の発展に確実に貢献している。これは米国ではピーボディ，カーネギーとロックフェラーに代表される著名な起業家兼慈善家が寄付を企業運営と同じ事業とみなし，その行為（寄付），そしてその具体的な内容が受給対象や社会に及ぼす効果への深い洞察の下にそれを実施していることと関連しよう。彼らからしばしば聞かれる「お金は稼ぐより使う方が難しい」との言葉には彼らの寄付に対する真摯な，そして新たなことに果敢に挑戦する起業家としての姿勢が反映される。それであるからこそ，国の政策としてそれを社会システムに組み込むことの検討が必要となる。そして，富裕層である起業家への課税強化が彼らの慈善活動に負の影響をもたらすとすれば，社会的に望ましい税体系は理屈として起業家の当該活動の社会的な効果または役割と税の当該活動への影響から決定されるものとなる。

　もっとも，本書の目的は社会的に望ましい税体系の導出を試みるものではない。本書は主に，①米・日における起業家の慈善（主に寄付）活動の歴史と現状を調査する，②米国の著名な起業家兼慈善家の慈善の活動と思想，そして彼らの思想の現代の起業家への影響を調査する，③いくつかの都市での起業家の地域振興と繋がる慈善活動の内容とその効果を改めて調査する，④政府が税収からそうするのではなく，起業家が寄付活動の形で社会的に必要なサービスを

提供することの社会的な利点を検討する，そして⑤そうした利点を確認した上で，慈善活動が必ずしも盛んとはいえないわが国での起業家，さらには国民全体の当該活動を奨励する方策を検討する，ものである。

　具体的な構成は以下の通りである。第1部「起業家の慈善活動をふり返る」は第1章〜第4章から構成される。第1章は主に米国での経済格差，富裕層の税負担，所得の源泉と彼らの経済格差に対する態度を概観する。第2章は米国での起業家とその一族のしばしば財団を通じた慈善活動の歴史と現状を概観する。米国では大学が寄付の主要な対象となっているためにそれに関する事例が多数，登場することとなるが，筆者の強い関心事である都市計画・都市開発を対象としたものも僅かながら紹介する。ただし，それを早い段階で，また大々的に展開したピーボディ，カーネギーとロックフェラーの慈善活動は第3章のテーマとなる。彼らの活動の内容と影響力は慈善活動の社会的意義を検討する第9章の論点を与える。また，第4章は第2章の日本版となる。次いで，第2部「地域産業を振興する慈善活動」は都市または地域の事例研究であり，第5章〜第8章から構成される。第5章は前書に続いて米ピッツバーグを取り上げる。かつて鉄鋼業で繁栄したこの都市にはカーネギーの他にも多数の起業家が誕生，財界として（戦後はR. K. メロンが中心になって）大気汚染・洪水対策や都市再開発に取り組み，さらにしばしば彼らが設立した財団を通じて教育・医療機関などを支援し，新産業の育成に重要な役割を果たしてきた。第6章は拙著『地域産業政策論』でも取り上げた京都（市）である。伝統が息づく京都では電気機械器具製造業などの「近代産業」に起業家が次々と誕生，立石一真，村田昭，堀場雅夫，佐藤研一郎，稲盛和夫，永守重信など一代でスタートアップ企業（startup）を大企業に成長させた者も少なくない。同時に，それら起業家の多くは次代の起業家を発掘・育成する，または伝統文化を維持・継承するための財界活動や日本では極めて高額となる寄付活動を積極的に展開している。第7章は福岡県，第8章は岡山県で，対象が地理的にやや広がるが，これは日本では③の対象となりうる都市が少ないことを理由とする。福岡県では筑豊炭田が起業家，安川敬一郎と麻生太吉を誕生させ，両者が炭鉱会社とは別に設立した企業が今日の地域経済を支える。安川は工業専門学校，麻生は病院を設立，また協力して港湾・鉄道の整備や官営八幡製鐵所の誘致に当たった。麻生の孫

の太賀吉，出光佐三，石橋正二郎は（太賀吉は鉱業が斜陽化するなかで）地元に大学を誘致し，さらに石橋は複合施設の文化センターを市に寄贈，出光は宗像神社の再建に尽力した。岡山県には紡績会社などを経営しながら「社会事業家の魁」(阿部 2017) となった大原孫三郎，企業と病院，美術館などを継承・発展させ，さらに倉敷の街づくりや水島臨海工業地帯の形成に尽力した息子の總一郎，父親が設立した書店の通信教育事業を軌道に乗せ，他方で瀬戸内海の島々を舞台に瀬戸内国際芸術祭（瀬戸芸）を開始した福武總一郎がいる。なお，事例研究では起業家またはその一族の企業家，そしてそれ以上に慈善家としての縦（世代間）と横（同時代の起業家間）の繋がりに重点が置かれる。そうした繋がりが個々の活動の地域（・社会）貢献をより広く，深いものとするからである。

　第3部「寄付活動を活かす政策」は本書の核心となる。第9章は本書の目的の④に迅速性・柔軟性，起業家精神の活用，善意の連鎖反応の観点から，第10章は目的の⑤に宗教教育を含む道徳教育からアプローチがなされる。また，第10章の補論として「マイク・シコースキー氏の慈善活動の動機」を添える。これは弁護士から教会の外国人向け英会話教室の教員に転職した動機を語ったもので，筆者の質問に対する回答となる。学生の職業選択または生き方に示唆を与えるものとなろう。

第 1 部　起業家の慈善活動をふり返る

第1章　社会階層は固定化されているのか

1.1　はじめに

　近年，米国では経済格差の拡大とそれによる社会階層の断絶が社会問題化しており，それらを是正する方策が盛んに議論されている。格差拡大の事実を鮮明に社会に突き付けたのは米国では 2014 年に出版された T. ピケティ（Thomas Piketty）の *Capital in the Twenty-First Century*（『21 世紀の資本』）であり，同書はたちまちにベストセラーとなった。その後，A. アトキンソン（Anthony Atkinson）の *Inequality*（『21 世紀の不平等』；Atkinson 2015），E. サエズ（Emmanuel Saez）と G. ズックマン（Gabriel Zucman）の *The Triumph of Injustice*（『つくられた格差』；Saez and Zucman 2019）なども出版された。同書が出版される以前の 2011 年 9 月 17 日には富裕層（所得上位 1%）と残り（99%）の著しい経済格差に抗議する，"We are the 99%" をスローガンとした「ウォール街占拠運動」（"Occupy Wall Street" movement）が発生（ウォール街はニューヨークの金融街），運動は米国の他の都市や海外に拡大した。2020 年の米国大統領選挙では経済格差または税制が争点の 1 つとされ，富裕層増税，連邦最低賃金の引き上げなどを掲げた民主党の J. バイデン（Joe Biden）が共和党の D. トランプ（Donald Trump）に勝利した。バイデンは就任後の 2021 年 9 月に「米国史上，最も親労働組合の政権を指導する最も親労働組合の大統領となるつもりである」（White House website）と公言した。また，民主党上院議員で，上院財政委員会（Finance Committee）委員長の R. ワイデン（Ron Wyden）は 2021 年 10 月，「年間の所得が 1 億ドル以上の，または 3 年連続で 10 億ドル以上の資産を保有する」超富裕層を対象とした，取引可能な資産の時価評価額の増加

分に毎年，課税することなどを内容とする Billionaires Income Tax を提案した（ただし，富裕税は現時点では導入されていない）。

　なお，経済格差は米国に限らず多くの国で関心を呼んでいる。日本では 2021 年 10 月 4 日に首相に就任した岸田文雄がその対策として「成長と分配の好循環」をコンセプトの 1 つとする「新しい資本主義」の構築を打ち出した（首相官邸 website）。分配戦略は「消費の喚起」が目的とされるので，高所得者から低所得者へのより一層の所得移転が意図される（日本の経済格差については，補論 1 を参照のこと）。

1.2　経済格差

　米国の経済格差の実態を見てみよう。米連邦準備制度理事会（Federal Reserve Board: FRB）が公表したデータから 1990 年，2010 年と 2020 年の第 1 四半期の世帯純資産（household wealth or net worth），下位 50%，上位 10% と上位 1% の資産合計とその全体に占める割合を**表 1-1** にまとめている。これによると，1990 年から 2020 年に下位 50% の資産合計は 2.4 倍となったが，上位 10% のそれは 5.6 倍，上位 1% のそれは 6.3 倍とより大きく増加しており，また下位 50% の資産の割合は半減し（ただし，2011 年第 2 四半期の 0.3% を底に逓増している），上位 10% のそれは 7.7%，上位 1% のそれが 6.2% 増加し，後者は 30% となっている。

　Don't Quit Your Day Job...（dqydj）の website には 2020 年（調査期間は 2019 年 2 月～2020 年初旬）の世帯純資産の分布に関するより詳細なデータがある[1]。これを図にしたものが**図 1-1** である（横軸はパーセンタイル順位で，「データを小さい順に並べたとき，〔最小値〕から数えて全体の a ％ に位置する値を a パーセンタイルと言う」（Bellcurve「統計用語集」））。曲線は逆 L 字型であり，純資産が富裕層に集中していることがわかる。数値を見ると，純資産の 50 パーセンタイル値（中位世帯純資産）は 121,411 ドル，90 パーセンタイル値はその 10.0 倍の 1,219,126 ドル，さらに 99 パーセンタイル値は 90 パーセンタイル

---

1) 　データの出所は 2020 年 9 月に公表された Federal Reserve SCF（Survey of Consumer Finances）とされる。

表 1-1　米国世帯純資産の分布（1）

	1990	2000	2010	2020
下位 50%	0. 77　（3. 7%）	1. 41　（3. 3%）	0. 33　（0. 6%）	1. 86　（1. 8%）
上位 10%	12. 65（60. 6%）	26. 71（63. 4%）	40. 34（67. 8%）	70. 89（68. 3%）
上位 1%	4. 90（23. 5%）	12. 05（28. 6%）	16. 77（28. 2%）	30. 8　（29. 7%）

（注）　単位は兆ドル（名目値）.
（出所）　Federal Reserve Board, "Distribution of Household Wealth in the U.S. since 1989"（website）.

図 1-1　米国世帯純資産の分布（2）

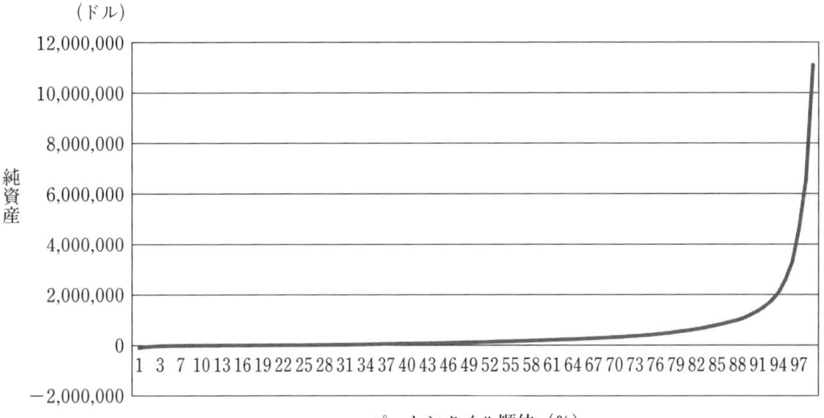

（出所）Don't Quit Your Day Job...（dqydj）website, "Average, Median, Top 1%, and all United States Net Worth Percentiles in 2020" のデータを用いて筆者が作成した。

値の 9. 1 倍の 11, 099, 166 ドル（！）である。他方で，図ではわかり難いが，10 パーセンタイル値まで世帯純資産はマイナスとなっている。また，Saez and Zucman（2019）によると，「1980 年の上位 1% の〔課税・所得移転前〕所得は国民所得の 10% をやや超える程度であり，下位 50% の〔当該〕所得はおよそ 20% だった。ところが現在では，これが逆転している。上位 1% の〔当該〕所得が国民所得の 20% 以上を占め，労働者階級の〔当該〕所得はわずか 12% に過ぎない」（p. 28）。いずれのデータも経済格差の拡大，とりわけ上位 1% への所得と資産の集中の進展を指摘する。

　ただし，これらは低所得層の絶対的な生活水準に関する明確な示唆を与える

ものではない。U.S. Census Bureau の "Poverty Status of People by Family
Relationship, Race, and Hispanic Origin: 1959 to 2020" によると，所得が貧困
線（poverty threshold）――これは「基本的ニーズ（basic needs）を満たすのに
足りる最低限の金銭的な資源」("How the U.S. Census Bureau Measures Pover-
ty") と定義される――を下回る家族（family）の割合は 1990 年に 12.0%，
2000 年に 9.6%，2010 年に 13.2%，2020 年に 11.4% であった。

　次に，超富裕層の純資産と税負担を個別に見てみよう。米長者ランキングで
ある *Forbes 400*（2020 年版）によると，純資産 1 位は J. ベゾス（Jeff Bezos;
Amazon 創業者，1,790 億ドル）で，以下，B. ゲイツ（Bill Gates; Microsoft 共同創
業者，1,110 億ドル），M. ザッカーバーグ（Mark Zuckerberg; Meta Platforms 共
同創業者，850 億ドル），W. バフェット（Warren Buffett; Berkshire Hathaway 実
質的創業者，735 億ドル），L. エリソン（Larry Ellison; Oracle 共同創業者，720 億
ドル）と続く（**表 1-2** を参照のこと）。僅か 3 年前の 2017 年と比較してベゾス，
ゲイツ，ザッカーバーグ，エリソンの純資産はそれぞれ名目で 975 億ドル，
220 億ドル，140 億ドル，130 億ドルだけ増加（ただし，バフェットのそれは
45 億ドル減少）している。連邦個人所得税（federal individual income tax; 以下，
連邦所得税）は累進税で，最高税率は 2018 年に 39.6% から 37.0% となったが
（所得税を課す州もある），節税対策を講じているとされる超富裕層の現実の税
負担はどの程度であろうか。2021 年に "independent, nonprofit newsroom" を
標榜する ProPublica が暴露した，「米内国歳入庁（Internal Revenue Service）
の米富豪，数千人の納税申告に関するデータ」によると純資産上位 25 人[2] が
2014〜18 年に支払った連邦所得税は 13.6 億ドルであったが，彼らの純資産は
この間に 4,010 億ドル，増加しており，後者に対する前者の割合――Pro-
Publica はこれを真の税率（true tax rate）と呼ぶ――は僅か 3.4% であった。
E. マスク（Elon Musk; SpaceX 創業者 & Tesla CEO，7 位，680 億ドル），M. ブル
ームバーグ（Michael Bloomberg; Bloomberg L.P. 創業者，14 位，550 億ドル），ベ
ゾスとバフェットのこの割合はそれぞれ 3.3%，1.3%，1.0% と 0.1% であり，
前三者と C. アイカーン（Carl Icahn; Icahn Enterprises 創業者，39 位，140 億ド

2）　ProPublica は富豪の純資産を Forbes が公表する調査結果に依存しており，この 25 人は *Forbes
400*（2020 年版）の上位 25 人のことかもしれない。

表 1-2　米長者ランキング

順位	氏名	資産源	資産	順位	氏名	資産源	資産
1	Jeff Bezos	Amazon, S	$179	11	Jim Walton	Walmart	$62.1
2	Bill Gates	Microsoft, S	$111	12	Rob Walton	Walmart	$61.8
3	Mark Zuckerberg	Facebook, S	$85	13	MacKenzie Scott	Amazon	$57
4	Warren Buffett	Berkshire Hathaway, S	$73.5	14	Michael Bloomberg	Bloomberg LP, S	$55
5	Larry Ellison	Oracle, S	$72	15	Charles Koch	Koch Industries	$45
6	Steve Ballmer	Microsoft, S	$69	15	Julia Koch & F	Koch Industries	$45
7	Elon Musk	Tesla, SpaceX, S	$68	17	Phil Knight & F	Nike, S	$39.2
8	Larry Page	Google, S	$67.5	18	Michael Dell	Dell computers, S	$35.6
9	Sergey Brin	Google, S	$65.7	19	Sheldon Adelson	Las Vegas Sands, S	$29.8
10	Alice Walton	Walmart	$62.3	20	Jacqueline Mars	Mars	$29
				20	John Mars	Mars	$29

（注 1）　氏名欄の "& F" は "& Family" を意味する。
（注 2）　資産源の "S" は "Self Made" を意味する。
（注 3）　Sheldon Adelson は 2021 年に死去した。
（注 4）　資産の単位は 10 億ドル。
（出所）　*Forbes 400*（2020 年版）。

ル），G. ソロス（George Soros, Soros Fund Mgmt 創業者，56 位タイ，86 億ドル）
には連邦所得税の納税額がゼロとなる年もあった（Eisinger, Ernsthausen and
Kiel 2021）。保有する資産が値上がりしても配当または譲渡益がなければ課税
対象とならないこと，資産を担保として銀行から低利での借入が可能となり，
また支払利子は所得控除（支払利息控除）の対象となること，などが理由とさ
れる[3]。なお，米国には連邦遺産税（federal estate tax）もあり，死亡時に独身
者であれば 1,170 万ドル，既婚者であれば 2,340 万ドルを超える資産の譲渡に
対して 40% の税が課されるが（遺産税・相続税（inheritance tax）を課す州も
ある），富裕層はしばしば委託者留保年金信託（grantor retained annuity trust:
GRAT）に代表される信託を活用して租税回避を行っており，Ernsthausen *et
al.*（2021）によると GRAT により「過去 13 年間に約 1,000 億ドル」の税収が
失われている。

---

3)　富裕層の税負担を低くする要因として企業のタックスヘイブン（tax haven; 租税回避地，低課税
　　地域の意）を利用した租税回避も挙げられる。ただし，2021 年 10 月に「136 の国・地域が国際
　　的な法人税の最低税率を 15% とすることで最終合意した」（『日経産業新聞』2021 年 10 月 29 日，
　　p. 1）。この取り決めによりある米国企業の A 国にある子会社が A 国で 10% の法人税を課された
　　場合，米国はそれに 5%（15% − 10%）の法人税を課すことが可能となる。また，それにより米
　　国の富裕層の実質的な税負担は増加することとなる。

1.3　一般大衆の認識

Pew Reserch Center の 2019 年 9 月 16 日〜 29 日に実施された調査（Horow-itz, Igielnik and Kochhar 2020）によると，経済格差（economic inequality）が「過大」（"too much"）と回答したのは61% で，「適度」（"right amount"），「過少」（"too little"）と回答したのがそれぞれ23% と13% であった。米国が現在，直面する「極めて重大な問題」（"very big problem"）として経済格差を挙げたのは44% で，これは医療の affordability（「費用を負担できること」）の66%，薬物中毒の64%，大学教育の affordability の55%，連邦政府の財政赤字の53%，気候変動の48% を下回る。また，経済格差の主要な要因として45% が業務の外国へのアウトソーシング，同じく45% が租税制度，44% が教育制度の問題，42% が異なる人生選択，40% が機会の格差，37% が主要企業への規制の不足，34% が努力の差，32% が人種・民族差別，30% が業務の自動化を，経済格差を改善する手段として62% が職業訓練，60% が富裕層への増税，52% が公立短期大学の授業料無償化，50% が国民皆保険化，48% が連邦最低賃金の引き上げ，47% が公立短期大学・4 年制大学の授業料無償化，46% が大学進学者の教育ローン債務（college debt）の免除を挙げている[4]。

1.4　富裕層の所得の源泉

Forbes 400 はランクインした富豪が資産をどの程度，セルフメイドしたかを 10 段階で評価した「セルフメイド・スコア」（"self-made score": SMS）を記載する（**表 1-3** を参照のこと）。これによると，「中流／上流階級の生い立ちを持つセルフメイド」（SMS: 8）が 146 人で最も多く，「資産を相続したが，それを増大するよう取り組んでいない」もの（SMS: 1），「資産を相続し，それを管

---

4)　機会の格差は Some people start out with more opportunities than others，努力の差は Some people work harder than others，職業訓練は ensuring workers have the skills they need for today's jobs，国民皆保険化は Expanding Medicare so that it covers Americans of all ages の意訳である。メディケアは連邦政府が運営する医療保険制度である。

表 1-3　セルフメイド・スコア

得点	条件	人数
1	資産を相続したが，それを増大するよう取り組んでいない（こと）。	27
2	資産を相続し，それを管理する役割を果たしている（こと）。	21
3	資産を相続し，それを少しばかり増大させている（こと）。	21
4	資産を相続し，それを大きく増大させている（こと）。	25
5	小規模または中規模企業を相続し，それを発展させて 100 億ドル以上の資産を形成している（こと）。	28
6	企業の創業者でない従業員／ハンズオフ投資家	10
7	裕福な両親から有利なスタートと裕福な生い立ちを得たセルフメイド	30
8	中流／上流階級の生い立ちを持つセルフメイド	146
9	およそ労働者階級の環境に育った，あるいは何も／ほぼ何も持たずに立身したセルフメイド	60
10	貧困の中で育ち，また大きな障害を克服したセルフメイド	32

（出所）　Ponciano, J. (2020) "The Forbes 400 Self-Made Score: From Silver Spooners To Bootstrappers," (https://www.forbes.com/sites/jonathanponciano/2020/09/08/self-made-score/?sh=56b8b83f41e4).

理する〔だけの〕役割を果たしている」もの（SMS: 2），つまり恵まれた境遇を全く幸運により享受しているものが合計で 48 人いる（この中には Walmart 創業家であるウォルトン一族（Walton family）の 6 人，Mars, Inc. 創業家であるマース一族（Mars family）の 6 人と Cargill 創業家であるカーギル・マクミラン一族（Cargill-MacMillan family）の 4 人が含まれる）。しかし，他方で，「およそ労働者階級の環境に育った，あるいは何も／ほぼ何も持たずに立身したセルフメイド」（SMS: 9），「貧困の中で育ち，また大きな障害を克服したセルフメイド」（SMS: 10）が合計で 92 人もいる。純資産上位 50 位内では SMS: 10 にS. アデルソン（Sheldon Adelson; Las Vegas Sands 会長・CEO）と T. ピーターフィー（Thomas Peterffy; Interactive Brokers LLC 創業者），SMS: 9 にエリソン，S. ブリン（Sergey Brin; Alphabet 共同創業者），L. ブラヴァトニック（Len Blavatnik; Access Industries 創業者），J. メナード Jr.（John Menard Jr.; Menards 創業者）とアイカーンが該当する。社会階層はあっても厳格に固定化されてはいない。また，経済格差の主要な要因の 1 つとしてしばしば機会の格差が挙げられるが（Horowitz, Igielnik and Kochhar 2020 参照），純資産上位 100 位内，SMS が9・10 の富豪（ただし，米国移住前に外国の大学で学位を取得したものを除く），16 人の内，中退者も含めて 14 人は大学での，また何人かは大学院での教育の機会を得ている。

1.5　富裕層の態度

　富裕層の一部は格差是正のための行動を起こしている。バフェットは 2011 年，*The New York Times* に「超富裕層を甘やかすのは止めよう」（"Stop Coddling the Super-Rich"）との論文（Buffett 2011）を発表した。ゲイツも富裕層への課税強化に賛成する発言を繰り返している（Gates 2019）。2019 年 6 月には 19 人（と匿名）の富豪が公開書簡で 2020 年大統領選の全候補者に，また 2021 年 11 月には 250 人を超える富豪が議会にワイデンが提案した類の，富裕層には 2,500 億ドルの増税となる資産課税（wealth tax）の導入を訴えた[5]。マスクは世論と Twitter を使った調査の結果を踏まえて 2021 年に所有する Tesla 株式の一部を売却して世間の耳目を集めた。本人によればそれにより 110 億ドル以上の税金を納めることとなった。

　他方で，富裕層は積極的に寄付活動を展開している（これについては次章で詳しく取り上げる）。Pew Reserch Center の調査ではそれ自体が国の「極めて重大な問題」の 1 つとして，またその他の問題である経済格差を解消する手段として大学教育と医療の affordability（授業料無償化・国民皆保険化）が高い割合で挙げられるが，富裕層または富裕層が設立した財団は教育・医療（機関）を寄付の主要な対象とし，寄付金は施設の整備や利用者の負担の軽減に充当される[6]。教育に関しては，例えばハーバード大学（Harvard Univ.）——学部組織の Harvard Col. や 12 の graduate/ professional Sch. から構成される——では 2021 年度（2020 年 8 月～2021 年 7 月）の事業活動収入，52 億ドルの

---

5) An Open Letter to the 2020 Presidential Candidates: It's Time to Tax Us More (2019), More Than 250 Millionaires Supporting the Billionaires Income Tax (2021). ただし，後者の 250 人の中に *Forbes 400* にランクインした者は含まれない。

6) 連邦政府の奨学金に給付型のペル奨学金（Pell Grant）がある。支（受）給額は expected family contribution, cost of attendance により異なり，上限は 2022-23 度年には 6,495 ドルとなる（Federal Student Aid website）。2019-20 年度の受給者は約 690 万人，平均受給額は 4,117 ドルであった。また，「受給者の圧倒的多数は低所得の家族に属し，2017-18 年度の受給者の 80% 以上は家族の所得が 4 万ドル未満であった」（National Association of Student Financial Aid Administrators website）。なお，奨学金の名称（当初は Basic Educational Opportunity Grants）はその制定を主導した上院議員の C. ペル（Claiborne Pell: 1918-2009）に因む。

39% をエンダウメント（endowment: 寄付金を原資とした基金）からの繰り入れ（Endowment distribution/payout），10% を current use giving が占めた（*Financial Report*, Fiscal Year 2021）。前者の用途の 1 つが学部生の経済支援であり，「学部生の 55% が need-based の奨学金を受給し，5 人に 1 人は授業料を納付していない」（Harvard Col. website）。そのため，同年度の授業料は 49,653 ドル（total billed and unbilled costs は 75,857-80,007 ドル）であったが，「90% の米国人にとって〔実質的には〕公立大学より安価となっている」（*id.*）[7]。2014 年には卒業生の K. グリフィン（Kenneth Griffin; Citadel LLC 創業者，34 位タイ，150 億ドル）がそうした目的で Harvard Col. に 1.25 億ドル，Harvard Business Sch.（HBS）に 1,000 万ドルを寄付した[8]。L. クーパーマン（Leon Cooperman; Omega Advisors 創業者，339 位タイ，25 億ドル）は「圧倒されるほどの学生ローンの負債に直面した」経験もあり，2013 年に母校，ハンター・カレッジ（ニューヨーク市立大学ハンター校：Hunter Col.）に 2,500 万ドル，内，1,000 万ドルを奨学基金の設立に寄付した。2015 年には自身の財団を通じて大学生に年間，9,000 ドルを上限に奨学金を支給する Cooperman Col. Scholars（CCS）を開設，奨学生は 500 人に上っている（CCS website）。経済格差は人種間に顕著に存在するが（FRB, "Survey of Consumer Finances, 1989-2019" を参照のこと[9]），アフリカ系米国人の R. スミス（Robert Smith; Vista Equity Partners 創業者，125 位タイ，52 億ドル）は 2019 年に所謂「歴史的黒人大学」（"Historically Black Colleges and Universities"（HBCUs））の 1 校，モアハウス・カレッジ（Morehouse Col.）の同年の卒業生の，総額で 3,400 万ドルの学生ローン負債を肩代

---

7) 奨学金には成績基準のある merit-based のものもあるが，ハーバード大学に限らず，名門大学の奨学金は need-based となっている。

8) 前者により Harvard Col. Office of Financial Aid は Griffin Financial Aid Office に改名され，後者により HBS に Kenneth and Anne Dias Griffin Fellowship Fund が設置された。2017 年には Kenneth C. Griffin Charitable Fund がシカゴ大学（Univ. of Chicago），Dept. of Economics に 1.25 億ドルを寄付したが（これにより同 Dept. は Kenneth C. Griffin Dept. of Economics と改称された），その一部は学部生・大学院生の奨学金に利用される。

9) 2019 年のデータだけを取り上げると，中位（平均）税引き前所得は白人家族が 6 万 9,230 ドル（12 万 2,500 ドル），黒人家族が 4 万 720 ドル（5 万 9,600 ドル），中位純資産が白人家族が 18 万 9,100 ドル（98 万 550 ドル），黒人家族が 2 万 4,100 ドル（14 万 2,330 ドル）である。なお，「世帯」（"household"）と家族（"family"）は定義が異なる。これについては，Census Bureau website を参照のこと。

わりし，2000 年には自身の Fund II Fdn とそれぞれ 5,000 万ドルを提供して非営利団体の Student Freedom Initiative（SFI）を設立，SFI は翌年にHBCUs に焦点を合わせたプログラムを開始した（Fund II Fdn website, SFI website）。ベゾスの元妻である M. スコット（MacKenzie Scott; 13 位，570 億ドル）は HBCUs またはそこの学生を支援する United Negro Col. Fund と Thurgood Marshall Col. Fund，そしてモアハウス・カレッジとロックフェラーが支援したスペルマン・カレッジ（Spelman Col.; 第 3 章を参照のこと）を含む 23 のHBCUs に，後者には「少なくとも 5.6 億ドル」（Freeman 2021）を寄付している。クーパーマンの自負心は「米国を偉大にしたのは私のように無から始めて大金を稼ぎ，それを〔社会に〕還元する人々であった。富裕層への容赦ない攻撃は意味がない」（Hadero 2021）との発言に繋がる[10]。民主党の J. マンチン（Joe Manchin）上院議員はワイデンの Billionaires Income Tax に Coopermanと同様の，つまり超富裕層は「多くの職をもたらし，多額のお金を投資し，また多額のお金を慈善活動に寄付する」との理由で反対した。

補論 1　日本の経済格差

　日本の所得格差の動向に関しては，『令和 2 年版厚生労働白書』に 1990 年から 2017 年までの 3 年毎の当初所得と再分配所得――「可処分所得（税・社会保険料のほか現金給付を含む）と医療・介護や保育等の現物給付をあわせた」もの――のジニ係数（Gini coefficient）が掲載される（ジニ係数は所得格差の代表的な指標で，0（1）に近いほど所得格差が小さい（大きい）ことを示す）。『白書』によると，当初所得のジニ係数は 1990 年の 0.433 から 2014 年の0.570 まで逓増したが，2017 年には 0.559 に減少した。また，再分配所得のジニ係数は 1990 年の 0.364 を最小，2005 年の 0.387 を最高とし，2011 年からは0.379，2014 年の 0.376，2017 年の 0.372 と逓減している。OECD のデータから可処分所得のジニ係数を他の国と比較すると，日本が 0.334（2018 年）で，米国は 0.395（2019 年），英国は 0.366（2019 年），豪州は 0.325（2018 年），フ

---

10)　富裕層，とりわけ起業家による，奨学金のための寄付の事例は無数にある。因みに，**表 1-2** には名前がないが，グリフィン，クーパーマンとスミスは *Forbes 400* にランクインしている。

図1-2　資産階層別の世帯数と純金融資産の割合

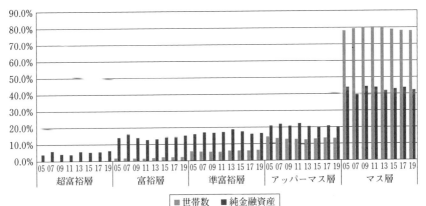

（出所）　野村総合研究所（2020）"News Release," 12. 21 より筆者が作成した。

ランスは 0. 292（2019 年）, ドイツは 0. 289（2018 年）であり（（　）内は調査年）, 北欧のスウェーデン 0. 280（2019 年）, フィンランド 0. 269（2018 年）, デンマーク 0. 263（2018 年）とノルウェー 0. 261（2019 年）はこの数値がさらに低い。

　資産に関しては, 野村総業研究所が資産階層別──資産階層は超富裕層（5 億円以上）, 富裕層（1 億円以上・5 億円未満）, 準富裕層（5,000 万円以上・1 億円未満）, アッパーマス層（U マス層；3,000 万円以上・5,000 万円未満）, マス層（3,000 万円未満）の 5 つ──の世帯数と純金融資産に関する調査を定期的に実施している。この調査によると, 超富裕層の世帯数の割合は 2011 年の 0.099% から 2019 年の 0.161%, 富裕層のそれは同じく 1.509% から 2.295% に逓増している。が, マス層の世帯数と純金融資産の割合には明確な変化は見られない（図1-2 を参照）。

　内閣府が 1954 年から実施する『国民生活に関する世論調査』にも触れておく。同調査では生活程度に関する回答の割合が 1954 年 8 月の「上」2.1%, 「中上」6.4%,「中中」26.5%,「中下」22.5%,「下」37.7% から 1970 年 1 月にはそれぞれ 0.6%, 7.8%, 56.8%, 24.9%, 6.6% と「中」（「中上」・「中中」・「中下」）が大幅に増加（選択肢・回答に「不明」があるため合計は 100% とならない）, 1970 年に人口が 1 億人を突破したために「一億総中流」

の言葉が使用されるようになった。2019 年 6 月の調査では「上」が 1.3%,
「中 上」が 12.8%,「中 中」が 57.7%,「中 下」が 22.3%,「下」が 4.2% で,
「上」が 0.7%,「中上」が 5%, 増加したが,「下」が 2.4%,「中下」が 2.6%,
減少しており, 格差の拡大は読み取れない。また, 2018 年 6 月の調査から
「上」は 0.3%,「中上」0.8%, 減少しており,「総中流」の意識は大きく変化
していない。

第2章　米国の寄付活動をふり返る

2.1　法制度の整備

　米国では寄付活動が盛んであるが，その理由の1つは19世紀末から20世紀初頭にかけての法制度の整備にある。「〔イングランドから継承した〕遺言書の古い法律は遺言書にある程度の明確性」，例えば「恩恵を受ける法人（corporation）がすでに設立されていることを要求した」（Acs 2013, p. 110）。そのため，ニューヨーク州知事を務めた S. ティルデン（Samuel Tilden）の「ニューヨーク市に無料の図書館と閲覧室を設立・維持する」ための信託（Tilden Trust）の設立を記載した遺言書が1891年に同州の Court of Appeals（最高裁判所）により無効と判断された[1]。また，「理事会により代々，管理される，制約のない（open-ended）信託の設立は禁止〔された〕」（〃）[2]。しかし，1893年に「ニューヨーク州議会が不明確（undefined）で，理事会が信託を管理する責任を負うことだけを明記する遺贈の法的承認を可能とする法律を制定し」，「米国の財団の発展のための道を開き，他の州も後に続いた」（id., pp. 110-11）。また，税に関連して「ノースカロライナが1901年に2,000ドルを超える寄付についてそうしたように，まずは州が個人の納税者に慈善・宗教・教育機関への寄付の税額控除を提供し」（Zunz 2012, p. 87），連邦政府は1917年に個人所得税に，

---

1)　その後，Tilden Trust は訴訟を起こしたティルデンの血縁者と和解し，1895年に財政難にあった Astor Library, Lenox Library と合併して New York Public Library system である New York Public Library, Astor, Lenox and Tilden Fdns となった。

2)　ただし，Zunz（2012）によるとそれ以前には州により「英国の判例の解釈は広く異なっており」，例えば「ニューイングランド（とニューイングランダーが居住する中西部の諸州）は大半の遺贈を容認する傾向にあった」（p. 13）。

次いで 1916 年に導入された遺産税に同様の制度を採用した。現在の内国歳入法（Internal Revenue Code）では「もっぱら宗教，慈善，科学，公安のための実験（testing for public safety），文学，教育または他の特定の目的のために組織・運営される」慈善機関（charitable organization; a.k.a 501（c）（3）Organization）に寄付の税額控除が適用される。また，「そうした機関も 1894 年以降，連邦所得税を免除されている」（Bittker and Rahdert 1976, p. 330）[3]。ハーバード大学（Harvard Univ.）学長であった C. エリオット（Charles Eliot）は 1874 年，税額控除の廃止を検討したマサチューセッツ州の tax commission に手紙を提出し，以下のように税額控除を擁護した；

> 教会，大学と病院を課税から免除する単純な理由は以下の通りである；第 1 に州がそれら機関を必要とすることである。第 2 に州がそれらを確保する最も安価で，最善な方法は断然，これらの後援者がこの最も崇高な公共用途に捧げる金銭の収入のいかなる部分も下位の公共用途に流用しないことを約束して善意と公共心のある人々にそれらを提供するよう促すことであるのを経験が示していることである。

税額控除には長い論争の歴史があるが，「エリオットの手紙はその支持者により広く引用されるようになった」（Diamond 2002, p. 127）。

　ただし，慈善機関が税金逃れ（tax evasion）などの手段として悪用される懸念から，『1969 年税制改革法』（"Tax Reform Act of 1969"）により慈善機関は教会，病院，病院付属の認可を受けた医療研究機関，学校，カレッジ，大学などが該当するパブリック・チャリティ（public charity）とそれ以外の民間財団（private fdn）に分類され，民間財団は純投資収益（net investment income）に 4% の課徴金（excise tax）が課され（1978 年に 2% に軽減された），また欠格者（disqualified person）——主要な寄付者，理事，執行役員（officer）など——との自己取引の禁止，excess business holdings——ある企業の，議決権株式の 20% に等しい数量と欠格者により所有される数量の差額を超えて保有され

3）　ただし，連邦議会に「各州に比例配分することなく，……，いかなる源泉から生ずるものであっても，所得に対して税を賦課し徴収する権限」（アメリカンセンター Japan 訳）を認めたのは 1913 年に批准された合衆国憲法修正第 16 条である。

る株式――に対するその価値の5%の課税，また助成型の民間財団（private nonoperating fdn）にはpayout requirement/qualifying distributionなどの制約が課された（Bittker and Rahdert 1976）。最後の制約は助成金，管理費などへのpayout/distributionの下限を実現利益（realized income）と投資資産の6%の大きい方とするものであるが（それを満たさなければ課徴金が課される），1976年と1981年の変更により投資資産の5%となったために（Waleson 2007），"5% Payout Rule"と呼ばれている。

2.2　寄付活動の歴史

2.2.1　大学

　大学は早くから起業家の寄付の対象となった。U.S. News and World Report（以下，U.S. News），*2021 Best National Univ. Rankings*の上位50位に入る私立大学36校の多くは19世紀中に設立されており，それらの中で創設者（または設立時の主要な後援者）となった起業家の名前の付いた大学はハーバード大学（1636年），イェール大学（Yale Univ., 1701年），スタンフォード大学（Stanford Univ., 1885年），ジョンズ・ホプキンス大学（Johns Hopkins Univ., 1876年），デューク大学（Duke Univ., 1838年）をはじめとして13校に上る（（ ）内の数字は設立年）。カーネギーメロン大学（Carnegie Mellon Univ.: CMU）はA. カーネギー（Andrew Carnegie）が1900年に設立したカーネギー技術学校（Carnegie Technical Schs., 後のCarnegie Inst. of Technology）が前身の1つとなる。地名を名称とするシカゴ大学（Univ. of Chicago, 1890年），ペンシルベニア大学（Univ. of Pennsylvania, 1740年），カリフォルニア工科大学（California Inst. of Technology, 1891年）とリーハイ大学（Lehigh Univ., 1865年）も創設者は起業家――順にJ. ロックフェラー（John Rockefeller），B. フランクリン（Benjamin Franklin），A. スループ（Amos Throop），A. パッカー（Asa Packer）――である。

　創設者の中で，ロックフェラーを除くと，スタンフォードとホプキンスの寄付額が群を抜く。L. スタンフォード（Leland Stanford）はウィスコンシン州で弁護士をしていたが，カリフォルニア州でゴールドラッシュが始まるとサクラ

メントで雑貨店を開業，1861年に彼を含む所謂 "The Big Four" が最初の大陸横断鉄道の一部となる Central Pacific Railroad を設立して社長に就任した。1862-63年には州知事，1885-93年には米国上院議員の職にもあった。スタンフォードは一人息子が15歳で夭逝すると，同州の子供たちに彼に受けさせようとした教育を受ける機会を提供しようと4,000万ドル（2020年の10.7億ドルに相当[4]）を寄付して大学を設立した。J.ホプキンス（Johns Hopkins）はメリーランド州に生まれ，17歳でボルチモアにあった叔父の食料品卸売を手伝い始め，後に独立して兄弟で Hopkins & Brothers を設立した。その後，銀行業に進出して Merchants National Bank of Baltimore の社長や他の複数の銀行の取締役，さらに大株主となった Baltimore and Ohio Railroad の財政委員会会長（Finance Committee Chairman）に就任した。生涯独身であった「ホプキンスは他人の利益になるような富の使い方を探し」，病院が医科大学院（medical sch.）と接続され，医科大学院は大学の一部となる，「後にすべてのアカデミックな医療機関にとってのモデルとなった」医療体制を構想，800万ドルともされた資産の内の700万ドル（2020年の1.5億ドルに相当）を地元のボルチモアでの大学と病院（Johns Hopkins Hospital, 1889年）の設立に遺した（Johns Hopkins Medicine website）。なお，今日では大学の Sch./Col., Ctr., 図書館，スポーツ施設，さらには学長や教授の職にしばしば後援者の名前が付けられる。

2.2.2　都市計画・都市（再）開発

　都市計画・都市開発も寄付活動の対象とされる。まずは文教地区として名高いオハイオ州クリーブランドの Univ. Circle の開発を取り上げよう。ここは「鉄道界の大立者」（"Railroad magnate"）と呼ばれた A. ストーン（Amasa Stone）などの寄付で購入された43ac（≒174,015㎡）の土地にウエスタンリザーブ・カレッジ（Western Reserve Col.; 後に大学（Univ.: WRU））が1882年，ケース応用科学学校（Case Sch. of Applied Science; 後のケース工科大学（Case Inst. of Technology））が1885年に転入したのを嚆矢としてそれらの周辺に WRU の医科大学院，3病院，さらに美術館（Cleveland Museum of Art），植物園（Gar-

---

4)　計算は officialdata.org の CPI Inflation Calculator による（寄付は設立年になされたものと仮定する）。以後，米国での異時点間の貨幣価値の比較に同 Calculator を利用する。

den Ctr. of Cleveland; 現 Cleveland Botanical Garden），管 弦 楽 団（Cleveland Or-
chestra）の本拠地となるホール（Severance Hall），歴史協会（Western Reserve
Historical Society），自然史博物館（Cleveland Museum of Natural History）など
の文化・芸術機関が集積して形成された[5]。2大学は 1967 年に合併してケース
ウェスタンリザーブ大学（Case Western Reserve Univ.）となった。Univ. Circle
の都市計画は「20 世紀の最初の 20 年」には商工会議所（Cleveland Chamber of
Commerce）と，「Univ. Circle の主要な慈善家」により 1918 年に設立された不
動産保有会社の Univ. Improvement Co. がそれに関する重要な役割を果たした
（Stapleton 2020, p. 9）。脚注5で触れたマザーの弟で，Cleveland-Cliffs Iron
Co. の社長であったウィリアムは「Univ. Improvement Co. の設立者の1人で
あり，商工会議所都市計画委員会（City Plan Committee）の会長も務めた」
（id., p. 120）。また，彼の「景観と都市計画への関心」は Garden Ctr. の創設者
の1人である妻のエリザベスに継承された（〃）。彼女はこの地区にも郊外化
の波が及び始めた 1955 年に New York State Council of Parks や Long Island
State Park Commission の要職にあり，ニューヨークの "master builder" と呼
ばれた R. モーゼス（Robert Moses）と会談，彼の助言に従って「75,000 ドル
をケース工科大学に寄付し」（id., p. 121），コンサルティング会社に Univ. Cir-
cle Master Plan を作成させた[6]。1957 年に Plan に従って Univ. Circle Devel-
opment Fdn（UCDF）が設立され，UCDF はまずは「〔Univ. Circle 内の〕機関
により拡張のために必要とされる土地を購入・保有する land bank を設置し」，

---

5) WRU の医科大学院と3病院の新施設の建設のために 1924 年に実施された募金活動には「S. マ
ザー〔（Samuel Mather; Pickands, Mather, and Co. の共同創業者で，ストーンの義理の息子）〕，
E. ハークネス〔（Edward Harkness; Standard Oil 共同創業者である S. ハークネス（Stephen
Harkness）の息子）〕とハンナ（Hanna）一族から多額の寄付」（Ency. of Cleveland History
（ECH），"UNIV. HOSPITALS CASE MEDICAL CTR."）がなされた。
6) クリーブランドには財団が都市計画・都市開発に同様の形で関与した事例がある。つまり，1980
年代初頭に George Gund Fdn による 80 万ドルの支援により「地域経済の衰退を食い止める特定
の方策を見出すための」調査が実施され，その提言により Greater Cleveland の財界を代表する
38 人の CEO から成る Cleveland Tomorrow（現 Greater Cleveland Partnership）が設立された。
「Cleveland Tomorrow は以後，20 年にわたってクリーブランドの経済再生のための最も重要な
民間機関，そして〔Gateway project, Tower City project, Rock and Roll Hall of Fame など
の〕官民の開発プロジェクトを開始する主要な力となった」（ECH, "CLEVELAND TOMOR-
ROW"）。

次いで「駐車場，シャトルバス，治安，architectural review，共用部分の造園」といったサービスの提供を開始した。「1970 年に UCDF は Univ. Circle と周囲の地区（neighborhood）の関係強化に追加的な重点を置いて Univ. Circle, Inc.（UCI）として再編成され」，1990 年と 2007 年に新たな Plan を策定している（以上，UCI website）。

　次は Lilly Endowment Inc.（財団；以下，Lilly Endowment）が参画したインディアナ州インディアナポリスの都市開発である。Lilly Endowment は製薬会社，Eli Lilly & Co. 創業家の J. K. リリー Sr.（Josiah Kirby Lilly Sr.）と，息子のイーライと J. K. Jr. により 1937 年に設立された。彼らの寄付は同社株，17,500 株（262,500 ドル相当）であったが，「1971 年までに寄付の合計は〔株式分割もあり〕，約 3,200 万株，9,400 万ドル相当となった」（Lilly Endowment website）。インディアナポリスでも戦後しばらくして製造業が衰退し，中心部が荒廃するなかで「同 endowment は活動を同市に集中させることとし」（FundingUniverse.com, "Lilly Endowment Inc. History"），市・州が「意識的な経済開発戦略」（W. ハドナット 3 世（William Hudnut III）元市長談；Peterson 1987）としてスポーツ振興に乗り出すとそれを財政面で積極的に支援した[7]。まずは「スポーツイベントの誘致に当たる」非営利組織の Indiana Sports Corp. が 1979 年に設立されると「6 桁の助成金を提供した」（FundingUniverse. com, "Lilly Endowment Inc. History"）。1982 年 の National Sports Festival の 誘致が決まるとスイミングプールの建設に（2,150 万ドルの内の）1,070 万ドル，陸上競技場のそれに（590 万ドルの内の）400 万ドル，さらに 1981 年にはフットボール場（Hoosier Dome，後の RCA Dome; 2008 年に解体）の建設に（7,750 万ドルの内の）2,500 万ドルを寄付した（id.）。Hoosier Dome の建設は 1984 年のボルチモアからの Colts（National Football League: NFL）の誘致に繋がる。1997 年には全米大学スポーツ協会（National Collegiate Athletic Assoc.: NCAA）の本部をダラス，デンバー，カンザスシティとの競争の末に誘致したが，市が提供を申し出た 5,000 万ドルの優遇措置（incentive）の内の 1,000 万ドルは

---

7)　市の最初の取り組みは National Basketball Assoc. の Indiana Pacers が使用する Market Square Arena の建設（完成：1974 年，解体：2001 年）に求められるかもしれない。ただし，Lilly Endowment の支援はイーライが指導したものではない。

Lilly Endowment（他に経済界が 1,500 万ドル，州が 2,000 万ドル）が負担した（Andrews 2021）。インディアナポリスは世界 3 大自動車レースの 1 つ，*Indy 500* の開催地でありながら人々の印象が薄いとされていたが，1987 年 7 月 5 日付の *Chicago Tribune*（Hersh 1987）に「米国におけるアマチュアスポーツの首都として全国的に認識されている」と記載されるなど，その政策には早い段階で良好な評価がなされた。

　最後は Rockefeller Fdn の研究支援の取り組みである。同財団は米国の都市が第 2 次世界大戦後に一方で住宅不足（連邦政府は『1949 年住宅法』（Housing Act of 1949）を制定した），他方で郊外化[8]に直面するなかで 1955-65 年に Urban Design Studies program を設定，「当時はあまり知られていなかった」（Rodin 2016）J. ジェイコブズ（Jane Jacobs）を被助成者の 1 人とし，*The Death and Life of Great American Cities*（Jacobs 1961）の執筆を支援した。ジェイコブズは都市の観察により発展する都市の生態系には構成要素，就中仕事の種類の多様性と複雑な相互依存があること，またスラム克服の鍵を「スラム自体に備わった再生の力を認識し，それを尊重してそれを手がかりにする」（p. 300）ことに見出したが，財団の理事長を務めた J. ロディン（Judith Rodin）は同書を「都市計画に関する決定的（definitive）な作品」（Rodin 2016）と評している[9]。また，ロックフェラー一族は，慈善か否かは兎も角として，Rockefeller Ctr.（竣工：1939 年）などの建設によりニューヨークの再開発に深く関与している。

2.3　寄付活動の現状

　Forbes 400（2020 年版）は資産に対する寄付総額[10]の割合により 5 段階で採点した慈善スコア（philanthropy score: PS）を記載する。これによると，寄付に関する公開情報が入手できる 332 人の内，資産の 5% 以上・10% 未満を寄

---

8)　郊外移住者がもっぱら白人であるため white suburbanization, white flight などと形容される。

9)　同財団は 2007 年に「都市を観察・理解する新たな方法を創造した個人を表彰する」（Rodin 2016）ものとして Jane Jacobs Medal を創設した。

10)　これは自身の財団に寄付した金額ではなく，財団によって交付された助成（補助）金と確認し得る直接的な寄付を集計したものとされる。

表 2-1　慈善スコアの集計

スコア	条件	人数
1	資産の 1% 未満を寄付している。	127
2	資産の 1% 〜 4.99% を寄付している。	120
3	資産の 5% 〜 9.99% を寄付している。	56
4	資産の 10% 〜 19.99% を寄付している。	19
5	資産の 20% 以上を寄付している。	10
N/A	寄付に関する公開情報が入手できない。	68

（出所）　Wang, J. (2020) "The New Forbes Philanthropy Score: How We Ranked Each Forbes 400 Billionaire Based on Their Giving," (https://www.forbes.com/sites/jenniferwang/2020/09/08/the-new-forbes-philanthropy-score-how-we-ranked-each-forbes-400-billion-aire-based-on-their-giving/?sh=2b0220bb9eba).

付している（PS が 3 となる）のが 56 人，10% 以上・20% 未満を寄付している（PS が 4 となる）のが 19 人，さらに 20% 以上を寄付している（PS が 5 となる）のが 10 人となる（**表 2-1** を参照のこと）。

　次に，上位にランクインした数人の寄付活動を見てみると，ゲイツ（PS: 4）は「358 億ドル相当の Microsoft 株式を〔Bill & Melinda〕Gates Fdn（以下，Gates Fdn）に」，バフェット（PS: 5）は「410 億ドル以上を主に Gates Fdn と彼の子供たちの財団に」，ブルームバーグ（PS: 4）は「50 億ドル以上を銃規制，気候変動と他の目的に」寄付しており，スコット（PS: 2）は「2020 年に約 60 億ドルを 500 の非営利団体に寄付したと発表した」（1.5 節を参照のこと）。Intel 共同創業者の G. ムーア（Gordon Moore; 48 位，103 億ドル，PS: 5）は「2000 年に Gordon and Betty Moore Fdn を立ち上げたが，同財団は 60 億ドル以上の資産を持ち」，「環境保全，患者ケア，科学研究とサンフランシスコ・ベイエリアでのプロジェクトを支援する」。ソロス（PS: 5）は「ファミリーオフィス（family office）から彼の Open Society Fdns に 2018 年時点で 180 億ドルを移転している」。純資産 1 位のベゾスの PS は 1 であるが，「2020 年 4 月に 1 億ドルを全米でフードバンクとフードパントリーを運営する非営利団体の Feed America に寄付すると述べた」（引用はすべて *Forbes 400*（2020 年版）から）。また，2018 年に Day 1 Families Fund と Day 1 Academies Fund から成る 20 億ドルの Bezos Day One Fund，2020 年に「われわれの惑星にとって最大の脅威」とみなす気候変動に対処する 100 億ドル（!）の Bezos Earth Fund を設立し

た。2021 年には，金額が小さく見えてしまうが，B. オバマ（Barack Obama）
元大統領が設立した財団に1億ドルを寄付した。純資産5位で，PS が1のエ
リソンは 1997 年に Ellison Medical Fdn を設立，同 Fdn はそこから撤退する
までの 15 年間に「約 4.3 億ドルの助成金」を主に老化研究（aging research）
に付与した（Leuty 2013）。その後，名称を Lawrence Ellison Fdn に変更し，
拠点をロンドンに移転し，そして「医学研究から栄養学，健康維持と教育に事
業の手を広げた」（Brunswick G. website）。2016 年には南カリフォルニア大学
（Univ. of Southern California）に2億ドルを寄付して Ellison Inst. for Transfor-
mative Medicine を設立した。純資産7位で，やはり PS が1のマスクは 2002
年に Musk Fdn を設立，同財団は 2020 年度だけでも 2,361 万ドルを寄付して
いる（Form 990-PF）。2021 年のアースデイ（4月22日）にその Musk Fdn と，
XPrize Fdn に賞金1億ドルの XPRIZE Carbon Removal contest を開設，11
月には Tesla の 500 万株強（57.4 億ドルに相当）を寄付した（詳細は不明）。純
資産3位で，PS が2のザッカーバーグは 2015 年に「病気の根絶，教育の改善
からわれわれの地域コミュニティのニーズへの対応」などのために有限責任会
社（limited liability company: LLC）の Chan Zuckerberg Initiative（CZI）を設
立（website），Facebook の持株の 99%（CZI の設立時点で 450 億ドルに相当）を
そこに寄付することを明言している。CZI は彼の母校のハーバード大学に
2017 年に 1,210 万ドル，2018 年に 3,000 万ドルを寄付し，2021 年には 15 年
にわたり総額5億ドルを寄付することを公表した。バフェット，ソロスとブル
ームバーグは ProPublica（Eisinger, Ernsthausen and Kiel 2021）に税の低負担を
名指しされたが（1.2 節を参照のこと），他方で寄付活動を大々的に展開してい
るのである。さらに，ゲイツとバフェットは「生存中に，または遺言で資産の
大半を慈善活動または慈善目的に寄付することを誓約する慈善家の運動」であ
る Giving Pledge を 2010 年に開始している。Giving Pledge の理念には 2020
年 12 月 31 日時点で 216 人（組[11]），*Forbes 400* にランクインする 400 人の内
ではザッカーバーグ，エリソン，マスク，ブルームバーグ，さらには第1章に
登場したクーパーマン，スミスとスコットを含む 72 人（ゲイツとバフェット

11）　誓約には2人（恐らくは夫婦）が連名で行っているものが少なくない。

を入れると 74 人）が賛同し，Giving Pledge の website でそれ（誓約）を公表している[12]。

2.4　財団

　財団の設立はピーボディを嚆矢とし，その後，カーネギーの Carnegie Corp. of New York（CCNY; 1911 年），ロックフェラーの Rockefeller Fdn（1913 年），ハークネス一族の Commonwealth Fund（1918 年），O. セージ（Olivia Sage）の Russell Sage Fdn（1907 年），J. ローゼンウォルド（Julius Rosenwald）の Julius Rosenwald Fund（1917 年）などの大規模な財団が 20 世紀初頭に誕生した[13]。彼らの財団設立は多数の寄付の求めに個人では対処しきれないことを理由の 1 つとし，また American Baptist Education Society の事務局長であった F. ゲイツ（Frederick Gates）を 1891 年から慈善事業の補佐役としたロックフェラーは後に「ビジネスと同じように，この分野も明確な方針にそって組織と計画をつくらねばならなかった」（Chernow 2004, 上，p. 569）と回顧している。財団は，規模や種類はともかく，1915 年に 27，1930 年 200 以上，1955 年には 1,488 と大幅に増加した（Zunz 2012）。Fdn Ctr., Fdn Stats によると，最近でも 2002-15 年に米国の全財団数は 64,845 から 86,203，独立財団数[14]は 57,840 から 79,489，全財団の総資産額（資産総額）の合計は 4,318 億ドルから 8,680 億ドル，独立財団のそれは 3,604 億ドルから 7,120 億ドルへといずれも大幅に増加している[15]。個別では Lilly Endowment，Ford Fdn，Robert

---

12)　Giving Pledge の website には誓約者（pledger）と誓約書（Giving Pledge letter）しか掲載されていないので，他の情報を使って 74 人を特定している。

13)　Commonwealth Fund の設立者は f.n.6 に登場した S. ハークネスの後妻のアンナである。セージは投資家，ラッセルの 2 番目の妻，ローゼンウォルドは Sears, Roebuck and Co. の元社長・会長である。なお，セージは 1916 年にラッセル・セージ・カレッジ（Russell Sage Col.）を設立している。

14)　「民間独立財団は寄付者，寄付者の家族またはある企業により運営されないという点で民間家族・企業財団と異なる。米国の大規模民間財団の大部分が独立財団である」（Council on Fdns website）。

15)　Fdn Ctr. は 2019 年に GuideStar と合併して Candid となった後に Fdn Stats の website を閉鎖した。

Wood Johnson（RWJ）Fdn の資産は 100 億ドル台，Gates Fdn のそれは 500
億ドル近くに及ぶ（**表 2-2** を参照のこと）。すでにいくつかの財団の活動に触れ
ているが，上位 3 財団の最近の活動を簡単に紹介すると，2020 年に Gates
Fdn は Global Development，Global Health，米国プログラム，Global Growth
& Opportunity，Global Policy & Advocacy，性の平等，他の慈善プログラム
を対象分野として 58.2 億ドル（*2020 Annual Report*），Lilly Endowment はコ
ミュニティ開発，教育，宗教を対象分野として 7.7 億ドル（*2020 Annual Re-
port*），また Ford Fdn は貧困と不正の削減，民主主義の価値観の強化，国際協
調の促進と human achievement の前進をミッションとして 9.2 億ドル（*2020
Audited Financial Statements and Footnotes*）の助成を実施している。また，
Rockefeller Fdn と CCNY は設立後，100 年が経過したが，米国の独立財団の
中で上位 20 位に入るほどの資産を維持している（再び，**表 2-1** を参照のこと）。
　米国では財団の誕生・発展に伴い，その運営を担う人材を育成する機関も誕
生・発展した。最初の機関は 1904 年に設立された New York Sch. of Philan-
thropy であり[16]，1940 年にコロンビア大学（Columbia Univ.）の大学院組織に
組み込まれ，1963 年に Sch. of Social Work となった。1908 年には Chicago
Sch. of Civics and Philanthropy が設立され，1920 年にシカゴ大学の Sch. of
Social Service Administration となり，2021 年に地元の資産家，J. クラウン
（James Crown）から 7,500 万ドルの寄付を受けて Crown Family Sch. of Social
Work, Policy, and Practice に改称された。インディアナ大学（Indiana Univ.）
は 1987 年，Lilly Endowment から寄付を受けてインディアナポリスのキャン
パス（Indiana Univ.-Purdue Univ. Indianapolis）に Ctr. on Philanthropy を設立，
2012 年にそれを Lilly Family Sch. of Philanthropy に改組したが，Ctr.・Lilly
Family Sch. は「この分野〔(philanthropy)〕で米国初の学士，修士と博士の学
位を設置した」（Lilly Family Sch. of Philanthropy website）[17]。Sch. 内には Fund
Raising Sch.，Lake Inst. on Faith and Giving，Mays Family Inst. on Diverse
Philanthropy と Women's Philanthropy Inst. も設置される。U.S. News, *2022*

---

16)　ただし，それに先行して 1898 年に夏期学校（Summer Sch.）が開設されている。
17)　コロンビア大学 Sch. of Social Work は 1940 年から修士号，1952 年から博士号の学位を授与した
　　が（website），学位の分野は現在と同じであれば Social Work であった。

Best Public Affairs Schools の Nonprofit Management Programs では同じイン
ディアナ大学のブルーミントンキャンパスにある Paul H. O'Neill Sch. of Pub-
lic and Environmental Affairs が 1 位となっている（Lilly Family Sch. はこの範
疇に含まれない）。古くはなるが，当該分野の大学院のその後の発展を Johnson
（1997）は「今や 75 以上の米国の大学院が Philanthropy で学士号より上の学位
を授与しており，またその数は 1990 年以降，約 5 倍に増加している」と説明
している。

補論 2　信託，基金と財団

　寄付の手段には財団の設立の他に，委託者と受託者の契約である信託や基金
もある。米国では上記の 1969 年税制改革法により公益残余権信託（charitable
remainder trust）と公益先行信託（charitable lead trust）の制度が導入された。
公益残余権信託は委託者の存命中もしくは最長 20 年の信託期間中は信託財産
の運用収益を委託者などが受け取り，委託者の死後または信託期間終了後は残
余財産のすべてが公益団体へ寄付されるもの，公益先行信託は委託者の存命中
もしくは信託期間中は信託財産の運用収益を公益団体が受け取り，委託者の死
後または信託期間終了後は残余財産のすべてを相続人が受け取るものである。
いずれも信託の設定後に撤回・変更ができないが，委託者に税制上の優遇措置
が適用され，「米国で広く活用され米国寄付文化の一翼を担っている」（公益法
人協会 2010）[18]。また，米国では財団（正確には慈善機関の内の public charity）
の中に設立される基金にいくつかの種類があるが，「寄付者がその基金が分配
または投資される方法と場所について助言する」寄付者助言基金（donor-ad-
vised fund）が「今日，寄付者が効果的な慈善を実施し，またかなりの税の優
遇を受けるための最も容易で，最も人気のある手段の 1 つ」となっている（Fi-
delity Charitable website）[19]。信託・基金は財団ほど管理費がかからないが，財
団は寄付者のより制約のない寄付活動を可能とする。それゆえ，多額の資金を
それに投入する起業家の大半はその手段として財団を活用する。

---

18)　日本でも 2011 年度の税制改正によりそれらを参考とした特定寄付信託の制度が導入されている。
19)　日本にはそれに類したものとして受配者指定寄付金制度がある。

表 2-2　米国の民間独立財団：資産上位 20 財団（2015 年）

	財団名	創設者	設立年	総資産額 （億ドル）	寄付総額 （億ドル）
1	Bill & Melinda Gates Fdn	➠, Bill：Microsoft 共同創業者	2000	404	38. 6
2	Ford FDN	Edsel Ford: Ford Motor 創 業 者，Henry Ford の子	1936	122	5. 1
3	Lilly Endowment Inc.	J. K. Lilly Sr. と 2 人の子，J. K. Sr.：Eli Lilly and Co. 創業者，Eli の子	1937	118	4. 4
4	RWJ Fdn	Robert Wood Johnson II: Johnson & Johnson 創業者，Robert I の子，同社社長	1936	103	3. 48
5	William & Flora Hewlett Fdn	➠, William: Hewlett-Packard 共同創業者	1966	90	3. 54
6	W. K. Kellogg Fdn	➠, Kellogg Co. 創業者	1930	84	2. 96
7	Open Society Fdns	George Soros: Soros Fund Mgmt. 創業者	1993	73	4. 3
8	Bloomberg Philanthropies	Mike Bloomberg: Bloomberg LP 創業者	2006	72	2. 80
9	David & Lucile Packard Fdn	➠, David: Hewlett-Packard 共同創業者	1964	70	3. 0
10	Gordon & Betty Moore Fdn	➠, Gordon: Intel 共同創業者	2000	64	2. 91
11	John D. & Catherine T. MacArthur Fdn	➠, John: Bankers Life and Casualty Co. of Chicago 単独所有者	1970	62. 0	2. 6
12	Andrew W. Mellon Fdn	銀 行 家，Andrew W. Mellon の 2 人の子	1969	61. 8	2. 1
13	Leona M. & Harry B. Helmsley Charitable Trust	➠, Leona: 不動産開発業者，Harry B. Helmsley の妻	1999	56	2. 80
14	Rockefeller Fdn	John D. Rockefeller: Standard Oil 共同創業者	1913	42	1. 7
15	Kresge Fdn	Sebastian S. Kresge: Kmart 創業者	1924	37	1. 5
16	Duke Endowment	James B. Duke: Amer. Tobacco 創業者	1924	33. 5	1. 22
17	Carnegie Corp. of New York	Andrew Carnegie: Carnegie Steel 創業者	1911	33. 0	1. 6
18	Walton Family Fdn, Inc.	Sam Walton: Walmart 創業者	1987	31. 40	3. 7
19	JPB Fdn	Barbara Picower: 投 資 家，J. M. Picower の妻	2011	31. 37	1. 18
20	Robert Woodruff Fdn	➠, Coca-Cola 社長	1937	31. 2	1. 4

（注 1）　財団名と企業名にある定冠詞は削除し，財団名にある and を & に変更している。ただし，Bill & Melinda Gates Fdn は正式名称に "&" を用いている。

（注 2）　財団名に創設者の姓名があるものには創設者欄を "➠" としている。

（注 3）　Open Society Fdns は出所には Fdn to Promote Open Society と記載される。

（出所）　Fdn Ctr., Fdn Stats. ただし，「創設者」欄，「設立年」欄は各財団の website などを参照して筆者が加筆した。

第3章　ピーボディ，カーネギーとロックフェラー

3.1　ジョージ・ピーボディの寄付活動

米国では多数の起業家が寄付活動を展開してきたが，その中で「近代慈善活動の父」("Father of Modern Philanthropy") と呼ばれるのが G. ピーボディ (George Peabody: 1792-1869) である。ピーボディはマサチューセッツ州サウスダンバースの貧しい家庭に生まれ，11歳でダンバースの雑貨屋に年期奉公に出された（彼はそこの主人またはそこでの経験に大いに感謝している；Parler 1995)。その後，バーモント州テットフォード，マサチューセッツ州ニューベリーポートを経て1912年にジョージタウン（現在はコロンビア特別区の neighborhood) に転居し，そこで1815年に E. リッグス (Elisha Riggs) と衣類卸売業の Riggs and Peabody (後の Riggs, Peabody & Co.) を設立，翌年に同社を商業で活況を呈するボルチモアに移転し，7年後にはフィラデルフィアとニューヨークに支店を開設した。1829年にリッグスが引退すると代表社員 (senior partner) となり，社名も Peabody, Riggs, & Co. に改めた。1837年に渡英してマーチャントバンキング業務を開始し，1851年に George Peabody & Co. を設立，1854年に J. S. モルガン (Junius S. Morgan) を partner に迎え，1864年に引退した[1]。1937年にはメリーランド州議会により同州が発行する800万ドルの債券を欧州で売り込む委員に任命され，米国が「1837年恐慌」("Panic of 1837") に陥るなかで，数年後にこの任務を全うした。

---

1) ピーボディの引退後，同社は J. S. モルガンが引き継いで JS Morgan & Co. となり，さらに1890年に彼が逝去すると息子の J. P. モルガン (John P. Morgan) が引き継いで JP Morgan & Co. (現 JPMorgan Chase & Co.) となった。

　ピーボディの寄付活動は教育関係ではジョンズ・ホプキンス大学の Peabody Inst.（設立：1857年），ハーバード大学の Peabody Museum of Archaeology and Ethnology（1866年），イェール大学の Yale Peabody Museum of Natural History（1866年），ヴァンダービルト大学の Peabody Col. of Education and Human Development などの名称に記録される[2]。ただし，図書館（現 George Peabody Library），音楽学校（現 Peabody Conservatory）と美術館（Peabody Gallery of Art; 1930年代半ば？に閉鎖）を併設した Peabody Inst.（Baltimore）と Peabody Col. は1970年代に大学に統合されるまでは独立した機関であった。また，公共図書館の Peabody Inst. をサウスダンバース（1854年）とダンバース（1855年）に，Peabody Library（1866年）をテットフォードに，博物館の Peabody Academy of Science（現 Peabody Essex Museum; 1865年）をマサチューセッツ州セイラムに寄贈し，「米国（Union）南部・南西部諸州の最貧困地域の若者の……教育〔を〕促進・奨励」（Hanaford 1870, p. 158）する Peabody Education Fund（1867年）を設立した。上記の Peabody Col. は同基金の寄付により1875年にナッシュビル大学（Univ. of Nashville; 1909年に閉鎖）に設置された Nashville Normal Col. を起源とする。教育以外では「ロンドンの労働貧民のために」（*id.*, p. 124）Peabody Donation Fund（現 Peabody Trust; 1862年）を設立，彼らに「手頃な家賃で，また健全な場所に快適な住宅を供給する」（*id.*, p. 129）こととなる。その意義を新聞記者で，1857年に Philadelphia Press を設立した J. フォーニー（John Forney）は *Letters from Europe*（1867）の中で「良質な住宅に手頃な家賃で入居できないことは労働者階級を最も下劣な悪徳（vice），退廃（disease）と堕落（filth）の巣窟に投げ込み，そして確実に彼らの子供を心身共に汚染する結果となっている」（p. 63）と述べている。「1882年までに同 Fund は3,500の住宅を所有，14,600人以上に住宅を提供し，1914年までには6,400，1939年までには8,000以上のピーボディ住宅が存在した」（Parker 1995, p. 128; 以上，**表3-1** を参照のこと）。

　ピーボディが「近代慈善活動の父」とされる理由を Fdn Guide は「存命中に資産のほぼすべてを寄付し，その行為がカーネギー，ロックフェラー，ゲイ

　2）　ハーバード大学とイェール大学での博物館の設置にはイェール大学で古脊椎動物学の教授となる甥の O. マーシュ（Othniel Marsh: 1831-99）の影響がある（Parker 1995, ch.18 参照）。

表 3-1　George Peabody の寄付・遺贈先リスト

寄付・遺贈先	金額（ドル）
メリーランド州；800 万ドルの融資の交渉のため	60,000
Peabody Inst., ボルチモア	1,500,000
ピーボディ教育基金[1]	3,000,000
イェール・カレッジ	150,000
ハーバード・カレッジ	150,000
Peabody Academy, MA	140,000
Philips Academy, MA	25,000
Peabody Inst. 他, MA.	250,000
ケニオン・カレッジ, OH	25,000
記念教会 ジョージタウン, MA.	100,000
ピーボディ寄付基金[2]	3,000,000
図書館, ジョージタウン, MA. & テットフォード, VA.	10,000
Elisha Kent Kane の北極探検	10,000
different Sanitary Fairs	10,000
unpaid moneys advanced to uphold the credit of States	40,000
合計	8,470,000

(注1)　出所には南部教育基金（Southern Education Fund）と記載されるが，他の
　　　資料を参考にして修正した。また，金額は 2,000,000 ドルが正しいかもしれ
　　　ない。
(注2)　出所には Homes for the Poor in London と記載されるが，他の資料を参考
　　　にして修正した。
(出所)　Hanaford（1870），p.278.

ツなどの慈善家により引き継がれている」（website）ことを挙げる。しかしな
がら，それは米国の著名な慈善家に広く共通したものとはいえない。後の起業
家の慈善活動の原型となったのはその内容である。Hanaford（1870）によると，
「「ピーボディは個人の貧困や苦悩を救済するのに多くの贈与をしなかった，つ
まり彼はそのように分配される金銭の大半はそれが減少させようとする悪（不
道徳）を増加しがちであると考えた」と言われている」（p.40）。その理由に関
して，Parker（1995）は「ピーボディのすべての慈善活動における目的は……
困っている人たちに勤勉と正しい生活により彼ら自身を助けることを教えるこ
とにあった」（p.3）と述べる。第2に，ピーボディは「教育は現代世代から将
来世代に支払うべき負債」と捉えてそれを寄付活動の主要な対象領域とし，
「米国で最初の」と形容される複数の教育機関・施設を設立した。第3に，寄
付は支援事業や寄付金の用途などの厳格な条件を付した形でなされた。サウス
ダンバースでの Peabody Inst. の設立に際しては講演のための講堂と図書館の

設置を指定し，さらに，①講演と図書館は全住民に開放されること，②講堂が
入る建物の建設費用——これには土地や調度品（furniture）の購入費用が含ま
れる——は7,000ドルを超過しないこと，③建物は長老派教会礼拝堂（Presby-
terian Meeting-House）から1/3マイル以内に立地すること，④10,000ドル
は確実な有価証券に投資し，その利子は講堂の改修に支出されること，を求め
た（Hanaford 1870, ch.IV）。また，「知識と道徳の普及（promotion）」を目的と
した教育機関から「宗派の神学（sectarian theology）と政治的な議論を永遠に
排除すること」（*id.*, p. 83）をそれらの理事会に勧告した。最後に，「彼が育て
られ，また資産を築いたコミュニティに深く献身した」（Acs 2013, p. 107）。サ
ウスダンバースはダンバースから，ダンバースはセイラムから分離しており，
ピーボディはそれらが属するエセックス郡を"my native county"（Hanaford
1870, p. 184）と呼んでいる。サウスダンバースはそれに対する謝意として1868
年に彼の名前を町名とした。ピーボディは寄付活動の手段として財団を創設し
たが，米国でのその後の財団の興隆は2.4節で取り上げた。なお，ピーボディ
は寄付活動を行うに至った経緯とそれから得られた感情についてホプキンズに
次のように語っている；

> 体のあちこちの痛みで自分が不死身でないと気づくと，自分の血縁者の世話も
> 終わっており，蓄積した数百万ドルを人類のために最大の善を成すような使途
> に充てたいとの強い望みを感じた。私は……私が富を蓄えたいと望んでいたの
> と同様に誠実さを以て苦しみもがく貧困者の役に立ちたいと望む人たちがいる
> との結論に達した。……私は多くの友人に電話をし，自分の受託者として活動
> するよう持ち掛けた。……私はそのとき，初めて，お金を蓄積するよりも高次
> の喜びとより大きな幸福があること，そしてそれが善良（good）で，人道的な
> 目的にお金を寄付することから得られることを感じた。（Parker（1995），p. 166
> より引用）

3.2　アンドリュー・カーネギーの寄付活動

A. カーネギー（Andrew Carnegie: 1835-1919）はピッツバーグのみならず，
米国での鉄鋼業の発展に多大な貢献を成した人物である。彼はスコットランド

のダンファームリンの生まれで，産業革命で父親の織物業が立ち行かなくなっ
たために 1848 年に家族でピッツバーグに移住した（Carnegie 1920）。12 歳で仕
事に就き，数回の転職を経て，また仕事の傍ら複式簿記と電信を習得し，1853
年に事務員兼電信技士として Pennsylvania Railroad Co. に就職，1859 年には
上級管理職であるピッツバーグ管区責任者にまで昇進，1865 年に自身の「投
資事業の拡張」（id., p. 154）を理由に退職した。1962 年に橋梁を建設する Pip-
er and Schiffler（翌年に Keystone Bridge Co. に改称），その後に同社に錬鉄を供
給する製鉄会社（後の Union Iron Mills Co.），1867 年に電信会社の Keystone
Telegraph Co. と寝台車を製造する Pullman Palace Car Co.，そして 1873 年に
鉄鋼レールを製造する Carnegie, McCandless & Co. を設立した。翌年に Carn-
egie, McCandless & Co. を Edgar Thomson（E.T.）Steel Co. に 改 組 し，1875
年には「固い鋼鉄品を生産する」（id., p. 192）ベッセマー製鋼法を導入する Ed-
gar Thomson Steel Works を完成させた。1881 年に Union Iron Mills, Edgar
Thomson Steel Works などを統合して Carnegie Brothers & Co. を，1892 年
には同社と同じく自身が過半出資する Carnegie, Phipps & Co.[3] を統合して
Carnegie Steel Co. を設立，カーネギーは「鉄鋼王」となるが，1901 年にそれ
を J. P. モルガンらに 5 億ドル（id., p. 266）で売却，Carnegie Steel は他の 7 社
と統合して United States（U.S.）Steel となり，「当初，米国鉄鋼市場のほぼ
50% を支配した」（Dietrich 2011, p. 121）。売却で 2.25 億ドル（2020 年の 68.5 億
ドルに相当）を得たカーネギーは「世俗的な富を集積するのに終止符をうって，
……賢明な分配に専心する」（Carnegie 1920, p. 266）こととした。
　ただし，カーネギーの寄付活動はそれ以前にすでに本格化している。1900
年に市に 100 万ドル（CMU website）を寄付してカーネギー技術学校を設立，
これが 1912 年に Carnegie Tech に名称変更され，1968 年にメロン工業研究所
(Mellon Inst. of Industrial Research and Sch. of Specific Industries: MIIR) と 統 合
して CMU となった。この CMU は現在では Engineering, Fine Arts, Hu-
manities and Social Sciences, Information Systems and Public Policy と Sci-
ence の 5 つの Col. と Computer Science と Business の 2 つの Sch. を擁し，中

---

3)　同社は 1885 年に Wilson, Walker & Co. と Homestead Steel Works を統合して設立された。

で も Computer Science (Sch.) は U.S. News, *2022 Best Colleges Rankings* で
全米 1 位タイにランクされるなど極めて高い評価がなされており，またそれと
その中に設置される Robotics Inst. はコンピュータ科学／ロボット工学分野で
の地域産業の発展の礎となってきた。また，英語圏で 2,509，米国だけで
1,679 の公共図書館の設置を支援したが，ピッツバーグ市にも図書館 (Carne-
gie Library of Pittsburgh) の建設のための 100 万ドルを寄付し，1895 年に本館
が竣工，また現在は 18 の分館がある。同年には現在は美術館 (Carnegie Muse-
um of Art)，科学センター (Carnegie Science Ctr.)，自然史博物館 (Carnegie
Museum of Natural History: CMNH)，アンディ・ウォーホル美術館 (Andy War-
hol Museum) から成る Carnegie Museums of Pittsburgh (CMP) を運営する
Carnegie Inst. も設立している。訪問者は全体で年間 100 万人を超えており，
アウトリーチ・サービスも提供される (CMP website)。また，1911 年に「知
識と理解の進歩と普及を促進する」ために 1.45 億ドル (2020 年の 39.5 億ドル
に相当) の財産を投じて CCNY を設立，その活動は全米，さらには世界に及
んでいる[4]。

（慈善の思想）

　カーネギーの寄付活動の基盤となる慈善の思想は 1889 年に公表された 2 論
文から成る *The Gospel of Wealth* (Carnegie 2017) にまとめられており，同書
は今日まで広く読み継がれている。タイトルは「富（の管理）による人類（貧
者・富者全体）の救い」の意になろうか。

　さて，自身を社会進化論 (social Darwinism) の提唱者，H. スペンサー (Her-
bert Spencer) の「弟子」("disciple") とするカーネギーは適者生存の競争社会
(＝資本主義経済体制) は人類にとり「最善」("best") または「その発展にと
り不可欠」("essential for the future progress of the race") であり，それゆえ

---

4) "Carnegie" の名前の付いた機関には他に Carnegie Institution of Washington（設立：1902 年，本
　部：ワシントン D.C.; 現在は Carnegie Institution for Science の名称が使用される），Carnegie
　Endowment for Intn'l Peace (1910 年，ワシントン D.C.) など，施設には Carnegie Hall（竣工：
　1891 年，場所：ニューヨーク）などもある。また，ダンファームリンには Carnegie Trust for
　the Univs. of Scotland（設立：1901 年），Carnegie Dunfermline Trust (1903 年)，Carnegie
　Hero Fund Trust (1908 年)，Carnegie United Kingdom Trust (1913 年) と Andrew Carnegie
　Birthplace Museum (1928 年) がある。

「〔生活〕環境の多大な不平等」と「工業と商業の少数の手への集中」を受け入れるとする（p. 3; Spencer の社会進化論については，"Progress: Its Law and Cause"（Spencer 1857）を参照のこと）。ただし，大規模な事業を組織・運営する能力の所有者は僅かに過ぎないので，彼らの報酬と富は大きなものとなる。そこで，富の管理方法（「管理」（"administer"）には使用が含まれる）を「唯一の対処すべき問題」とし（p. 6），その方法として①遺族に残す，②公益目的で遺贈する，③所有者が生存中，管理する，の3つを挙げる（〃）。そして，①を子供のためにも国のためにもならない「最も無分別」（"most injudicious"），「不適切」（"improper"）なもの（pp. 6-7），②を富を死ぬまで管理（活用）しない，「面目を失う」（"disgraced"; p. 15）ものと切り捨てる。カーネギーが「人々にとり遥かに有益」（"by far most fruitful for the people"; p. 9）と称賛するのが③で，そのために富者は富を「コミュニティに最も有益な結果をもたらす方法で管理されるべき信託基金」，自身をその委託された管理者として考えるべきとする（p. 12）。この方法を「富の一時的に同等ではない分配に関する真の解毒剤」と述べるが（p. 9），背後には「公益のために管理されるならば，……富はそれが少額ずつ人々に分配される場合よりも人類の向上のためのよりずっと強大な力となされうる」（p. 10），あるいは「毎週または毎月，皆に与えられる僅かな額は十中八九，高価な飲食料，より良い衣類，贅沢な生活に浪費される」（Carnegie 1895）との考えがある。また，施し（charity）は「自ら助くる者を助く」（"help those who will help themselves"）ものであるべきとし，「困窮者への施し（"almsgiving"）では個人も人類も改善されず」，無精者，酔っ払いの支援など「見境のない施し」（"indiscriminate charity"）はむしろ「人類の進歩に対する重大な障害となる」，または「それが削減または排除しようとする当にその悪（evil）を生み出す」として強く窘める。と，同時に「今日，charity と呼ばれるものに費やされる 1,000 ドルの内，950 ドル」はそれらに該当すると嘆く（p. 13）。なお，②に否定的な理由（の1つ？）に 2.2 節で触れたティルデンのことがある。

　次に，富の運用方法（運用利益の使途）に関して，「意欲的な者がそれを使って上に登れる梯子」となる大学を生存中に設立した P. クーパー（Peter Cooper; Cooper Union for the Advancement of Science and Art: 1859 年），C. プラット

(Charles Pratt; Pratt Inst.: 1887 年）と前出のスタンフォード，図書館をやはり生存中に設立した E. プラット（Enoch Pratt; Enoch Pratt Free Library: 1882 年）を称賛する（p. 14）。その他，運用方法として公園，気晴らしの手段，芸術作品，各種の公共機関の設立やそれらの拡充を挙げている。

　なお，富の管理方法の①に関して，カーネギーは「妻と娘に慎ましやかな所得源，そして息子には精々，非常に慎ましやかな手当（allowance）を提供すること」（p. 7）は容認する。自身，結婚の際に妻となるルイーズと「彼の財産の大部分を最終的に慈善・教育目的に回す」契約を結び，存命中に 3. 5 億ドルを寄付した。他方で，彼女には年間所得が 2 万ドル（1919 年のこの金額は 2020 年の 299, 204 ドルに相当）となるだけの，つまり 30 万ドルを超える程度の株券と債券が与えられたに過ぎない（Grice 2006; 一人娘のマーガレット（Margaret Miller）は 1934-73 年に CCNY の理事（その後は名誉終身理事）を務めたが，父からどれだけの遺産を相続したかは不明である）。

　最後に，カーネギーは 1867 年に仕事の都合でニューヨークに転居したが，「ピッツバーグは子供時代に心の中心に入り込み，それを取り除くことができない」（Carnegie Medal of Philanthropy website）と述べており，そこでかなりの慈善活動を実施した。また，CMP 理事長の W. ハント（William Hunt）はその設立の趣旨を「当時，人々は居住地域の外に行かず，可処分所得を持たず，教育は行われていたとしてもよりずっと制限されていた。彼はそれを変え，世界を市内の人々に開き，そして〔それにより〕ピッツバーグの人々に〔富を〕還元することを望んだ」（*id.*）と解説する。

（時代背景）

　米国では南北戦争後に急速に進展した工業化が企業家・銀行家に巨額の富をもたらし，他方で労働者に長時間，低賃金と劣悪な労働環境での労働を強要した。そのため，労働条件の改善を求める労働争議がたびたび，発生した。第 5 章で「1877 年大鉄道ストライキ」に触れるが，Carnegie Steel, Homestead Steel Works でも 2 論文の公表後の 1892 年に会社と労働組合である Amalgamated Assoc. of Iron and Steel Workers の交渉が決裂して組合員はストライキ（Homestead Strike）に突入，これは組合員と会社の要請で派遣された民間企業の警備隊が衝突して合計で 16 名が死亡する大惨事となった[5]。また，

カーネギーよりやや早く誕生した K. マルクス（Karl Marx）と F. エンゲルス（Friedrich Engels）は資本主義社会で搾取される労働者を救済する経済体制として社会主義・共産主義を，またそれらを実現する手段として階級闘争を提唱していた。カーネギーが資本主義を強く支持することはすでに述べたが，同時に社会主義（者）・共産主義（者）は「文明化それ自体が寄って立つ基礎を攻撃する」(Carnegie 2017, p. 4) ものと警告している。

3.3　ジョン・ロックフェラー Sr. の寄付活動

　J. ロックフェラー（John Rockefeller Sr.: 1839-1937）はニューヨーク州リッチフォードに生まれ，同州内での 2 回の引っ越しを経て，1853 年にクリーブランドの郊外に移り住んだ。1855 年に高校を中退し，フォルサムズ・マーカンタイル・カレッジ（Folsom's Mercantile Col., 後の Chancellor Univ.; 2013 年に閉鎖）で短期間，複式簿記などを学んだ後に職に就き，1858 年に同 Col. の同期である M. クラーク（Maurice Clark）と農産物委託販売会社の Clarke & Rockefeller を，またクリーブランドからそう離れていないペンシルベニア州タイタスビルで 1859 年に油田が開発され（同市は石油産業の発祥地とされる），オイルラッシュが勃発するなかで 1963 年に石油精製会社の Andrews, Clark & Co. を設立した（当時，原油は灯油に精製され，照明に利用された）。1865 年には Andrews, Clark & Co. を買収して新たに Rockefeller & Andrews を設立（他方で，Clarke & Rockefeller の権利はクラークに譲渡），これが Rockefeller, Andrews & Flagler を経て，1870 年に Standard Oil となり，さらに同社は 1882 年にトラスト，1897 年に持株会社の形態に改組された。Standard Oil Trust は「①トラストの形成と関連した精油所の統合・新設や，②鉄道用タンク車の開発による経済性の享受，③その名称に見られる均一した品質の提供による信用の獲得」（太田 2002, p. 11）や反競争的と非難される手段の採用により「1890

---

5)　このとき，カーネギーはスコットランドに滞在中であり，会社の対応は会長（で，H. C. Frick Coke Co. の創業者）の H. フリック（Henry Frick）に委ねられた。フリックは後にメロン一族とも共同で事業を展開し，1905 年にニューヨークに転居した。彼と娘のヘレンがピッツバーグに残したものに The Frick Art Museum を含む The Frick Pittsburgh がある。

年までに米国での石油製品取引高の 88% を占めていた」（The Ency. of the Industrial Revolution in World History, "Standard Oil"）。結果としてロックフェラーは莫大な資産を蓄積，*CNNMoney*（現 *CNN Business*; Hargreaves 2014）が 2014年に発表した "The richest Americans in history" で 1 位にランクされた（推定資産は 2013 年のドルで 2,530 億ドル；カーネギーは 6 位タイで，推定資産は1,010 億ドル）。ただし，1890 年に取引制限（restraint of trade）と独占化（monopolization）を禁止するシャーマン法（Sherman Act）が制定され[6]，1911 年に持株会社の Standard Oil of New Jersey が同法に違反するとして連邦最高裁により 33 の傘下企業の分離を命令された。

　他方で，ロックフェラーは教育・研究分野で多数の，また高額の寄付を展開した。シカゴ大学には 1890 年の設立時に 60 万ドル，生涯では約 3,500 万ドルを寄付，同大学は初代学長，W. ハーパー（William Harper）が全国から優秀な教職員を集めるなどして「10 年そこそこで Ivy League の大学に負けないほどの大学」（Chernow 2004, 下，p. 263）となった。また，1903 年の，当初は「南部における教育の改善」（Thelin and Trollinger 2014, p. 73）に活動の重点を置いた General Education Board の設立に 100 万ドルを寄付，1905 年に 1,000 万ドル，1907 年に 3,200 万ドルを追加した[7]。なお，南部では 1881 年に「黒人女性のための学校」（Chernow 2004, 上，p. 423）として「教会の荒れ果てた地下」（〃）に設立されたアトランタ・バプテスト神学校（Atlanta Baptist Female Seminary）にその翌年に校舎の建設資金として 250 ドルを提供，そのまた翌年には「5,000 ドルの債務を肩代わり」（*id.*, p. 426）するなど妻や彼女の両親（スペルマン（Spelman）夫妻）と支援を重ねていた。同校は 1884 年にスペルマン神学校（Spelman Seminary），1924 年にスペルマン・カレッジ（Spelman Col.）となった。医学関連では，1901 年にニューヨークに伝染病専門の医学研究所としてロックフェラー医学研究所（Rockefeller Inst. for Medical Research）を，

6）　同法と 1914 年に制定されたクレイトン法（Clayton Act），連邦取引委員会法（Federal Trade Commission Act）は反トラスト法（antitrust law）と総称される。

7）　ただし，General Education Board はこれらロックフェラーの新たな寄付を「活動範囲を拡大」する形で「高等教育のために使い」，「最後の寄付の多くはシカゴ大学に送られた」（Chernow 2004, 下，p. 247）。本文で書かれたロックフェラーのシカゴ大学への寄付額にはこの金額は含まれない。

1910 年には Rockefeller Inst. Hospital を設立した。Chernow（2004）によると，欧州にはパスツール研究所（Institut Pasteur; 設立：1888 年）とロベルト・コッホ研究所（Robert Koch Institut; 1891 年）があったが，「米国では，医学研究所という構想そのものにまだなじみがなかった」（下，p. 221）。1904-05 年の冬にニューヨークで脳脊髄膜炎が流行すると医学研究所の初代の所長となった S. フレクスナー（Simon Flexner）が治療に有効な血清を作り出し，「医学研究所がそれを無料で市民に配布している」（*id.*, 下，p. 230）。ロックフェラーが「総額 6,100 万ドルにものぼる資金をそそいだ」（*id.*, 下，p. 235）この研究所は 1965 年にロックフェラー大学（Rockefeller Univ.）となり，これまでに 26 人の教員がノーベル賞を受賞するほどに発展している[8]。ロックフェラーはまた，1913 年に設立した Rockefeller Fdn からの寄付の形で 1916 年にジョンズ・ホプキンス大学に Sch. of Hygiene and Public Health，1921 年にハーバード大学に Harvard-MIT School of Health Officers の後継機関となる Harvard Sch. of Public Health を設置するなどした。後者への寄付額は 160 万ドル（Harvard T.H. Chan Sch. of Public Health website）とされる。なお，ロックフェラーの寄付活動は息子のジョン Jr. や彼の 5 人の息子に継承されたが，この点は第 9 章で取り上げることとする。

---

8)　医学研究所の研究員であった野口英世（1876-1928）は 1914 年，15 年と 20 年に同賞の候補となった。また，2016 年にノーベル生理学・医学賞を受賞した大隅良典（1945- ）は 1974-77 年にロックフェラー大学に博士研究員（postdoctoral fellow）として在籍した。

第4章　日本の寄付活動をふり返る

4.1　寄付活動の歴史

　本章では明治時代以降のわが国の起業家の寄付活動を概観しよう[1]。まずは「日本資本主義の父」と呼ばれる渋沢栄一（1840-1931）である。渋沢は 1867 年にパリ万博博覧会に列席する徳川昭武（慶喜の弟）に随行して渡仏，1 年半ほど滞在して帰国し，静岡藩，大蔵省に出仕した後の 1873 年に第一国立銀行（現みずほ銀行）を設立，以後，「生涯に約 500 の会社に関わったといわれている」（渋沢栄一記念財団 website）。また，それとともに，「だいたい富豪として社会に立つ以上は，みずから社会に尽くすべき義務があることを自覚して」（渋沢栄 2010, p. 108）「約 600 の教育機関・社会公共事業の支援に尽力した」（渋沢栄一記念財団 website）。支援の対象となった教育機関には現在の一橋大学，東京女学館，二松学舎，日本女子大学，早稲田大学などがある。また，渋沢は企業を出資者・資金を集めて合本組織，つまり株式会社の形で設立したが，そうした手法は教育機関・社会公共事業にも適用された[2]。渋沢はフランスで慈善市（バザー）に感心し，「日本に帰ったならば，ぜひともこういうような習慣を作りたいものと思った」（渋沢栄 2020, p. 307）と述懐している。起業家の慈善活動の手法としては特異と言える。

---

1)　古く奈良時代に聖武天皇（在位：724-49 年）の詔により東大寺大仏（盧舎那仏）が広く寄付（勧進）を集めて建立（完成：752 年）されたが，山田（2021）はこれを「日本の寄付の原点」（p. 163）とする。江戸時代には秋田藩御用商人，那波祐生（第 8 代那波三郎右衛門）が「72 名の賛同者を得て金 1,000 両・銀 10 貫匁の資金を集め」，貧困者救済を目的とした感恩講を設立した（感恩講児童保育院 website,“感恩講の歴史”）。大阪では五同志と呼ばれる 5 人の有力町人が 1724 年に教育機関の懐徳堂を設立した。以上の 3 つの事例は山田（2021）の中で紹介される。

　渋沢の同時代人の大倉喜八郎は越後国新発田（現新発田市）から江戸に出て，1857年に乾物店，1867年に銃砲店を開業，1872年7月〜73年8月に民間人として初の長期欧米視察を実施し，帰国後，大倉組商会を中心とした大倉財閥を築いた。1974年にロンドンに大倉組商会の支店を開設したが，彼によれば「これが日本人として海外に支店を設置した嚆矢である」（大倉 2018, p. 48）。1900年に私財50万円（2019年の21.1億円に相当[3]）を投じて甲種商業学校[4]である大倉商業学校（現東京経済大学），1907年に大阪大倉商業学校（現関西大倉中学校・高等学校）と京城府（現ソウル特別市）の善隣商業学校を設立した。また，1917年に「50余年にわたって蒐集した多数の文化財，土地，建物及び維持基金を寄付し」て（財）大倉集古館（現大倉文化財団）を設立，同財団の運営する大倉集古館は「わが国では最初の私立美術館」となった。同美術館は1923年の関東大震災で「建物と陳列中の所蔵品を失った」が，1928年に再開館した（website）。故郷の新発田では1918年に産業振興策として大倉製糸場新発田製糸工場を設立した[5]。また，新発田にあった歩兵連隊の存置運動として位置付けられる50万円の上水道敷設計画に5万円を寄付した。1904年に古稀を迎えて「町の基本財産として5万円」（鶴友会 1929, p. 226），1929年に完成した新潟師範学校記念館の建設には1万円（新潟大学全学同窓会 2007）を寄付した。さらに，1880年，石黒忠悳（後の陸軍軍医総監・陸軍省医務局長），前島密（後の逓信次官）らと北陸親睦会（1910年より東京新潟県人会）を設立したが，会員の山口健治郎によると「大水害の時にも1万円をぽんと投げ出し，雪害の時には，……会長として雪害除去に関し貴衆両院に請願書，首相並びに鉄相へ

2）　ただし，それらの根拠は同じではない。渋沢が企業を元本組織の形で設立したのは上田（1925）によれば「知識においても胆力においても，すこぶる優れた」「士族の力を実業界にのばさしむること」（pp. 162-3）が理由とされる。

3）　計算は https://yaruzou.net/ にある「日本円消費者物価計算機」による。以後，わが国での異時点間の貨幣価値の比較に同計算機を用いる。

4）　1899年の実業学校令で「甲種は高等小学校卒業者を入学資格として修業年限3年，乙種は尋常小学校卒業後3年とされた」（『日本大百科全書（ニッポニカ）』「実業学校」）。高等小学校卒業年次は現在の中学校2年次，尋常小学校卒業年次は小学校4年次に該当する。

5）　渋沢は1887年に日本煉瓦製造を設立，自身の生誕地である埼玉県榛沢郡（現深谷市）に工場を設置したが，それは彼が地域振興を目論んだことによるのではなく，「各地を踏査して土質を研究した結果」（渋沢 2020, p. 373）である。

建白書をおくった」（鶴友会 1929, p. 218）。

　根津嘉一郎は地元・山梨の県会議員などを務めた後に上京，1905 年に頼まれて東武鉄道の社長となり，利根川橋梁の建設（1907 年）と路線の日光・伊勢崎への延伸，東上鉄道の吸収合併（1920 年）を断行，生涯その職にあった。また，東武・東上を含む 24 を超える鉄道会社の経営に参加し，「鉄道王の名を占めるに至った」（根津翁伝記編纂會 1961, p. 94）。さらに，富国徴兵保険（現富国生命保険）を創業，館林製粉（現日清製粉グループ本社）の初代社長に就任するなどした。根津は「国家の繁栄は，育英の道に深淵するところが多いと信じ」（根津 1938, p. 183），1921 年に 360 万円（2019 年の 58.8 億円に相当）を寄付して根津育英会（現根津育英会武蔵学園）を設立，翌年に旧制武蔵高等学校（現武蔵大学・武蔵高校・武蔵中学校）を開校した（根津翁傳記編纂會 1961）。山梨県では「郷里の小学校建設費，山梨県高等工業学校敷地代の寄付，山梨県下各小学校へのピアノ，人体模型，顕微鏡，ミシンの寄贈」（*id.*, p. 290）を行った。また，日本・東洋の古美術品を広範囲にわたって蒐集，コレクションの中には国宝 27 点，重要美術品 131 点が含まれたが，彼が逝去すると，遺志を継いだ長男の 2 代目嘉一郎（藤太郎）が美術館を運営する財団を設立し，その翌年（1940 年）に東京・南青山の根津邸に根津美術館を開館した[6]。

　「製紙王」，藤原銀次郎は 1920 年に（初代）王子製紙（渋沢が設立を計画した抄紙会社を前身とする）の社長に就任（ -1938 年），1933 年に同社を富士製紙，樺太工業と合併して「日本の紙の約 8 割を生産」（王子マテリア website）する「大王子製紙」とした。1929-46 年には貴族院議員を務めた。藤原は「日本を，世界トップクラスの科学技術国とすることを，終生の念願とし」（藤原科学財団 website），1938 年に「私財の大部分」（藤原 1960, p. 103）である 800 万円（2019 年の 137.5 億円に相当）を投じて藤原工業大学を設立，また同年に王子製紙として東京大学，東京工業大学，京都大学などいくつかの大学またはその理系学部と高等工業学校に 267 万円を寄付した（『読売新聞』1938 年 2 月 11 日，p. 7）。藤原工業大学は藤原の大臣就任により 1944 年に当初の構想に沿って彼の母校の慶應義塾に寄贈され，慶應義塾大学工学部（現理工学部）となった。1953 年

---

6)　現在，2 代目嘉一郎の長男の公一が根津美術館理事長と武蔵学園理事長，次男の嘉澄が東武鉄道社長，根津美術館評議員と武蔵学園理事を務める。

には慶應義塾大学に 5,000 万円，女子職業学校を前身とする共立女子学園に 1,000 万円を寄付し，さらに 1959 年には私財 1 億円で藤原科学財団を設立した。

　松下幸之助は 1918 年に大阪で松下電気器具製作所（松下電器産業（以下，松下電器）を経て，現パナソニック）を設立，同社は配線器具を皮切りに電池式ランプ，アイロン，電気コタツ，ラジオ，乾電池，そして 1950 年代には洗濯機，白黒テレビ，冷蔵庫の「三種の神器」を次々と開発した。1970 年 1 月末には時価総額で国内 1 位となり，松下はたびたび，納税額で 1 位となった。戦後間もない 1946 年に「物も心もともに豊かな真の繁栄，平和，幸福を実現していく」ために PHP 研究所と PHP 総合研究所を設立（PHP 研究所 website），PHP 総合研究所は 2010 年に PHP 研究所のシンクタンク部門となった。1979 年には私財 70 億円を投じて「我が国を導く真のリーダーを育成」する松下政経塾を設立（website），同財団は 2019 年に松下幸之助記念財団と合併して松下幸之助記念志財団となった。松下幸之助記念財団は 1988 年に松下電器が基金 30 億円を拠出して設立した松下国際財団と 1989 年に松下が 60 億円を投じて設立した松下幸之助花の万博記念財団が 2010 年に合併して誕生した。1989 年には松下電器の 1,000 万株で松下国際記念財団も設立した（『日経産業新聞』1989 年 11 月 30 日）。また，政府の，「ノーベル賞並みの世界的な賞」である Japan Prize（日本国際賞）を創設する構想に賛同し，1982 年に設立された同賞を運営する日本国際賞準備財団（現国際科学技術財団）の基金 30 億円の多くを拠出，1986 年に同財団に 20 億円，1988 年に松下電器株 1,000 万株（235 億円相当）を寄付した。大学関係では慶應義塾大学に矢上キャンパスの図書館（竣工：1971 年；現理工学メディアセンター），東北大学に記念講堂別館（1960 年；松下会館）の建設費用を寄付した（金額は不明）。

　下記の財団との関連で，6 代目森村市左衛門（市太郎），上原一族と中谷一族も取り上げよう。6 代目森村市左衛門は 1859 年の横浜開港当時，「詰まらぬ物を輸入」するために小判や一分金が国外に持ち出されることを憂い（森村 1912, p. 59），中津藩の屋敷に出入りするなかで親交を結んだ福沢諭吉の影響もあり，1876 年に弟の豊と輸出商社の森村組（現森村商事）を設立した。豊は慶應義塾を卒業し，短期間，助教を勤めた後に渡米し，1878 年にニューヨーク

で後の Morimura Brothers & Co. を設立，森村は国内で「骨董品や，陶器，銅器，及団扇，提灯，人形の類を買い集めて之を米国に送り出した」(*id.,* p. 68)。1904 年には陶器の実用性を改良するために日本陶器（現ノリタケカンパニーリミテド；本社：名古屋）を設立，同社から現在の TOTO（北九州），日本ガイシ（名古屋），日本特殊陶業（名古屋）などがスピンオフ（spin-off）した。1875 年に東京（築地？）に女紅場（女学校）を設立し，1892 年の北里柴三郎による伝染病研究所の設立を福沢と支援した。1899 年に豊と長男の明六が逝去すると 1901 年に「豊かなる財源を提供」(若宮 1929, p. 135) して森村豊明会を設立，1906 年の日本女子大学教育学部と付属の幼稚園と小学校，1914 年の高千穂高等商業学校（現高千穂大学）の設立に資金を提供した。1910 年には品川区の自宅敷地内に現在は横浜市にある森村学園の前身となる幼稚園と小学校を設立した。なお，森村豊明会は「日本における民間助成財団の草分け」(*id.*) とされ，1914 年に財団法人としての認可を受けた。

　上原正吉は大正製薬の実質的創業者で，参議院議員も 5 期，30 年務め，1960・70 年代に 6 回，納税額で 1 位となった。1981 年に大正製薬会長を引退すると，後任会長となった妻・小枝の 1 億円，社長であった次男（養子）・昭二の 3 億円と合わせて 10 億円を拠出し，靖国神社上原基金を設立した。1983 年には上原と小枝が上原仏教美術振興財団（と上原仏教美術館）を，1998 年には昭二が（財）上原近代美術館（と上原近代美術館）を設立した。両財団は 2013 年に合併して（公財）上原美術館となった。1986 年には小枝が大正製薬の 2,000 万株と 4 億円，昭二が 4 億円，大正製薬が 2 億円を拠出して上原記念生命科学財団を設立した。小枝はさらに 2,000 万株，昭二も 2017 年に大正製薬 HD の 210 万株を寄付，同財団は 2019 年度に助成額で日本最大の民間・独立財団となっている（**表 4-1** を参照のこと）。

　中谷太郎の父，常太郎は 1934 年に「東亞特殊電機製作所〔（東亞特殊電機を経て，現在は TOA）〕を設立してマイクロホンづくりに着手した」(TOA website)。1960 年に「副社長〔であった〕太郎が事業の新しい柱を求めて渡米」，翌年に「医用電子機器業界への進出方針を決定」した。太郎は 1962 年に社長に就任し，1968 年に「東亞特殊電機が製造する医用電子機器の販売会社として東亞医用電子〔（現シスメックス）〕を設立」，同社は 1973 年に臨床検査機器

の生産・開発に進出した（以上，シスメックス website）。また，1984 年に「電子計測技術の発展を推進し，産業技術基盤の確立を図る」中谷医工計測技術振興財団（以下，中谷財団）を設立した（設立趣意書）。2012 年 9 月 25 日には息子の正（1951-2012）より保有していたシスメックスの全株式，4,990,400 株（4.84%；同日終値で 186 億円）が遺贈された。シスメックスも同財団の設立以降，毎年，寄付を実施する（https://www.sysmex-labscience.jp/nakatani/）。忠子（1923- ）は正の妻で，2012 年に神戸やまぶき財団を設立，翌年 2 月 7 日にシスメックスの株式 600 万株（5.81%；同日終値で 288.3 億円）を寄付した（EDINET 提出書類）。忠子の財団の設立は，理事長である和田長平によると，「「障害者や要保護児童または難病患者の方々」に対して何とかご支援したい」との想いによる（website）[7]。

4.2　寄付活動の現状

　日本の現在の起業家の寄付活動に関しては *Forbes 400*（2020 年版）に比肩しうる調査は見当たらない。そこで，Forbes『日本長者番付 2021』上位者の寄付活動を新聞報道などから調査した。結果の一部を紹介しよう[8]。

　資産額 1 位の孫正義（ソフトバンク G（SBG）創業者，資産額：4 兆 8,920 億円）は 2011 年に東日本大震災被災地などに義援金・支援金として 100 億円と同年度以降の SBG の役員報酬（2009 年度は 1 億 800 万円）を寄付すると発表した。2016 年には「未来を創る人材の支援」を目的とした孫正義育英財団を設立した（website）。支援対象者，つまり財団生は 45 人が目安とされ（「最大 5 年間財団生として在籍可能」とされる），「希望者に対して，学費，研究費，その他成し遂げたい夢の実現に向けて必要な費用が支給される」（*id.*）。

　同 2 位の柳井正（ファーストリテイリング実質的創業者，4 兆 6,270 億円）は 2014 年に UCLA（Univ. of California, Los Angeles）に早稲田大学との連携事業，

---

7)　シスメックスは 2014 年 3 月末日を基準日として 1 対 2 の株式分割を実施したため，神戸やまぶき財団が 2021 年 3 月末時点で保有する同社の株式は 1,200 万株（1,417 億円相当）となっている。

8)　資産額 5 位の永守重信（日本電産創業者）と設立した財団の資産総額が 2019 年度に民間独立財団の中で 1 位となった稲盛和夫（京セラ・KDDI 創業者）の寄付活動は第 6 章で詳しく紹介する。

Tadashi Yanai Initiative for Globalizing Japanese Humanities の開設のために250 万ドル，2020 年にはその永続化のために 2,500 万ドルを寄付した。2015年には，①リーダー育成（海外奨学金）と，②相互理解の促進を事業分野とする柳井正財団を設立，①の奨学金制度は米国大学に進学する 20 人程度の若者に年間 95,000 ドルまでを 4 年間，また英国大学に進学する同程度の若者に年間 65,000 ポンドまでを 3 年間，給付する（website）。また，2019 年に早稲田大学国際文学館（村上春樹ライブラリー）の開設のために約 12 億円，2020 年にノーベル賞受賞者である本庶佑と山中伸弥の研究を支援するために京都大学に50 億円ずつを寄付すると発表した。

　同 3 位の滝崎武光（キーエンス創業者，2 兆 8420 億円）はキーエンスが「学業優秀かつ品行方正な学生に対し奨学金給付による経済的な支援を行い，もって社会に貢献する人材の育成に寄与することを目的」として 2018 年に設立したキーエンス財団に 2020 年 6 月 30 日に同社の株式，365 万株（当日の終値で1,644 億円！），2022 年 3 月 16 日には 745 万株（同じく 3,897 億円‼）を寄付した。

　同 8 位の似鳥昭雄（ニトリ HD 創業者，5,730 億円）は 2005 年の似鳥国際奨学財団の設立にニトリの株式，400 万株（当日の終値で 270 億円）を寄付，他方で企業メセナを積極的に推進し，2016 年にニトリ G が 2 つのステンドグラス美術館（旧高橋倉庫・旧荒田商会），旧三井銀行小樽支店と似鳥美術館（旧北海道拓殖銀行小樽支店）から成る小樽芸術村を設立した。2021 年には HD 子会社のニトリが旧浪華倉庫を取得，小樽芸術村の 4 館目の施設として美術館に改装される。

　同 12 位の伊藤雅俊（セブン＆アイ HD 創業者，4,520 億円）はクレアモント大学院大学（Claremont Graduate Univ.: CGU）の Peter F. Drucker Graduate Sch. of Mgmt. の「現在の施設を建設し，また戦略的計画を実現するために2,300 万ドル」（CGU website），2011 年の東京大学伊藤国際学術研究センター（建物）の建設に 45 億円を寄付した。Drucker Sch. は 2004 年に Drucker の後に “& Masatoshi Ito” を加える形で改称された。1994 年に「経済的な理由で苦学を強いられる若者を援助したい」（website）との想いで設立した伊藤謝恩育英財団の 2020 年 3 月末時点の正味財産は 100 億円を超える。

　若手起業家の活動も挙げておくと，1977年生まれで同25位の山田進太郎（メルカリ創業者，2,420億円）は2021年に山田進太郎D&I財団（Dは"diversity"，Iは"inclusion"の頭文字）を設立，「今後，総額30億円を財団に寄贈し」，「STEM〔理系〕学生の女性比率が〔約18%と〕OECDの中でも最低〔OECD平均は28%〕」である状況を改善するために「まずは高校入学時点でSTEMを選択する女性に対しての奨学金事業に取り組む」（website）とした。

　1975年生まれで，同30位の前澤友作（ZOZO創業者，2,090億円）は2020年に前澤ひとり親応援基金（規模は不明）を設立し，「現金10万円を1万人のシングルマザー＆ファザーに配り」（前澤Twitter，2020年5月10日），また基金から10億円を拠出して「養育費あんしん受取りサービス」を提供する（株）小さな一歩を設立した。また，地域支援として2019年に千葉県館山市の「観光振興に関する事業」に20億円，2020年には「#ふるさと納税8億円アイデア」募集に応募した156の自治体に500万円ずつ，総額7億8,000万円をふるさと納税した。さらに，文化支援として2012年に現代芸術振興財団を設立し，「前澤の現代アートコレクションの展覧会を年に2回開催している」（財団プレスリリース，2016年5月12日）。

4.3　財団

　財団に関しては，助成財団センター『日本の助成財団の現状』（2019年度）がある。その「資産総額上位100財団」の中から民間独立財団上位20財団を抜き出すと表4-1のようになる[9]。資産規模は300億円以上・500億円未満が10財団，500億円以上・750億円未満が6財団，750億円以上・1,000億円未満が1財団，1,000億円以上が3財団となる。年間助成額——これは正確には助成等事業費を意味し，寄付と同義としてよい——は1億円以下が3財団，1億円以上・2.5億円未満が6財団，2.5億円以上・5億円未満が5財団，5億円以上・10億円未満が5財団，10億円以上が1財団となる。米国の同じ区分に属する財団は表2-2に記載されるが，調査年の違いは等閑視し，また1ドル

---

9)　日本財団，笹川平和財団とJKAは設立の経緯や事業内容より除外している。

表 4-1　日本の民間独立財団：資産上位 20 財団（2019 年度）

	財　団　名	創設者	設立年	資産総額 （億円）	助成額 （億円）
1	稲盛財団	稲盛和夫：京セラ・第二電電（現 KDDI）創業者	1984	1,149.2	4.3
2	中谷医工計測技術振興財団	中谷太郎：シスメックス創業者	1984	1,068.8	6.2
3	上原記念生命科学財団	上原小枝・昭二・大正製薬，小枝：同社社長・会長を務めた正吉の妻，昭二．正吉の子，社長・会長	1985	1,038.7	15.9
4	神戸やまぶき財団	中谷忠子：中谷太郎の一族	2012	971.9	6.1
5	上月財団	上月景正：コナミ HD 創業者	2003	739.2	1.4
6	ローム　ミュージック　ファンデーション	佐藤研一郎・ローム，佐藤：ローム創業者	1991	682.7	2.3
7	小林財団	小林一雅・豊：小林製薬創業者のひ孫	2002	614.4	3.3
8	似鳥国際奨学財団	似鳥昭雄：ニトリ HD 創業者	2005	599.7	2.3
9	岡田文化財団	岡田卓也：イオン G 実質的創業者	1980	551.7	1.3
10	木下記念事業団	木下政雄：マルイトグループ創業者	1975	550.1	2.2
11	福武財団	福武總一郎：ベネッセ HD 創業者，哲彦の子，ベネッセ HD 会長	2004	474.3	0.3
12	小野奨学会	小野雄造・順造，小野家：小野製薬創業家	1975	459.7	5.8
13	清水基金	清水康雄：清水建設第 6 代社長	1966	403.8	4.5
14	ヒロセ財団	廣瀬静江：ヒロセ電機創業者，銈三の妻	1995	400.5	3.8
15	市村清新技術財団	市村清：リコー創業者	1968	398.6	4.2
16	香雪美術館	村山長挙：朝日新聞社主	1972	391.7	0.2
17	セコム科学技術振興財団	飯田亮：セコム共同創業者	1979	390.8	5.7
18	内藤記念科学振興財団	内藤豊次・エーザイ，豊次：同社創業者	1969	349.4	5.4
19	本庄国際奨学財団	本庄正則：伊藤園創業者	1996	340.5	1.6
20	村田海外留学奨学会	村田純一：村田機械創業者，禎介の子，社長・会長	1970	305.0	0.2

（注）　資産総額は正味財産のことである。
（出所）　助成財団センター『日本の助成財団の現状─資産総額上位 100 財団（2019 年度）』（http://www.jfc.or.jp/bunseki/rank_asset/）。ただし，創設者は筆者か加筆した。

=130 円とすると，それらの資産規模はすべて 1,000 億円以上（4,000 億円以上），寄付額はすべて 10 億円以上（150 億円以上）となる。また，20 財団の設立年は既存の財団が合併して設立された 2 財団（上月財団と福武財団）を除くと，1979 年以前が 8 財団，1980-99 年が 7 財団，2000 年以降が 3 財団である。2000 年以降に起業家またはその一族により設立された財団には前出の似鳥国際奨学財団と神戸やまぶき財団，小林財団（創設者：小林一雅・豊（小林製薬創業者一族），さらに表 4-1 には含まれないが，前川財団（設立年：2014 年，資産

総額：256.1億円，創設者：前川正（前川製作所創業者一族）），高原環境財団
（2008年，221.0億円，高原慶一朗（ユニ・チャーム創業者）），杉浦記念財団
（2011年，208.5億円，杉浦広一（スギ薬局創業者）），中島記念国際交流財団
（2000年，207.6億円，中島健吉（平和創業者）），大塚敏美育英奨学財団（2007年，
198.6億円，大塚敏美（大塚製薬工場創業者一族）），篠原欣子記念財団（2014年，
174.7億円，篠原欣子（パーソルHD創業者）），永守財団，上田記念財団（2009
年，133.2億円，上田昭（ショーボンドHD創業者））がある。日米の民間独立財
団は資産と寄付額の双方で文字通り桁違いの隔たりがある。それでも，日本で
資産総額が100億円，さらには200億円を超える民間独立財団が誕生し続けて
いることも事実である。

4.4　おわりに

　日本における寄付額は米国におけるそれと大差がある。日本では寄付文化が
根付いていないともいわれる。しかし，それでも明治以降，渋沢栄一や大倉喜
八郎を典型とする，高額，および/または連続的な寄付を実施する起業家が存
在して来たこと，最近では私財を使って社会的課題の解決に乗り出す若い起業
家が登場していることが確認される。

補論3　日米での大学に対する寄付金の比較

　米国では大学が起業家の寄付の主な対象となっていることもあり（第2章を
参照のこと），日米で大学に対する寄付額が大きく異なる。米国の大学の寄付
金受入額は年により大きく変動するが，2020年のそれはジョンズ・ホプキン
ス大学の15.2億ドルを筆頭に以下，スタンフォード大学の12.8億ドル，ハー
バード大学の12.2億ドル，UCSF（UC, San Francisco）の8.2億ドル，ワシン
トン大学（Univ. of Washington）の7.7億ドル，コロンビア大学の7.6億ドル
と続く（*Chronicle of Philanthropy*: Siddiqui, Campbell and Kim 2021）。大学全体
には2020年度（2019年7月〜2020年6月）に495億ドルの寄付がなされ，個人
（卒業生），財団，企業によるものがそれぞれ39.8%（22.3%），33.2%，13.4%

を占めた（Council for Advancement and Support of Education, *Voluntary Support of Education*（2020））。また，同年度末のエンダウメントはハーバード大学の419 億ドル，イェール大学の 311 億ドル，スタンフォード大学の 289 億ドル，プリンストン大学（Princeton Univ.）の 259 億ドル，マサチューセッツ工科大学（Massachusetts Inst. of Technology: MIT）の 184 億ドルと続く（US News: Moody 2021）。

　日本の大学の 2019 年度の寄付金受入額は国立では東京大学の 97.3 億円，京都大学の 53.5 億円，大阪大学の 44.3 億円，九州大学の 29.4 億円，東北大学の 27.3 億円，私立では慶應義塾大学の 99.1 億円，日本大学の 43.6 億円，豊田工業大学の 43.1 億円，早稲田大学の 28.1 億円，創価大学の 24.8 億円と続く（東洋経済新報社『本当に強い大学 2021』）[10]。東京大学には東京大学基金，京都大学には京都大学基金があり，2020 年度期末基金残高はそれぞれ 189.9 億円と 225.9 億円であった（『東京大学基金活動報告書 2020』，京都大学基金 website）。慶應義塾大学には福澤基金（略称），小泉基金（同），維持会基金などがあり，2020 年度期末残高は合計で 871 億円であった（『慶應義塾の教育・研究・医療 活動報告 2021』）。仮に上記の米国大学のエンダウメントを 2020 年 3 月末日のものとみなし，同日の為替レート（終値）を用いて計算すると，ハーバード大学のエンダウメントは東京大学のそれの 237 倍，京都大学のそれの 199 倍であった。ただし，東京大学基金の 2020 年度期末基金残高は 2012 年度期末基金残高の 2.0 倍となっている。

10）　国立大学については「寄附金収益」，私立大学については「寄付金」の金額である。『本当に強い大学』（2018 年）と関連して『東洋経済オンライン』（2018 年 11 月 2 日）に掲載された「国立大学の「寄付金収入」全 86 校ランキング」には「国立大学法人の場合，寄附金収益……は使途目的が決まった時点で計上される科目のために，実際に受け入れた金額とは異なる」との説明がある。

第２部　地域産業を振興する慈善活動

第5章　ピッツバーグ

5.1　都市の概要

　カーネギーの米国での故郷であるピッツバーグはペンシルベニア州南西部に位置し，アレゲニー川，モノンガヒラ川とその合流点（the Point）が形成する「黄金の三角形」（"Golden Triangle"）が中心部となる。ここは英仏植民地戦争の1つであるフレンチ・インディアン戦争（French and Indian War: 1755-63年）の舞台であり，フランスが放棄した砦の跡地に設置され，英国首相を務めたW. ピット（William Pitt the Elder）に因んで命名されたピット砦があったことからこの地名となる。同市はアレゲニー郡の郡都で，同郡と周辺の6郡がその都市圏を構成する。

　ピッツバーグは石炭，鉄鉱石，石油などの「資源との近接という計り知れない強み」（Handlin 1999, p. 88）から工業都市として発展，「1870年代初期までに米国の硝子の半分と鉄の同様の割合を製造していた」（Cannadine 2006, p. 51）。Handlin（1999）は近くの石炭層が「無尽蔵」（"inexhaustible"），鉄鉱層が「豊富」（"abundant"）であったとする。また，「石油産業の発祥地」，タイタスヴィルは134.5kmだけ北に位置し，同時期までに「石油精製の中心地ともなっていた」（Cannadine 2006, p. 51; ただし，その地位はロックフェラーが活躍したクリーブランドに早々に奪われることとなる）。また，Dietrich（2011）がその黄金時代（golden age）と呼ぶ，また「ここ数十年間のシリコンバレー」（Sewald 2012）と比較される1870-1910年のピッツバーグにはカーネギーをはじめとして多数の著名な起業家が誕生し，カーネギーがその発展の要因ともなった鉄鋼業は長く地域経済を牽引することとなる。1910年には全米の鉄鋼生産の6割強を占

め，「世界の鉄鋼の首都」（"Steel Capital of the World"）の称号も戴いた。人口
は同年に全米 8 位の 53.4 万人を記録，その後も増加を続けて 1950 年には
67.7 万人（都市圏のそれは 221.3 万人）となった（U.S. Census Bureau）。しか
し，鉄鋼業は同市を「煙の街」（"Smokey City"）とするほどの深刻な大気汚染
を引き起こした。1940 年代に市長と財界が協力してこれに対処し，続いて企
業や人材を留めるための都市再開発を推進したが（5.3.2 項を参照のこと），
1980 年代になると安価な外国製品の流入により同産業が崩壊，都市圏では
1983 年 1 月に 212,400 人が失業，失業率は実に 18.2% に達した。

　しかし，その後，共に地元の名門大学である CMU とピッツバーグ大学
（Univ. of Pittsburgh: Pitt）での研究を基礎としてコンピュータ科学／ロボット
工学と医療の分野で産業を育成し，都市の再生を果たした。CMU（または前
身の 1 つであるカーネギー工科大学）は 1956 年に経営大学院である Graduate
Sch. of Industrial Admin.（GSIA）の中に Computation Ctr., 1965 年に Dept.
of Computer Science を，1988 年には Sch. of Computer Science（SCS）を設置
して教育／研究を拡充した。近年では CMU の研究者と大学院生を求めて In-
tel, Apple, Google, Facebook, Amazon など IT 企業がこの地にオフィスを
開設している。また，1979 年に SCS に Robotics Inst. を設置，同 Inst. は 2021
年 12 月 20 日時点で「〔合計で〕1,000 人超を雇用する 30 を超えるスタートア
ップ企業を誕生させている」（website）。2011 年に設立された業界団体の Pitts-
burgh Robotics Network（PRN）によると関連する機関は 100 を超える（web-
site）。他方，医科大学院を持つ Pitt が 2021 年度に国立衛生研究所（National
Inst. of Health: NIH）から獲得した資金（funding）は全米の大学の中で 10 位と
なる 5.98 億ドルであった（NIH website）。補助金の一部は「密接な協力関係」
にある Univ. of Pittsburgh Medical Ctr.（UPMC）との共同研究に利用される。
UPMC は計 40 の，「アカデミック〔（通常は大学付属を意味する）〕，地域，専
門」病院を擁し，「真に統合された医療提供システム」を標榜する（website）。
その基幹病院とされる UPMC Presbyterian Shadyside は U.S. News, *2019-20
Best Hospitals Honor Roll* で全米 15 位（2020-21, 2021-22 年版では上位 20 位圏
外），本章の中に何度も登場する UPMC Children's Hospital of Pittsburgh（以
下，Children's Hospital）は *2021-22 Best Children's Hospitals Honor Roll* で全

米9位にランクされる。市内には Health Sciences, Pharmacy, Nursing など
の Sch. を持ち, 2023年秋学期に医科大学院の開設を予定するデュケイン大学
(Duquesne Univ. of the Holy Spirit) や「13の病院」などを持つ, やはり「統合
された医療システム」(website) である Allegheny Health Network の本部も
ある。2020年の都市圏における医療・社会福祉業 (Health care and social assis-
tance; NAICS[1] 62) の平均雇用水準は197,467人で, かつての鉄鋼業の雇用数
を上回る。2020年の市と都市圏の人口, 30.3万人と237.1万人は2000年のそ
れと比較してそれぞれ-9.4%, -2.5% となるが, 2019年の「25-44歳」の割
合は33.2%, 当該年齢層の「4大卒以上」の割合は62.4% で, 50大都市（ピ
ッツバーグはこの中に入らない）の中でこれより高いのはそれぞれ14都市, 5
都市に過ぎない (2019 ACS 1-Year Estimates)。そうした背景には新産業の育
成とともに都市開発をその手段の1つとする住環境の整備もある。Forbes,
America's Most Livable City は2010年にアートシーン, 就職の見通し, 安全
性と低物価 (affordability) の観点からピッツバーグ都市圏を米国200都市圏中
1位, Economist Intelligence Unit, *The Liveability Ranking* は2011年にピ
ッツバーグを米国1位, 2021年に同3位にランク付けした。また, オバマ元大
統領は2009年9月のG20サミットを産業・都市の再生を理由にピッツバーグ
で開催した。

5.2　ハインツ一族

5.2.1　企業家として

　ヘンリー・ハインツ (Henry J. Heinz: 1844-1919) はドイツ（バイエルン王国）
からの移民である両親の元に誕生した。8歳から家族の菜園で働き始め, 翌年
から農作物の販売を担った。食品加工にも進出し,「磨り潰され, 塩か酢漬け
され, 瓶詰された西洋わさびが彼の自慢の品 (specialty) となった」(Skrabec
2009, p. 39)。10歳から父親の煉瓦工場でも働いたが, ある煉瓦工場を共同で買
収したC. ノーブル (Clarence Noble) と1868年に後に Heinz, Noble, and Co. と

---

1)　NAICS は North American Industrial Classification System のアクロニムで, 北米産業分類シス
　　テムと訳される。

なる企業を設立，同社は「製品群にセロリソース，塩・酢漬けのキュウリ，薄塩漬けキャベツと酢を加え」（Dietrich 2011, p. 40），1875年までに「真に全国的な企業」（Skrabec 2009, p. 22）に成長したが，「1873年恐慌」（"（Financial) Panic of 1873"）の煽りで倒産した。しかし，翌年には家族でF. & J. Heinz Co. を設立（ただし，出資者は妻，母親，弟，従弟の4人で，ヘンリーは月給125ドルで雇用された），そして「今日のHeinz社を代表する商品」（ハインツ日本website）となる（瓶詰）トマトケチャップを発売してこれが「大ヒット商品」（id.）となった。1888年にはヘンリーが弟と従弟から株式（従弟は持株の半分）を取得，社名がH. J. Heinz Co. に変更された。彼が逝去した時点で同社の売上高は1,700万ドル（2020年の2.54億ドルに相当），常勤社員数は9,000名（ピッツバーグ勤務はその半数）をそれぞれ超えていた（Skrabec 2009）。同社の社長職はヘンリーから次男のハワード（Howard: 1877-1941），そして彼の長男のジャック（H. J. "Jack" II: 1908-87）へと継承されたが，2013年に投資会社2社に買収され，2015年にはKraft Foods Group Inc. と合併して持株会社であるKraft Heinz Co.（本社：シカゴ・ピッツバーグ）の子会社となった。

　ヘンリーが同社を大きく発展させた要因として，Skrabec（2009）は製造面では，①H. フォードよりずっと前に組立ライン方式を開拓したこと，②G. ウェスティングハウス（George Westinghouse）[2]を除き，誰よりも早く工場を電化したこと，③カーネギーにずっと先んじて技術と垂直的統合を利用したこと，などを挙げる。また，ヘンリーは品質を重視し，例えば西洋わさびを漬ける酢も茶色いリンゴ酢（cider vinegar）ではなく，白酢か麦芽酢（molt vinegar）を使用，またそのこと，あるいは中身が見てわかるよう容器も緑か茶色のガラス瓶から透明なそれに変えている。なお，19世紀後半には「有害な化学物質や染料が添加され」たり，「不当表示」がなされたりする食品が販売されており，1906年にそれを規制する『純正食品・薬物法』（"Pure Food and Drug Act of

---

2)　彼は発明家・起業家であり，1869年にWestinghouse Air Brake Co.，1886年に電力会社のWestinghouse Electric Co.（後にWestinghouse Electric & Manufacturing Co.，さらにWestinghouse Electric Corp. に改称）をいずれもピッツバーグで設立した。T. エジソン（Thomas Edison）が提唱した直流電送システムに対抗して交流電送システムを開発し，所謂「電流戦争」（War of Currents）に勝利したことは有名である。また，慈善家として後述するpaternal capitalismを実践している。

1906") が制定されたが，ヘンリーは「業界の異端児として扱われ」ながらも
この運動を支援した（ハインツ日本 website）。

5.2.2　慈善家として

　ヘンリーの慈善家としての最大の特徴は paternal capitalism（"paternalism"
は父権主義，温情主義などと訳される）の実践にあり，これは5.2.3項で取り上
げる。他に注目されるのは日曜学校（Sunday sch.）と環境問題に関するもので
ある。日曜学校とは「キリスト教会が子どもの信仰教育のために日曜日に開く
学校」（『世界大百科事典』第2版）で，彼はまずは教師として，後に役員として
関与した。1913年にはその普及のために日本を訪れている。ヘンリーの遺産
は400万ドル（Dietrich 2011; 2020年の5,984万ドルに相当）で，4つの日曜学校
協会に合計で30万ドル（McCafferty 1923），その他にピッツバーグ大学に25
万ドル（15万ドルは Heinz Memorial Chapel となるビルの建設のため，10万
ドルは日曜学校教育の教授職（chair）の設置のため），地元の病院に5.5万ド
ル，ソーシャル・サービス団体に3万ドル（Skrabec 2009）が遺贈された。ま
た，生前，1896年設立の「交響楽団（Pittsburgh Orchestra〔; 現 Pittsburgh
Symphony Orchestra〕）に初期資金を提供している」（Murray 2004）。環境問題
に関しては，当時，ピッツバーグは大気汚染のみでなく，河川の水質汚染も深
刻であり，Popular Pittsburgh（undated）によるとそれを原因とする腸チフス
の死亡率は1872-1908年に全米1位であった。また，ピッツバーグはたびたび
洪水に見舞われており，「『1907年大洪水』（"Great Flood of 1907"）は都市機能
を数週間，麻痺させた」（Skrabec 2009, p. 179）。ヘンリーは『ピッツバーグ市
民委員会』（Pittsburgh Civic Commission）の副委員長と『都市計画委員会』
（Committee on City Planning）の委員に就任，市長の J. ガスリー（John Guthrie;
任期: 1851-53年）と連携し，また他の企業家と協力して浄水場の設置を実現し
て大きな成果を得た。これは後の R. K. メロンの都市再開発における活躍に先
行するものといえる。ただし，大気汚染対策——不首尾ではあったが，「ヘン
リーは1880年代に天然ガス使用の先駆者となった」（*id.*, p. 180）——，そして
洪水対策——彼は『ピッツバーグ洪水委員会』（Pittsburgh Flood Commission）
の会長に就任し，「自費で欧州を訪問して治水を勉強し，多くの重要な報告書

と技術情報を持ち帰った」（McCafferty 1923, p. 214）──は将来に持ち越され
た[3]。

　次は彼の子孫である。経緯は不明ながら 1941 年にハワード，1986 年に末弟
のクリフォード（Clifford: 1883-1935）の妻で，H. J. Heinz Co. の取締役などを
務めたヴィラ（Vira: 1888-1983）の名前の付いた財団（endowment）が設立され，
これらは 2007 年に後で登場するテレサ（Teresa）の主導で Heinz Endow-
ments として統合される。ハワードは 1918 年の Citizens Committee on City
Planning，1936 年の Pittsburgh Regional Planning Assoc. の設立に参画したが，
計画の実施には至らなかった（そこで ACCD が誕生することとなる；5. 3. 2 項を参
照のこと）。ジャックは Howard Heinz Endowment の会長を務め，そこから
1,000 万ドルとされる改築費用の 700 万ドルを提供して Loew's Penn Theater
を交響楽団の本拠地となる Heinz Hall for the Performing Arts として再生
（1971 年），さらに同ホールを含む，「いかがわしい赤線地区」（seedy red-light
district）となっていた文化地区（Cultural District）の文化的・経済的な開発を
使命とする Pittsburgh Cultural Trust（PCT）の設立を主導した（PCT web-
site）。PCT により歴史的な劇場が再生された同地区は今や年間に 200 万以上
の訪問者を引き寄せる（id.）。Howard Heinz Endowment と Vira Heinz En-
dowment は交響楽団が 1993 年に始めた募金活動に 2,000 万ドルを寄付した。
また，ジャックの一人息子で，米上院議員を務めた H. ジョン 3 世（H. John,
III: 1938-91）は妻のテレサ（1995 年に再婚し，ハインツ・ケリー（Heinz-Kerry）
となる）と Heinz Family Philanthropies と総称される，Heinz Family Fdn（設
立：1984 年）など 3 つの財団を設立した。また，彼は 1983 年と 1985 年にコミ
ュニティ財団である Pittsburgh Fdn に基金を設置した（詳細は不明）。CMU
の Sch. of Urban and Public Affairs（SUPA）は 1992 年に H. John Heinz III
Sch. of Public Policy and Mgmt. に改称，2008 年には H. John Heinz III Col. に
改組されたが，改組にはテレサが Heinz Family Fdn のそれとともに会長を兼

3）　1936 年には所謂 "St. Patrick's Day Flood" が発生，都市圏で死者が 47 人，負傷者が 2,800 人，
　　家を失った者が 67,500 人に上った。1936 年に Flood Control Act of 1936 が制定されて洪水調節
　　（flood control）は連邦政府の責任とされ，以後，ピッツバーグ上流に多数のダム・貯水池が建
　　設された。

務する Heinz Endowments から 1,300 万ドルが提供された（改称はその前年に飛行機事故で逝去した H. ジョン 3 世の「CMU と SUPA の両方への貢献」（Heinz Col. website）が理由とされる）。市内には彼の名前の付いた歴史センターもある。なお，Heinz Endowments の会長は 2016 年にテレサから次男のアンドレ（André; 1969- ）に交代（テレサは名誉会長兼理事），他に長男の H. ジョン 4 世（H. John, IV: 1966- ），三男のクリストファー（Christopher: 1973- ）と彼の妻が理事を務める。

5.2.3　慈善の思想

　Skrabec（2009）によると「ヘンリーは，組合（員）は社会主義者で，揉め事をよく起こすと確信していたが，企業所有者は従業者を公平に扱う責任があることも確信していた」（p. 93）。彼は少額融資をしたり，ピクニックを開催したり，夕食に招待したりするところから paternal capitalism の実践に努めた。「1873 年恐慌」を受けて鉄道会社が打ち出した一時解雇と賃金カットに抵抗してなされた「1877 年大鉄道ストライキ」（"Great Railroad Strike of 1877"）がピッツバーグに及び，これが州兵が動員されるほどの暴動に発展，「20 人が殺され，数百人の負傷者」（*id.*, p. 76）が発生すると，「貧弱な労働環境は社会主義をもたらす」（*id.*, p. 77）との考えから「事業に必要な要素として paternal capitalism に熱心に取り組むこととなる」（〃）。1886 年にはドイツを訪れ，チョコレート会社，Stollwerck GmbH をはじめとした企業の製造，販売と paternal capitalism を視察している。そして，「年金，医療とソーシャル・サービスなどの従業員福利厚生（employee benefit）を提供する」（*id.*, p. 6）までに paternal capitalism を伸張させた。なお，それを実践した企業家は少なからずいたかもしれないが，Skrabec（2009）はヘンリーと彼の友人で，百貨店，John Wanamaker & Co. 創業者の J. ワナメーカー（John Wanamaker）をその象徴（icon）と位置付ける。ただし，これは興味深いところであるが，「全般的な H. J. Heinz Co. の賃金率は 1875-1920 年を通して平均を僅かに下回っていた」（*id.*, p. 234）。また，Skrabec（2009）は「ヘンリーはカーネギーのように多くをコミュニティに返した」（p. 245）と述べるが，いささか違いがある。ヘンリーが息子に企業を継承させたことと関連しようが，そのこともカーネギーの思想と

整合しない[4]。日曜学校については，その開設の背景として産業革命により工場で労働する青少年が増加したことが指摘されるが，ヘンリーはその支援を資本主義体制維持のためのものとしていない。彼はそれを「子供たちがそこから人生の道理（principle）を獲得する偉大な源泉」（Skrabec 2009, p. 196）と評価するのである。

5.3　メロン一族

5.3.1　企業家として

　メロン一族は金融業でメロン王朝（Mellon dynasty）と形容される繁栄を築いたが，その始祖となったのがトーマス・メロン（Thomas Mellon: 1813-1908）である。彼は現在の北アイルランドからの移民で，1837 年に Pitt の前身となるペンシルベニア・ウェスタン大学（Western Univ. of Pennsylvania）を 3 年で退学した後に判事となり，石炭，不動産，不動産開発などの事業にも乗り出した。1869 年には T. Mellon & Sons（銀行）を設立し，企業の設立・経営を経験した四男の A. W.（Andrew William: 1855-1937）と五男の R. B.（Richard Beatty: 1858-1933）が同行を継承した。A. W. はまた，1889 年にフリックらと Union Transfer and Trust Co.（1892 年に Union Trust Co. に改称）を設立，1902 年に T. Mellon & Sons からスピンオフさせた Mellon National Bank をその傘下に置いた。R. B. の没後，息子の R. K.（Richard King: 1899-1970）が同行の社長に就任，彼の下で 1946 年に両行が合併して Mellon National Bank and Trust Co. となり，1972 年に持株会社，Mellon National Corp. が設立された。同行は Mellon Bank Corp.，さらに Mellon Financial Corp. と改称された後の 2007 年に合併により Bank of New York Mellon Corp.（本社：ニューヨーク）となった。Mellon Financial は *Fortune 500*（2007 年版）によると収入が 64.0 億ドルで，全体では 358 位，「商業銀行」（"Commercial Banks"）分野では 17 位であった。

---

4)　生前の寄付に関して，Skrabec（2009）は，ヘンリーは共にメソジスト教会が運営するミシガン州エイドリアンのエイドリアン・カレッジ（Adrian Col.）とカンザス州カンザスシティのカンザスシティ大学（Kansas City Univ.; 1933 年に閉鎖）の主な寄付者であったとするが，詳細は不明である。

A. W. は 1921-32 年に財務長官（Secretary of the Treasury），1932-33 年に駐英大使を務めている。

　しかし，A. W. については何よりベンチャー・キャピタリストとして地域の産業振興に果たした役割を強調しなければならない。つまり，Pittsburgh Reduction Co.（設立：1888 年；1907 年に Aluminum Co. of America（Alcoa）[5] に改称），Crescent Oil Co.（1893 年？），Union Steel Co.（1899 年），Pittsburgh Coal Co.（1899 年），Monongahela River Coal Co.（1899 年），Standard Steel Car Co.（1902 年），Gulf Oil Corp.（1907 年；後に所謂「セブン・シスターズ」（"Seven Sisters"）の 1 社となる）などに出資して創業を支援したのである。例えば，Pittsburgh Reduction への出資は「同社が小さく，〔ホールが発明した〕技術が確実でなく（questionable），また経営陣が〔1 人を除いて〕実績を持たない」（Dietrich 2011, p. 96）なかでなされ，甥の W. L.（William Larimer: 1868-1949）と設立した Crescent Oil は輸送手段である鉄道（Pennsylvania Railroad）を支配する，ロックフェラーの Standard Oil に対抗するために州東部の，デラウェア川に臨むマーカスフックまで 271mi（≒ 436.1km）のパイプラインを敷設した（同社は 1895 年に Standard Oil に 450 万ドルで売却された）。1915 年には副産物回収型のコークス炉を開発した H. コッパーズ（Heinrich Koppers）がシカゴに設立した Koppers Co.（1912 年）の株式を取得し，同社をピッツバーグに移転させた。さらに，「A. W. と R. B. は Pittsburgh Reduction の取締役に就

5）　ついでながら，ここでハント（Hunt）一族に簡単に言及しておく。アルフレッド（Alfred: 1855-99）は東部の生まれで，MIT 卒業後の 1881 年に製鋼会社に職を得てピッツバーグに転居，その後，C. ホール（Charles Hall）と Pittsburgh Reduction を創業した。後に Pittsburgh Filtration Committee の委員となり，ヘンリー・ハインツがそうする以前に浄水場の設置に取り組んだ。一人っ子のロイ（Roy: 1881-1966）は同社の社長・会長を務め，また 1951 年に Hunt Fdn を設立した。没後，彼の遺志で新たに Roy Hunt Fdn が設立され，両財団は 1994 年に合併した。Roy Hunt Fdn が 2017 年に交付した補助金は 340 万ドルで，ピッツバーグ地域の財団の中で 26 位であった。また，彼の四男のリチャード（Richard: 1926-2020）は長くボストン地域に在住したが，2015 年に「われわれ一族に非常に多くを与えてくれたピッツバーグにお返しをする」との理由で息子のウィリアム（1962?- ）が理事（2008-14 年）であった Pittsburgh Fdn に 1,500 億ドルの基金を設置した（Pittsburgh Fdn website）。3.2 節に登場したそのウィリアムはピッツバーグの不動産業者，Elmhurst Group の社長・CEO，Roy Hunt Fdn の理事や CMP の終身理事，さらに「ピッツバーグ地域の経済開発に重大な影響を与えると期待される不動産プロジェクト」に資金を提供する民間機関，Strategic Investment Fund（website）の理事を務める。

任」（*id.*, p. 97），「A. W. は一時，60 社を超える企業の執行役員・取締役」を務めた（Blum 1999, p. 234）。投資先企業が大きく成長または高値で売却されたために A. W. らは莫大な財産を構築，A. W. のそれは 1930 年と 1931 年の初期に簿価で 1 億 2,700 万ドル（2020 年の 21.6 億ドルに相当）までに達した（Cannadine 2006）。時代はやや下るが，*Fortune 500*（1955 年版）には Gulf Oil（8 位），Alcoa（35 位），Koppers（168 位），さらに創業して数年でニューヨーク州ナイアガラフォールズに移転した Carborundum Co.（374 位：“Carborundum” とは炭化ケイ素（Silicon Carbide）のこと）がランクインしている。また，1957 年に Fortune が *Wealthiest Americans* を発表したが，資産額が 4 〜 7 億ドルで全米 2 〜 8 位となる 7 人の中に R. K. と妹のサラ（Sarah Scaife: 1903-65），A. W. の娘のエイルサ（Ailsa Bruce: 1901-69）と息子のポール（Paul: 1907-99）が入っている。R. K. は 1967 年元日に Mellon National Bank and Trust Co. の会長を辞任したが，息子（養子）の R. P.（Richard Prosser: 1939-2020）と S. P.（Seward Prosser: 1942- ）を含めて一族でその職を継承する者はいなかった。

5.3.2　慈善家として

　メロン一族の慈善活動は A. W. と R. B. により開始された。A. W. は科学が製造業者の業務の効率化（economy）と発展に絶対的に適用可能とする R. ダンカン（Robert Duncan; カンザス大学（Univ. of Kansas）教授）の考えに触発され，R. B. と 1913 年に partner/sponsor となった企業のために最先端の科学実験などを行う MIIR を設立したが（Riffe 2019），「そのために 2 人で 32.5 万ドル〔（2020 年の 850 万ドルに相当）〕を充当し，また施設維持に毎年，4 万ドル〔の支払い〕を約束し」（Cannadine 2006, p. 240），1930-37 年には新施設の建設のために共に 400 万ドルを提供した（*id.*, p. 403）。MIIR は大きく発展し，「1950 年には 500 人超の研究員（Fellow）が所属し，約 70 の異なるプロジェクトに取り組んでいた」（P. Mellon 1992, p. 350）。また，その研究から「Dow Corning, Union Carbide などの成功する企業がスピンオフした」（Riffe 2019）。MIIR ではピッツバーグ地域で深刻な状況にあった大気汚染の研究もなされ，「そこでの環境改善の推進に重要な役割を果たした」（ACS 2013）。二人は 1921 年には Pitt に “Cathedral of Learning”（「学びの聖堂」と訳される 42 階建ての建物）を

建設する，14ac（≒56,656㎡），評価額 250 万ドルの土地を寄贈している
（Koskoff 1978）。世界恐慌（Great Depression）に地域経済が飲み込まれると，
A. W. は 1931 年に Allegheny County Emergency Assoc., Red Cross, Pres-
byterian Minister's Fund, Welfare Fund of Pittsburgh に合計で 116,250 ドル
を，R. B. と W. L. も同額（corresponding amount）を寄付した（Cannadine
2006）。A. W. の Welfare Fund への寄付額は 1931 年が 26,250 ドル，1932 年が
325,000 ドル，1933 年が 75,000 ドルで（id.），このの voluntary agency は
「1930 年〔代?〕初頭に Red Cross, Family Welfare Society, Goodwill と
Travelers Aid の機関が 14 万人以上のピッツバーグ住民に衣服，食料，暖房
用燃料を提供するのを支援した」（Bauman and Muller 2006, p. 195）。また，上
で触れた MIIR の新施設の建設や R. B. の 400 万ドルの寄付による長老派教会
（教派）の教会の再建がこの時期になされており，「重要な雇用源」（Cannadine
2006, p. 429）となった。やや後の 1948 年に W. L. は妻と設立した W. L. & May
Mellon Fdn から 600 万ドルを寄付してカーネギー工科大学（Carnegie Inst. of
Technologoy）に GSIA を設置した（Ingham 1983）[6]。

　A. W. のもう 1 つの，そして桁違いの慈善活動はワシントン D.C. での（そ
れゆえピッツバーグとは関連がないが）ナショナル・ギャラリー（National
Gallery of Art: NGA）の設立に向けられた。A. W. はそのために 1930 年に A.
W. Mellon Educational and Charitable（E. & C.）Trust[7] を設立して 2,200 万
ドル相当の株券と債券，そして総額で 1,900 万ドルと評価された芸術作品を寄
付し，次に E. & C. Trust が 800-900 万ドルの費用を負担して建物を建設し，
これと芸術作品を議会に譲渡したのである（ただし，NGA の建物が竣工したの
は A. W. の没後の 1941 年である）。

　次世代の活動に移ると（ただし，NGA の支援には触れない），1948 年に
Pitt に Graduate Sch. of Public Health（GSPH）を設置するためにポールが会
長職を継いだ E. & C. Trust が 1,360 万ドル（Pitt GSPH website），1956 年に

---

6)　GSIA はその卒業生で，ヘッジファンド（hedge fund），Appaloosa Mgmt. の創業者である D. テ
　　ッパー（David Tepper ）の 5,500 万ドルの寄付により 2004 年に Tepper Sch. of Business に改
　　称された。
7)　A. W. の名前が付く慈善団体にはポールが設立した Old Dominion Fdn とエイルサが設立した
　　Avalon Fdn が合併して 1969 年に誕生した A. W. Mellon Fdn（本部：ニューヨーク）もある。

MIIR に Fundamental Research Trust を 設 置 す る た め に E. & C. Trust が 1,000 万ドル，R. K. とサラが各 500 万ドル（P. Mellon 1992）を提供した。MIIR が CMU となるのはすでに述べたが，同大学の website はカーネギー工科大学との「統合はメロン一族の長い支援の歴史に立脚し，またそれは CMU が Mellon Col. of Science と Col. of Humanities and Social Sciences を設置するのを可能にした」と記す。大学以外では交響楽団が 1963 年に E. & C. Trust とポールからそれぞれ 50 万ドルの寄付を受けて基金を設立した（Koskoff 1978）。なお，E. & C. Trust は NGA の設立後は「財産（capital fund）のすべてをピッツバーグとピッツバーグ地域（area）で費やすこと」を Stated Policy とし（P. Mellon 1992, Appendix C），また「その 50 年の存在期間にピッツバーグの慈善団体と機関に約 2 億ドルを寄付した」（Pittsburgh Fdn website）。

　R. K. は MIIR への寄付の他にも個人として，または 1947 年に設立した「ペンシルベニア州南西部の将来に投資する」，地域最大の財団（表 5-1 を参照のこと：ただし，そこでの資産は純資産である）である R. K. Mellon Fdn を通じて CMU のコンピュータ科学／ロボット工学分野，Pitt の医療分野での教育／研究などを支援，それらは鉄鋼に代わる地域の新たな産業の礎となった。財団の website には「R. K. は〔1950 年代・60 年代に〕合計 1,450 万ドルの個人寄付でカーネギー工科大学を支援した。慈善信託は 1960 年代，同校に追加で 560 万ドルを寄付し，その一部は国際的に有名な Dept. of Computer Science の設置に充てられた」，「R. K. は妻と 1950-66 年に Pitt Sch. of Medicine に 600 万ドル超を個人寄付し」，それにより学科長を含む教員組織の拡充がなされた，などの記載がある。Pitt Sch. of Medicine の関連では，ポリオワクチン（polio vaccine）を開発した J. ソーク（Jonas Salk）の研究が支援の対象とされた。恐らくはこれに関して，Bookchin and Schumacher（2004）は「ソークはピッツバーグで著名なメロン一族に支援された多数の財団の 1 つから実用的なウイルス学研究所の建設を開始するための 12,500 ドルの補助金を獲得した」（p. 26）と述べる。1968 年には，新産業と直接には関連しないが，CMU の SUPA の設置に財団を通じて 1,000 万ドルを寄付した（Heinz Col. website）。財団は 2020 年には約 1.1 億ドルの補助金・プログラム関連投資（grant and program-related investment: PRI）[8] を実施，分野別では地域経済開発が 38%，ヒュ

表 5-1　ピッツバーグ地域の財団（補助金・純資産）（2017 年）

	財団名[1]	補助金・PRI[2]	純資産[2]		財団名[1]	補助金・PRI[2]	純資産[2]
1	R. K. Mellon Fdn	122.1	2,500.0	11	Allegheny Fdn	20.8	473.0
2	Heinz Endowments	61.5	1,600.0	12	Benedum Fdn	14.6	332.7
3	PNC Fdn	48.8	220.0	13	Edith L.Trees Trust	13.8	345.0
4	Pittsburgh Fdn	44.5	1,100.0	14	Jack Buncher Fdn	13.2	178.6
5	Hillman Family Fdns	33.6	791.1	15	Grable Fdn	12.4	301.5
6	Colcom Fdn	33.6	442.5	16	Eden Hall Fdn	9.6	111.9
7	Sarah Scaife Fdn	33.3	827.1	17	Alcoa Fdn	5.8	128.5
8	McCunc Fdn	29.0	334.5	18	Jewish Fealthcare Fdn	5.8	120.2
9	Jewish Fed. of GP	26.2	258.8	19	PPG Fdn	5.4	6.6
10	Dietrich Fdn	23.7	795.6	20	DSF Charitable Fdn	5.1	102.5

（注1）　PNC Fdn, Alcoa Fdn, PPG Fdn は企業財団 (corporate fdn), Pittsburg Fdn, Allegheny Fdn はコミュニティ財団 (community fdn), Jewish Federation of Greater Pittsburgh は不明, 他は独立財団 (independent fdn).

（注2）　単位は 100 万ドル。

（出所）　Gannon, J. (2018) "Pittsburgh's Top Foundations by Grant Money: Hillman Rises in the Ranks," Pittsburgh Post-Gazette, May 31.

ーマンサービスが 30%, 自然保護が 20%, 教育が 12%, 地域別では「ピッツバーグ＋ペンシルベニア州南西部」が実に 85.5% を占めている（*2020 Annual Report*）。近年は R. P. から S. P., そして R. P. の息子のリチャード（Richard A.）へと理事長職が継承されており, 理事, 11 人の内の 5 人に"メロン"の名前がある。

　さらに, R. K. の財界活動に言及しなければならない。1943 年に "corporate elite"（Lubove 1995, p. 109）を中心とした Allegheny Conference on Community Development（ACCD）の設立を主導, 1946 年 1 月に市長に就任（ -59.1）した D. ローレンス（David Lawrence）と協力して 1941 年に制定された（, しかし戦争によりそれが延期された）市の『煤煙規制条例』（Smoke-Control Ordinance）を施行させ, 次いで「ルネサンス」（"Renaissance"; 仏語で「再生」の意）と呼ばれる大規模な都市再開発を推進, 中心部で 1951 年竣工の U.S. Steel & Mellon Bank Bldg.（現 525 William Penn Place）を皮切りに多数の高層ビル（, さらに 1974 年には Point 州立公園）の建設を実現させ, また彼とサラの財団

8)　PwC あらた有限責任監査法人（2019）は PRI を「民間財団が基本財産の一部を使って, 出資や貸付の手法で社会的事業を支援する仕組みのこと」と定義する。

と E. & C. Trust が土地の代金と建設費用の一部，430万ドルを市に寄付して「都市の中のオアシス」となる Mellon Squire（公園；下に駐車場が設置される）を 1955年に竣工させ，本社移転を計画していた Westinghouse，Alcoa，U.S. Steel などの企業を市に引き留めるのに成功した。中心業務地区（central business district）での，4棟の Gateway Ctr.（ビル）の建設を中心としたプロジェクトについては財政的な成功や Golden Triangle での民間投資の誘発と就業者数の増加が指摘されるが（Brookline Connection website），その「Gateway Ctr. はしばしば「メロンの奇跡」と呼ばれた」（id.）。Luvove（1995）は成功の要因の1つとして，「〔ACCD〕が技術者，建築家，経済学者や他の専門家により準備された具体的で，詳細な計画の発起人となった」ことを挙げ，「このテクニカルスキル（technical skills）を駆使する能力はたいていの市民団体，とりわけ地区（neighborhood）の市民グループと著しい対照を成す」と述べている（p. 110）。

5.3.3　慈善の思想

　まずはトーマスの思想に簡単に触れておく。トーマスは幼年期にフランクリンの自伝（Franklin 1818）を繰り返し読んでいる。周知の通り，フランクリンは「貧しい卑しい家に生れ」（id., p. 8）ながら，印刷出版業者から在仏米国大使（1778-85年）や州知事（1785-88年）となり，科学者や発明家となり，さらに米国の独立宣言（1776年）と憲法（1787年）への署名により建国の父（Founding Fathers）の1人となった立志伝中の人物である。彼は自伝の中で自助（self-help）または勤勉，節約など13の徳を説いており，Cannadine（2006）によればトーマスは同書を自身の「非宗教的な福音書」とし，また「その教義を息子たち全員に吹き込んでいる」（p. 13）。ただし，フランクリンは同書の多くの紙面を図書館，大学，病院の設立など彼の寄付を含む社会的活動に割いているが，トーマスは「カーネギーと同様に浪費家への見境のない寄付に賛成しなかった」だけでなく，「財産を公共の利益（public good）のために譲渡する意思も持たなかった」（id., p. 90）。財産は全幅の信頼を寄せる4人の子供に受け継がれた（〃）。

　A. W. は R. B. と MIIR を設立したが，その目的が地域での技術と応用科学

に立脚した新企業の育成にあったとして，Cannadine（2006）はその背景に後
に泥棒貴族（robber baron）と呼ばれるような一部の企業家の「〔莫大な財産〕
に対する〔庶民の〕増大する敵愾心」（p. 237）の存在を指摘する。また，彼ら
が莫大な財産を蓄積できたのは米国では欧州より「ずっと荒っぽく，また紳士
的な要素が少ない」「金儲けゲーム」（Heilbroner 1999, p. 348）が展開されたこ
とによる。そこで，彼らの経済活動を規制する反トラスト法が制定されたこと
は3.3節で述べた。A. W. またはメロン一族の企業では1911年に Alcoa が司
法省に「国際カルテルへの違法な参加，ボーキサイトの購入での制限条項（re-
strictive covenant）」（Cannadine 2006, p. 222）などを理由に提訴され，翌年にそ
れらを認めて同意判決に至った。また，連邦政府により1913年に所得税[9]，
1916年に遺産税，1917年に超過利潤税（excess profit tax），1932年に贈与税
（gift tax）が導入されたが，これらはいずれも累進税であった。Cannadine
（2006）は「A. W. は〔カーネギーやロックフェラーと同様に，〕慈善活動が富者の
重要な任務（pursuit）となっていることを理解していた」（p. 237）と述べてい
る。

　最後は R. K. である。「新聞のインタビューに応じるのを嫌がった」（Koskoff
1978, p. 455）彼には自伝も伝記もない。彼の地域貢献に関する思想はペンシル
ベニア大学ウォートンスクール（Wharton Sch.）同窓会の Gold Medal of Merit
Award を受賞した際になされた，「経営陣のコミュニティに対する責任」（*Mg-
mt.'s Responsibility to the Community*）と題した講演（R. K. Mellon 1953）の中に
見られる。R. K. は企業経営者（以下，経営者）の責任の対象が株主から従業員，
顧客，そして一般大衆にまで拡大したとの認識を示し，「われわれ経営者は，
たとえその特定の問題が各々の企業に直接的な影響を持たないとしても，公共
政策の形成に参加しなければならない。……皆にとってわれわれの企業の日々
の業務がどれほど重要であっても，どれほど時間や精力を要求しても，われわ
れが普遍的な公共サービスの要求とわれわれを取り巻く社会問題から無縁では
いられないのは明白である。われわれはまさにわれわれの産業社会の基礎がわ
れわれが暮らす環境に依存するとの明白な事実から逃れることはできない」

9）　所得税と贈与税はそれ以前にも導入されたことがある。

(pp. 8-9) と述べる。また，教育を取り上げ，「〔公立学校は〕毎年，100万人の高校生を卒業させ，その内の50万人が大学に入学する。こうした学校からわれわれの将来の労働者，専門家，管理者（manager）と大衆指導者（public leader）が誕生する。それゆえ，それぞれのコミュニティの経営者が公教育に積極的な関心を持つことは絶対に必要である」(pp. 9-10) とする。工学系高等教育とリベラルアーツ教育には企業とのより直接的な関係がある一方で，それらの費用を賄うことが容易でないとする。そこで，経営者または企業の（教育に限定されない）コミュニティへの関与の重要な仕方としてすでにその領域での法的整備が進んでいた，また一部の企業がそれを実践し始めていた企業による寄付を積極的に提言するのである。経営者の従業員に対する責任は労使対立により明確化されたが，新たな，一般大衆への責任はR. K. がピッツバーグの住環境と産業／経済の関係から看取したものと言ってよいだろう。ついでながら，経済体制に関して，R. K. は「経営者は自由企業体制（free enterprise）を推進する最大限の役割を果たさなければならない」(p. 9) とし，それが「われわれの高度の産業社会（industrialism）が今日のように個人の自発性と開拓者精神に立脚して存在しうる唯一の環境である」(〃) からと説明する。また，彼の地域貢献に関する思想は至って功利主義的であり，Koskoff (1978) によれば「R. K. は見識ある利己心（enlightened self-interest）が彼自身の再開発への献身の礎であると断言している」(p. 454) が，「人は誰か他人のために何もしていないのであれば真に幸福にはなれない」("A man cannot be truly happy unless he is doing something for somebody else.") との，彼によると第16代合衆国大統領，A. リンカン（Abraham Lincoln）の言葉を引用し，経営者にコミュニティ活動への参加を促すことには人間性が感じられなくもない。

5.4　ヒルマン一族

5. 4. 1　企業家として

　J. ハートウェル・ヒルマン Sr.（J. Hartwell Hillman Sr.: 1841-1911）は1880年代にテネシー州ナッシュビルからピッツバーグに移住し，Hillman Coal & Coke Co.（Pittsburgh Coke & Chemical Co., Pittsburgh Activated Carbon Co. を経

て現在はクラレ子会社の Calgon Carbon Corp.）と一族の資産運用会社で，Hillman Coal & Coke の株主ともなる J. H. Hillman & Sons（現 Hillman Co.）を設立した。両社は長男のハート（J. Hartwell（"Hart"）, Jr.: 1880-1959）が継承，次男のアーネスト（Ernest: 1883-1969）も加わり，「1920 年代には石炭，鉄鋼，鉄，石油，科学製品と輸送の帝国を構築した」が，「それは規模でメロン一族のそれに次ぐものであった」（Burrough and Gupta 1986）。また，地元のいくつかの銀行の株式を取得，経済的優位性（規模の経済（economies of scale））を求めてこれらを統合し，Pittsburgh National Bank（現 PNC Financial Service Group）を形成したが[10]，これら銀行が先に述べた事業の拡大を財政的に支援した（Fulton 1969）。泥棒貴族の企業経営を踏襲したとされるハートは「ピッツバーグ産業界の最後の重鎮」（"the last of Pittsburgh's great industrial tycoons"）とも呼ばれる（〃）。

　彼の次男のヘンリー（Henry: 1918-2017）はプリンストン大学を卒業後に海軍に入隊，1946 年に Pittsburgh Coke & Chemical に就職して 1955 年に社長に就任した。1959 年に Hillman Co. を継承すると，Pittsburgh Activated Carbon を含む「伝統的な工業部門を売却し」，同社をとりわけ「技術と不動産」を対象とする投資会社とした（〃）。同社は 1970 年代に設立されたベンチャー・キャピタルの Kleiner Perkins とプライベート・エクイティ（private equity）会社の Kohlberg Kravis Roberts & Co. の有限責任組合員（limited partner: LP）となり，Kleiner Perkins には開業資金の半分に当たる 400 万ドルを出資（Arnold 2017），また同社が投資した企業にはシリコンバレーの Tandem Computers（設立：1974 年；現在は Hewlett Packard Enterprise Co. のサーバ部門）や Genentech（1976 年；現在は F. Hoffmann-La Roche の子会社）が含まれる。Sabatini（2017）は，ヘンリーはピッツバーグから遠く離れた「同地の発展の主要な推進役（a major force）であった」と述べる。彼の企業家としての傑出した能力は 2017 年 3 月 20 日時点で 26 億ドル（Forbes, Billionaires 2017）とされる

---

10)　PNC の名称は Pittsburgh National Bank の親会社の Pittsburgh National Corp. と，同社と 1983 年に合併した Provident National Corp. に由来する。PNC Financial Service Group は数度の合併もあり，2021 年 6 月末時点の資産総額が 4,539.7 億ドルで，全米 7 位の金融持株会社となっている。

純資産からも推測される。他方で，A. W. メロンのように地元での起業を支援
したり，出資した企業を地元に移転させたりはしていないようである。ヘンリ
ーには4人の子供と多数の孫がいるが，Hillman Co. に関与する（した）者は
いない。

5.4.2　慈善家として

　ハートについての貴重な情報源となる Fulton（1969）は友人の次のような発
言を引用している；「彼は100% が事業であり，100% が仕事であった。彼には
話すべき社会生活（social life）がなかった。彼はゴルフもせず，交響楽団も支
援しなかった」。1951 年に Hillman Fdn を設立しているが，その経緯や慈善の
思想は不明である。

　ヘンリーについては，「彼が資金提供した主要なプロジェクトに彼の名前を
付ける場合には渋々，そうしており，ほとんどの場合には彼の寄付を非公開と
するのを好んだ」（Sabatini 2017）とされる。それでも，多数の，そして多額の
活動が確認されている。大学・博物館関連では，2008 年に後で触れる Henry
Hillman Fdn を通じて CMU の Gates-Hillman Complex の一部となる，また
SCS の Computational Biology Dept. が入居する Hillman Ctr. for Future Gen-
eration Technologies（施設）の建設に 1,000 万ドルを提供した。Pitt の 1968
年の図書館（Hillman Library）の開設では「ヒルマン一族と Hillman Fdn が新
たなビルを建設するのに必要な土地と基金のかなりの部分を寄付するように手
配（arrange）した」（Univ. of Pittsburgh Library System undated）。CMNH に
1980 年，Hillman Hall of Minerals and Gems が設置されたが，大学で地質学
を専攻した，また同博物館の理事であったヘンリーは Hillman Fdn を通じて
スペースの改修と標本収集に資金（金額は不明）を提供した。UPMC 関連では，
2002 年，Hillman Fdn と Henry Hillman Fdn を通じて研究所と治療施設が入
居する Hillman Cancer Ctr.（施設）の設置に 1,000 万ドルを提供した。2004
年には「前途有望な，若い研究者を引き寄せ，新たな癌治療の開発を促進す
る」Hillman Fellows for Innovative Cancer Research Program の 設 置 に
2,000 万ドルを提供した（2017 年には Henry Hillman Fdn が 10 年間，総額 3,000
万ドルを提供し，同 Program を継続して支援することが発表された；UPMC 2017,

UPMC Hillman Cancer Ctr. 2017）。2017 年 5 月 に Univ. of Pittsburgh Cancer Institute（UPCI; 設立：1984 年）を 含 む UPMC Cancer Ctr. network は UPMC Hillman Cancer Ctr. に改称された。また，2005 年に 2 つの財団を通じて Children's Hospital の小児移植センター（pediatric transplant ctr.）に 1,000 万ドルを提供，同センターは Hillman Ctr. for Pediatric Transplantation となった。

　順番がやや前後するが，Hillman Fdn 以外のヒルマン一族の財団に触れておくと，ヘンリーが 1964 年に Henry Hillman Fdn，妹のパトリシア（Patricia Miller: 1923-68）が 1957 年に Polk Fdn，メアリー（Mary Jennings: 1921-79）が 1968 年に Mary Jennings Fdn を設立した。ヘンリーは 1986-2006 年には妻のエルシー（Elsie: 1925-2015），4 人の子供，9 人の孫の財団を設立しており，全部で 18 となる一族の財団の "administrative and program office" として Hillman Family Fdns（HFFs）がある。同財団によると 18 の財団の多くが「地域の生活の質の改善に専念する」（website）が，そのまた多く（11 財団）がピッツバーグまたはペンシルベニア南西部を活動の対象地域とする（各財団の website を参照のこと）。現在，HFFs と Henry Hillman Fdn の会長には長女のジュリエット（Juliet Simonds: 1947-　）が就任している。

　最後に，ハートとメロン一族はお互いに悪感情を持っていたが（Burrough and Gupta 1986, Fulton 1969），ヘンリーは「メロン一族が主役」（mellon-dominated; Fulton 1969）の会員制社交クラブに加入し，1940・50 年代に R. K. メロンを中心に展開された地元の財界活動にも ACCD の執行委員会（executive committee）の委員に就任するなど密接に関与した。1967-70 年には ACCD の議長，1970-73 年には会長を務めている。ヘンリーの慈善活動は R. K. メロンのそれほど喧伝されていないが，「ペンシルベニア州議会議員の W. ムーアヘッド（William Moorhead）は〔そ〕の点では〔彼〕は R. K. メロンが 20 年前にそうしたのとほぼ正に同じ方向に進んでいる」（Fulton 1969）と述べている。

5.4.3　慈善の思想

　ヘンリーは R. K. メロンと同様に人目に触れるのを嫌がり，インタビューも避けた（これについて，「鯨は潮を吹くときにのみ銛を打ち込まれる」と説明していた）。自伝，伝記，さらに講演内容を記録したものもない。そこで，関

連する財団の website にある彼の言葉から慈善の思想を探ってみよう。まず，慈善活動に関心を持った切っ掛けは ACCD などへの参加にあり，そうすることで家族が生活するピッツバーグで「なすべきことを明確に感じ取ることができる」と述べている。以後，地元で慈善活動を展開，また遺産の内の約 8 億ドルを一族の財団，その内の 7 億ドルを Henry Hillman Fdn に贈った。投資家であったヘンリーは寄付を投資とみなし，HFFs 理事長の D. ロジャー（David Roger）によると逝去する前にリスクをとることを重視した，賢明で効果的な活動のための「指針を考え始めていた」（Machosky 2017）。最近まで HFFs の website には共通の活動指針（Shared Guiding Principles）として

(1)コミュニティへの奉仕は〔ニーズや機会の変化に対して〕敏感で，柔軟なアプローチを要する，

(2)リスクはとる価値があり，財団はそれらをとるのにうってつけである，

(3)非常に有能な非営利団体を育成し，強化することは将来への良い投資である，

(4)財団は資金提供者以上となる場合にコミュニティに最大の価値を提供する，

などの項目が挙げられていた。(4)の「資金提供者以上となる」とは「①重要なパートナー間の協力を促進する，②地元の参加者を全米や世界の専門知識に接続する，③技術支援を提供する，そして④追加的な資源を利用して被寄付者を支援する」といった役割を果たすことを意味する。ヘンリー自身の UPMC への関与も，UPMC Cancer Ctr. の主任教授（chair），S. マークス（Stanley Marks）によると，「単に小切手を切るのではなく」，ハンズオン型のものであった（Sabatini 2017）。

5.5　ジョン・ランゴス Sr.

5.5.1　企業家として

ジョン・ランゴス Sr.（John Rangos Sr.: 1929-2021）はピッツバーグ広域都市圏（combined statistical area: CSA）に含まれるオハイオ州スチューベンビルに生まれた。1949 年に Houston Sch. of Business を中退し，陸軍に所属した後に，ピッツバーグにある Rockwell Manufacturing Co.（Rockwell Int'l となった後に

解体された）の general agent となって「大金」（"fortune"; Michalakis 2016）を
稼いだ。次に，「製鋼所で残される山のような石炭灰（coke ash）を 50 年代の
ハイウエー建設ブームの中で滑り難い路面（skid-resistant surface）に，またニ
ューヨーク州レビットタウンなどでの住宅建築ブームの中でシンダーブロック
に利用できることなどを突き止め」，また「使用可能な製品に変換できない廃
棄物を貯蔵・処分する方法を考え始め」（id.），「1960 年代にいくつかの企業を
設立した」（Children's Hospital website）。そして，1971 年にピッツバーグに
「固形・医療廃棄物の収集，処分，運搬と再生利用を行う」（Bloomberg, Com-
pany Profile and News）廃棄物管理会社の Chambers Development Co. を設立
して会長に，次男のアレクサンダー（Alexander : 19??- ）と長男のジョン, Jr.
（John, Jr.: 19??- ）も社長と上席副社長（senior vice president）に就任した。1995
年にヒューストンの USA Waste Services に吸収合併されたが，3 人は同社の
株式の約 21% を所有し，ジョン, Sr. が副会長，アレクサンダーが副社長に就
任した（Boselovic 1995; 同社は 1998 年にシカゴの Waste Mgmt を買収し，その名
称を引き継いだ）。アレクサンダーは 1999 年，フロリダ州にカーケア・センタ
ーを運営する Car Spa を創業して CEO・社長に就任，ジョン, Jr. は取締役を
務める。現在は本社をダラス郊外に置き，4 州に 15 店舗を構えている。

5.5.2　慈善家として

　大学関連では，デュケイン大学に 1991 年，ジョン, Sr., 彼が 1987 年に設立
した John Rangos Sr. Family Charitable Fdn（以下，Rangos Fdn）と Cham-
bers Development Charitable Fdn（以下，Chambers Fdn）の 3 者からの寄付
（金額は不明）により学部と大学院から成る John Rangos Sch. of Health Scienc-
es が設置された。同 Sch. は U.S. News, *2020 Best Health Schools*（大学院）
の中の *Best Occupational Therapy Programs*（Occupational Therapy は「作業療
法」の意）で全米 29 位タイ，*Best Pharmacy Schools* で 43 位タイにランクさ
れる。National Herald（2014）によると，ジョン, Sr. は理事も務めた同大学に
「過去 30 年にわたって寄付を続けており」，それにより同 Sch. に母親の名前の
付いた寄付基金教授職（endowed chair）が設置され，また財政的に困窮した学
生に奨学金（年間 2 名，各 5,000 ドル）が給付される。さらに，2024 年秋に開

設が予定される医科大学院への7桁の寄付を誓約した。CMU には "Rangos" の名前の付いたホールとダンスホール（Ballroom）があり, またジョン, Sr. はギリシャにある Athens Inst. of Technology（AIT）での Master of Science in Information Networking program の共同開設に深く関与した。ピッツバーグ以外では, ジョンズ・ホプキンズ大学に数次にわたり高額の寄付を行っており, 2008年にはその Science + Technology Park に彼の名前を冠した Life Sciences Building が設置された。

　病院関連では, Children's Hospital に1990年, 連邦政府からの1,500万ドルの補助金と Rangos Fdn からの300万ドルの寄付で John Rangos Sr. Research Ctr.（ビル；以後, Rangos Research Ctr.）が, さらに財団からの同額の寄付で Ctr. 内に1型（若年性）糖尿病の治療法を研究する John Rangos-Massimo Trucco Diabetes Research Lab. が 設 置 さ れ た（Lambrou 2010)[11]。UPMC は2008年に Children's Hospital との統合（2001年）の際の約束通り市内に新 Ctr. を移転新築したが, それにも Rangos Fdn が800万ドルを提供した。2017年には「小児血液腫瘍学分野での先駆的研究を支援する」John Rangos Sr. Cancer Research Scholars Fund が設定された。

　さらに, 1991年, Carnegie Science Ctr. にジョン, Sr., Rangos Fdn, Chambers と Chambers Fdn からの500万ドルの寄付で Rangos Omnimax Theater が設置され, 2017年に Rangos Giant Cinema となった。2002年には非営利団体の Regional Trail Corp. にジョン, Sr. と3人の子供（前出の二人とジェニカ（Jenica））が都市圏内のグリーンバーグでの遊歩道・自転車道の開発のために225万ドル相当の土地を寄贈した。Rangos Fdn の理事会は現在, 彼ら3人の子供とジョン, Jr. の妻から構成される。

5.5.3　慈善の思想

　Rangos Fdn はその Mission を「子供たちに教育と健康を通じて知識に対する跳躍台（springboard）を提供し, それにより彼らが人生の設計図を描けるようになるよう専念する」（website）こととしている。また, それらの内の健康

11）Ctr. 内には2007年, R. K. Mellon Fdn の2,300万ドルに上る寄付により R. K. Mellon Inst. for Pediatric Research が設置された。

に関して，ジョン，Sr. は「消耗性疾患に苦しむ子供ほど深刻なものはない。健康で力強い明日を築く手助けとなる手段の1つは今日，小児疾患の治療法の発見に役立つ研究を支援することである。……すべての子供に明るく，健康な将来を保証する手助けをするのはわれわれの責務である」(Odyssey 2008) と述べている。ただし，彼がどういう経緯でそうした思いに到達したかは不明である。また，Children's Hospital が 2010 年に開催した彼の表彰式の場で「治療はわれわれの国の GDP を 1%，増大しうる。糖尿病患者を治療するのに年間，4,500 億ドルを超える費用を要している。それを治療できればそれらすべての費用が無用となる」(Lambrou 2010) とも述べている。寄付の費用対効果の計算である。CMU と AIT との交流支援は当然ながら，自身がギリシャ系米国人であることを理由としよう。なお，ジョン，Sr. が生まれたスチューベンビルの川向こうにウェストバージニア州ウィアトンがあるが，彼はその地名の由来となった，また母親が就業した Weirton Steel Corp. を設立した E. ウィアー (Ernest Weir) の影響を受けた。後年，「〔ウィアー〕はウィアトンの人々に非常に親切で，自分が子供の頃に使った公園，学校，図書館とスイミングプールを建設した」(Michalakis 2016) と回顧している[12]。

5.6　マキューン一族

5.6.1　企業家として

　ジョン・マキューン 2 世 (John McCune II: 1826-88) は現在のビーバー郡に生まれた。1840 年，14 歳でピッツバーグに出て親族で，革商人の W. ヤング (William Young) の下で働き始め，21 歳でパートナーとなって William Young & Co. (後の McCune & Youngs) の経営に乗り出した。ヤングは 1853 年に引退，後を継いだ 2 人の息子は数年で離職し，ジョン 2 世も 1863 年に同社を売却した。他方で，1857 年に数人で設立した "assoc." を 1859 年に Union Banking

---

12)　ウィアーは買収により開始した事業の拡張と垂直統合のために 1909 年にそこに工場を建設したが，場所の決定には労使間の「調和と友好」("harmony and goodwill") が重要視された (Dale 1959)。ただし，経営陣は自動車が購入できるようになると，煙と騒音を避けてウィアトン中心部の周辺の山腹に住居を構えるようになり，地区も労使も分離することとなった (Massey 2006)。

Co. とし，終生，頭取の職にあった。1865 年には同銀行を Union National Bank（UNB）に改組した（以上，Ewing 1889）[13]。長男のジョン 3 世（John, III: 1869-1923）は石油業界で活躍した後，UNB の副頭取を経て 1909-23 年に頭取の職にあった（McCune 1973）。彼の長男で，Standard Oil の創業者の 1 人である母方の祖父（Charles Lockhart）から名前をとったチャールズ（Charles: 1895-1979）は大学を中退，海軍を除隊した後の 1919 年に父親らと共同創業した Lewis Oil Co. をはじめ，いくつかの石油会社を設立し，それらの（主に Texas Co.（後の Texaco）への）資産・企業売却で財産を築いた（id.）。その後，父親と同様に仕事の比重を UNB に移し，1945-72 年に頭取，1972-79 年に会長を務めた。チャールズは生涯，未婚で，学界（academia; 詳細は不明）にいた義弟のリチャード・エドワーズ（Richard Edwards: 1919-2006）が 1958 年に UNB に転職し，1973 年に副頭取，78 年に頭取，79 年に会長となった。

5.6.2　慈善家として

　ジョン 2 世の慈善活動に関して，Ewing（1889）は「彼は関係を持った慈善団体に惜しみなく（freely），しかし思慮深く（judiciously）寄付を行った。彼はそれを必要とする友人を寛大（liberal）に援助し，そしてそれを密かに行うことに満足していた。最も親密な友人でも彼が財産のどの程度をこのように使っているか，ほとんど知らなかった」（p. 11）と述べている。1870 年 10 月〜75 年 1 月には市議会議員（member of Select Council）であり，財政委員会（Finance Committee）に所属，議員最終年には同委員会委員長を務めた。チャールズも「生前，そのたいていはピッツバーグ地域にある慈善団体に寛大な寄付を行ったが，他方で彼の慈善活動を人々に知られないようにした」（McCune Fdn website）。1979 年に彼の遺志と 8,500 万ドルの遺産で McCune Fdn が設立されたが，A. W. メロンの E. & C. Trust と同様に，50 年以内にその全財産を消却するものとされた[14]。そして，2012 年から「「日没」戦略（"sunset" strategy）の一部として補助金交付活動を〔アレゲニー郡〕を含むペンシルバニア州西部の郡にある適格な団体（qualified beneficiary）に集中させ〔てい〕る」

---

13)　UNB は 1989 年に同じピッツバーグの Integra Financial Corp. に，Integra は 1996 年にクリーブランドの National City Corp. に買収され，最終的に PNC Financial に辿り着く。

(McCune Fdn website)。リチャードから財団の会長職を引き継いだ三男のマイケルは「なぜ，彼がこのようにしたかはわからない」(2016 Chairman's Statement) と述べている（が，存続期間を制限する財団の中には設立者の意図を維持することの困難をその理由に挙げるものがある）。ジョン 3 世の次男で，やはり UNB の役職を長く務めたジョン 4 世（John, IV: 1898-1972）は 1979 年に John McCune Charitable Trust を設立したが，慈善活動に対する姿勢は，その website によると，叔父のそれと全く同様であった。現在，彼の孫（ジョン 5 世の長女）のサラ（Sarah Losinger: 1954- ）が McCune Fdn の分配委員会（Distribution Committee）の委員，さらにジョン 3 世の四男のマーシャル（Marshall: 1908-75）の没後に彼の妻がニューメキシコ州で設立した McCune Charitable Fdn の会長を務める。

5.7　ウィリアム・ディートリック 2 世

5.7.1　企業家として

　W. ディートリック 2 世（William Dietrich II: 1938-2011）はピッツバーグで生まれ，1956 年にペンシルベニア州コノートレイクの高校，1960 年にプリンストン大学を卒業，海兵隊予備役に所属した後の 1962 年に父親が創業した Dietrich Industries で就業した。そして，「小規模な鉄の卸売・配送業者」であった同社を「年間収入が 4 億ドルを超える全米最大の建設業向け軽金属フレーミング製造業者に転換し，成長させた」(Dietrich Fdn website)。自身，「鉄鋼を非常に低い費用で生産した」(Sewald 2012) ことを成功の要因とする。1996 年に同社を Worthington Industries（本社：コロンバス）に売却し，「2008 年までその取締役を続けた」(Dietrich Fdn website)。売却に関連して，「われわれは 3.5 億ドル企業で，彼らは 15 億ドル企業であった」(Sewald 2012) と述べている。規模の経済が強く認識されたのだろうか。なお，1980 年に Pitt で修士，

---

14)　「チャールズ・ロッカート（Charles Lockhart）はピッツバーグの病院と子供たちへの慈善活動に惜しみなく寄付をした」(Skrabec 2010, p. 68) が，彼の娘婿や孫への影響は不明である。なお，彼と企業家で，連邦下院議員も務めた T. ハウ（Thomas Howe: 1808-77）の子孫に当たる T. ニミック Jr.（Thomas Nimick Jr.: 1923-2007）が 1989 年，ピッツバーグに彼らの慈善活動の原則（philanthropic principle）を受け継ぐ Nimick Forbesway Fdn を設立している（同 Fdn website）。

1984年に博士の学位を取得している。彼が刊行した *Eminent Pittsburghers*（Dietrich 2011）は本章でたびたび引用している。

5.7.2　慈善家として

　ディートリックは Dietrich Industries の一人株主となったが、同社の売却前に全株式（1.7億ドル相当）を移転して公益残余権信託（補論2を参照のこと）である Dietrich Charitable Trusts を設置し、自らは機関投資家（institutional investor）として信託財産の増大に努めた。逝去により残余財産は Dietrich Fdn に移転されたが、その僅か数週間前に同財団が CMU に2.65億ドル、Pitt に1.25億ドルを寄付することが公表された。CMU によるとそれは個人により米国の民間高等教育機関になされた寄付の上位10位に入るものであった。それらの寄付により CMU の Col. of Humanities and Social Sciences の名称に母親の、Pitt の Sch. of Arts and Sciences のそれに父親の名前が冠された。2012年には同財団により「コノートレイク、〔同じくペンシルベニア州の〕グリーンビルとピッツバーグ地域（region）の慈善プログラムを支援するために Pittsburgh Fdn に3つの基金が設置された」（Pittsburgh Fdn website）。

5.7.3　慈善の思想

　財団の website によると「ディートリックはカーネギーの *The Gospel of Wealth* に多大な影響を受けており」、他では「A. W. メロンやペンシルベニア州西部の他の偉大な慈善家」（*US Fed News*, 2014.7.11）による影響も指摘される。また、影響は寄付することに留まらず、「最善の寄付の仕方を考える」（*id.*）ことに及んだとされる。そして、上記のように（信託）財産の増大に努める一方で、「教育機会を高める寄付はわれわれのコミュニティとわれわれの国に乗数効果を創出する──言い換えると、それは寄付をその最大限の有効性を達成するように利用する方法である」（CMU Press Release, 2011.9.7）としてその分配先を「主にペンシルベニア西部の厳選した高等教育機関といくつかの文化・市民団体」（Dietrich Fdn website）に定めた。とりわけ CMU については、「偉大な大学であるばかりでなく、この地域とその市民の将来の成功の重要な原動力である」（CMU Press Release, 2011.9.7）と述べている。また、自身

の体験から相続財産は「〔人〕から情熱（fire）を奪いうる」（Mendelson 2011）
ものと認識し，一人娘のアン（Anne Diemer）には「細やかな額」（*id.*）の財産
しか遺さなかった。さらに，寄付の分配先に関して，「ピッツバーグは私の故
郷（home）である。ここが財産が築かれた場所である。ここがそれが留まる
べき場所である」（*id.*）と述べている。

5.8　最近の起業家・慈善家

　ピッツバーグには現在でも「慈善家の大きなプール」（Sheridan 2020）があ
るとされる[15]。最後に本章脚注 5 で触れた W. ハントとともにそのプールを代
表するタルとルミューを簡単に取り上げておく。

　T. タル（Thomas Tull: 1970- ）はニューヨーク州エンドウェルの出身で，州
内の大学を卒業，2000 年に映画制作会社の Legendary Entertainment を，同
社を中国万達集団（Wanda Group）に 35 億ドルで売却した翌年の 2017 年に投
資持株会社（investment holding company）の Tulco を設立，2018 年に Tulco
とともにロサンゼルス郊外からピッツバーグに転居した。転居の理由は不明で
あるが，タルは多数の映画をピッツバーグで撮影しており，転居の際には「私
はこの都市が好きで，子供たちをここで育てることに心を躍らせている」，ま
た Tulco の移転には「会社の頼みの綱（anchor）として CMU があることは非
常に幸運である」と述べている（Pittsburgh Post-Gazette 2018）。慈善家として
は，2013 年に Tull Family Fdn を設立，同財団はピッツバーグ郊外のウォー
レンデールに移転した 2018 年に CMP に 20 万ドル，2019 年に Children's Hos-
pital（R. K. Mellon Inst. for Pediatric Research と Creative and Expressive Arts
Therapy program）に 150 万ドル，Pitt, Sch. of Medicine での Alba Tull Ctr.
for Neuro Imaging and Therapeutics の設置（2021 年；Alba は妻）に 100 万ド

15)　Sheridan（2020）は D. パトリノス（Demetrios（Jim）Patrinos: 1950?- ）をその中の 1 人とする。
　　　パトリノスは T.D. Patrinos Painting and Contracting Co. のオーナー兼 CEO で，かつてはサン
　　　ドイッチチェーン，Primanti Brothers のオーナーでもあった。2018 年に Andy Warhol Muse-
　　　um の理事長に就任したが，それを伝える Press Release では「パトリノス家は同博物館と CMP
　　　に慈善家，ボランティア，そして理事会のメンバーとして長く関与している」，「〔パトリノス〕
　　　はまた，Pittsburgh Opera と Pittsburgh Glass Ctr. の理事を務めている」と紹介された。

ルを寄付している。また，現在，CMU の理事会と Carnegie Science Ctr. の諮
問委員会のメンバーであり，2009 年から NFL の Steelers の小口オーナーとな
っている。

　M. ルミュー（Mario Lemieux: 1965- ）はカナダ・モントリオールの出身で，
National Hockey League（NHL）の Penguins で プ レ ー し，Hart Memorial
Trophy（シーズン最優秀選手賞）などを数多く獲得した。1996-97 年のシーズ
ン後，一旦，引退，直ちに殿堂（Hockey Hall of Fame）入りした。1999 年，球
団が破産した際に年棒の未払い分に相当する球団の株式を取得してオーナーと
なった。慈善家としては，1992-93 年シーズン中に癌の一種であるホジキン病
（Hodgkin's disease）に罹患，そのことで「人生が壊れやすいことを実感し」，
「癌の研究と患者治療の新たな取り組み」を支援する Mario Lemieux Fdn（以
下，Lemieux Fdn）を設立した（現在の支援対象には癌研究とともに新生児研究が
掲げられる；Lemieux Fdn website）。同財団が UPMC 内に設置した機関には
Ctrs. for Patient Care and Research（2001 年），Hillman Cancer Ctr. 内 の Ctr.
for Blood Cancers（2012 年），Children's Hospital 内 の Lymphoma Ctr. for
Children and Young Adults（2014 年）があり，2018 年 11 月には Hillman Can-
cer Ctr. 内に Immunotherapy Ctr. を設置することが公表された（いずれも名称
から Mario Lemieux を省略）。さらに，妻のナタリー（Nathalie）が早産の長男
が新生児集中治療施設にいる間，まだ幼児であった 2 人の娘のケアに難儀した
経験から病院に遊戯室（Austin's Playrooms; Austin は長男の名前）を開設してお
り，その数は 38 に上る。なお，Lemieux Fdn は収入源を基本財産の運用益の
みでなく，ルミューの人気を活用して寄付やホッケー・キャンプ，ラン＆ウォ
ークなどのイベントに求めている。2020 年度（2019.10-2020.9）の総収入は
4,129,202 ドル，助成金などは 370,434 ドル，年度末の総資産は 11,090,788 ド
ルであった（Form 990）。

5.9　財団による地域の産業振興

　ピッツバーグの財団は大学や病院への寄付の他に，地域の産業振興により直
接的に関係する unique な取り組みを実践している。その 1 つは起業支援であ

る。2002 年に Heinz Endowments, R. K. Mellon Fdn をはじめとする地元の財団が州, Pitt, CMU, UPMC とともにパートナーとなり, 7,000 万ドル（州は 3,300 万ドル）を拠出して Pittsburgh Life Sciences Greenhouse（PLSG）を（Shropshire 2006）[16], 同様に地元の財団が州と Idea Foundry を設立, 前者は生命科学分野の初期段階の企業, 後者は生命科学, インテリジェントシステム, ロボット工学などの分野の企業または起業家に投資や各種支援を実施している（活動実績はそれぞれの website を参照のこと）。地元の財団はこれら, または同様の機能を持つ機関（Innovation Works（IW）), ACCD, 後述の RIDC にそれらの設立後もしばしば継続的に資金を提供している（表 5-2 を参照のこと）。

　第 2 はビジネス（インダストリアル）パークの開発である。1955 年にACCD が公的機関とビジネスパークを開設する Regional Industrial Development ment Corp. of Southwestern Pennsylvania（RIDC）を設立, 2002 年にその RIDC を無限責任組合員（general partner: GP）, Heinz Endowments, R. K. Mellon Fdn, McCune Fdn と Benedum Fdn[17] を LP とする Almono Limited Partnership が組成され, それが現在はヘイゼルウッドグリーン・サイトと呼称される Jones & Laughlin Steel Co.（後の LTV Steel Co.）の工場跡地を 1,000 万ドルで購入して再開発を開始したのである（ただし, 2016 年に McCune Fdn は日没戦略の一環として組合持分を R. K. Mellon Fdn に売却し, 組合を脱退した）。2019 年に Building A が完成し, Advanced Robotics for Manufacturing（ARM）Inst. と CMU の Manufacturing Futures Inst.（MFI）が入居する。ARM Inst. は National Network for Manufacturing Innovation の 1 つとなる, CMU が組織した「米国の州・地方政府, 産業（界）, 大学, コミュニティ, カレッジと非営利団体から成る共同事業体」で, 会員が全体で 17,300 万ドル, 連邦政府が 8,000 万ドルを拠出する（Dept. of Defense, Immediate Release, 2017, Jan 13）。また, MFI は R. K. Mellon Fdn からの 2,000 万ドルの寄付により 2016 年に Manufacturing Futures Initiative として設置され, 2021 年の 3,000

---

16)　PLSG は Pennsylvania Life Sciences Greenhouse Initiative の地方組織と位置付けられる。地方組織はハリスバーグとフィラデルフィアにも設置され, やはりそれぞれに州が 3,300 万ドルを拠出したが, 財団は関与していない。

17)　同財団は Benedum-Trees Oil Co. 共同創業者の M. ベネダム（Michael Benedum）により設立された。

表5-2　R. K. Mellon Fdn と Heinz Endowments の特定機関への資金提供

		IW		PLSG		Idea Foundry		ACCD		RIDC		Almono LP	
		件数	金額*	件数	金額*	件数	金額*	件数	金額*	件数	金額*	件数	金額*
R. K. Mellon FDN	1988									1	178		
	1991									1	45		
	1993									1	95		
	1995									1	50		
	2000							3	277	1	2,250		
	2001							1	70	1	25		
	2002			1	7,000	1	600	4	943	1	5,000		
	2003							5	2,984				
	2004			1	7,000	1	700	2	1,445				
	2005			1	7,000	1	1,000	1	390				
	2006			1	14,000	1	600	2	275				
	2007			1	6,000	1	650	3	490				
	2008	1	600			1	500	2	440				
	2009					1	500	2	465	1	75		
	2010	1	2,400	1	2,000	1	400	2	475				
	2011	2	475			2	600	6	1,405				
	2012			1	250			3	592	2	2,813		
	2013							2	567	1	750	1	1,703
	2014			2	2,750	1	300	2	502	1	190		
	2015	1	500			1	950	2	505			3	5,920
	2016							2	550			1	10,000
	2017	2	1,990					3	545			1	1,156
	2018							2	994	1	5,100	1	1,191
	2019							1	495			2	10,937
	2020							1	506			2	3,514
	2021							1	506			2	5,042
Heinz Endow -ments	2002			5	7,750			6	2,512				
	2003			1	400			6	850				
	2004					1	300	1	1,000				
	2005			4	6,750	1	300	5	800				
	2006	1	300	1	850	1	150	5	905				
	2007	1	50	2	1,400	1	75	3	490				
	2008	1	200					1	200				
	2009	2	380					3	285				
	2010	1	200										
	2011	1	1,500										
	2012					2	175**	1	350				
	2013							2	300			1	4,500
	2014					1	600			1	150		
	2015									2	1,210		
	2016							2	200				
	2017							3	318			2	11,156
	2018							2	283**			1	595
	2019							1	255			1	2,500
	2020							3	550			1	2,071
	2021							1	250			3	3,244

（注）　＊：単位千ドル．＊＊：小数点以下1桁を4捨5入。
（出所）　両財団の website にあるデータより筆者が作成した。

万ドルの追加的な寄付により「学際的研究を通じて新技術の materials discovery，製品デザイン，ロボット工学と自動化，機械学習……への採用を加速することをミッションとする」永続的機関の "Inst." に改組された（website）。2020 年に完成した Building B は自動車部品大手で，自動運転車（autonomous vehicle）を開発する Aptiv PLC（旧称：Delphi Corp.; 本社：ダブリン）――同社は 2015 年に CMU のスピンオフ企業で，自動運転車用のソフトウェア・システム開発を手掛ける Ottomatika を 3,200 万ドルで買収した――が専用する。

5.10　おわりに

　慈善の思想は時代を密接に反映する。資本主義の黎明期には資本家への富の集中と労働者の過酷な労働条件が労働争議や社会主義運動を引き起こした。共に資本主義を信奉するカーネギーとヘンリー・ハインツの慈善活動は，前者が大学，図書館などの建設，後者が主に paternal capitalism によるとの方法的な違いはあるが，それらの対処法として考案・実践されたものである。恐らくは慈善活動の範疇には属さないウィアーのコミュニティの建設も同様である。しかし，資本主義を補完するさまざまな仕組みが導入されると，資本主義体制の維持に代わり地域振興を強く意識した教育・医療機関に対する支援が慈善活動の主要な目的または型となった。ピッツバーグでは起業家によるこの種の慈善活動の事例はあまりに多く，それらはコンピュータ科学 / ロボット工学と医療の分野での産業の育成に重要な役割を果たしている。ある機関がさまざまな寄付を受けて下部機関を設置する形で発展することも珍しくない。もう 1 つの型はピッツバーグが大気汚染，水質汚染と洪水といった社会問題を抱えたなかでのルネサンスに象徴される都市再開発への取り組みであり，関連する調査での評価が高い住環境の実現を証明している。最初の型とも関連するが，いくつかの大規模財団は組合（partnership）を組成してビジネスパークの開設，つまり事業環境の整備に乗り出している。ディートリックがカーネギーの富の管理・運用に関する考えを継承したこと，ジョン・ランゴス Sr. がウィアーの上記の取り組みに影響を受けたこと[18]，財界を中心とした都市再開発が継続したことに加えてヘンリー・ヒルマンがそれへの参加を後の慈善活動の契機とし

たこと，そして地元の財団の中には活動を地元に集中させるものが少なくない
ことなどから，カーネギー以降，起業家は慈善活動の文化を醸成・継承してき
たと言ってよいかもしれない。なお，本章で取り上げた起業家の大半がピッツ
バーグでの慈善活動の理由の1つとしてそこへの思いを挙げていることも付記
しておく。

補論4　アルバート・レクシー

　最後に，本書の趣旨から若干，外れるが，ピッツバーグ都市圏，モネッセン
生まれの A. レクシー（Albert Lexie: 1942-2018）の活動を紹介したい。レクシ
ーは8学年の工作の授業で靴磨きボックス（shoeshine box）を制作，その年に
学校を退学すると靴磨きを生業とした。後年，地元のテレビ局の，「あらゆる
子供たちに，家族の支払い能力に関係なく，治療を提供する」Children's Hos-
pital Free Care Fund（Children's Hospital Fdn website）への寄付を呼び掛ける
特別番組を見たことを契機として，1万ドル程度の年収でありながら受け取る
チップのすべてを同基金に寄付することに決めた。「子供たちには健康になっ
て欲しい」（Ratliff 2018）との思いからで，2013年に引退するまでにその総額
は20.2万ドル(!)に達した。彼はこの活動でいくつかの賞を受賞しており，
2014(?)年 に は Children's Hospital に よ り Albert P. Lexie Volunteer of the
Year Award が設置された。レクシーには靴磨きボックスの制作を手伝い，ま
た靴磨きに連れ出した友人のサム（Sam），上記番組の司会者であった P. バー
ンズ（Patti Burns），彼を Children's Hospital に入院中であった子供たちに合
わせ，また彼に同病院での靴磨きを提案したリー（Lee）女史（レクシーは30
年以上にわたり，週2回，それを実践した），入院中にレクシーに出会い，親
交を続けたリリー（Lilly），彼を同僚として扱った病院の医師・スタッフなど
多くの協力者がいた（Rouvalis and Maurer 2012）。ピッツバーグの慈善活動の

18）　ヒルマン夫妻が W. L. メロンの娘で，地元で「ハンズオン型の慈善」活動を展開した R. ウォル
　　トン（Rachel Walton: 1899-2006）の親友であったことも挙げられる（Zlatos 2006）。Pitt 上席副
　　総長であった A. ノヴァク（Albert Novak）は「ヘンリー＆エルシー・ヒルマンにウォルトン夫
　　人の〔慈善の〕精神を見ることができる」（id.）と述べている。因みに，エルシーは Elsie Hill-
　　man Fdn の会長として，また HFFs の理事として慈善活動を展開した。

厚みがうかがえる。

第6章　京都

6.1　京都の概要

　京都府の府庁である京都（市）には桓武天皇時代の794年から1,000年余りにわたって都が置かれた。碁盤割の美しい街並み，多数の古社寺・史跡，多数の行事・祭事，さらに織物（西陣織），染織（京友禅），陶磁器（京焼・清水焼）などの伝統産業と茶道，華道などの伝統文化が今に残り，人口は2022年に144万人を数える[1]。しかし，そうした京都も1868年の東京遷都で天皇に続いて「公家や官吏たちが東上すると有力商人達も街を離れ，人口は35万人から20万人余りに激減した」（京都市上京区 website）。そこで，京都府は皇室と明治政府の経済支援の下[2]，伝統産業である繊維産業の近代化，近代産業の育成，そして教育・研究機関の設立を推進することとなる。産業振興では北垣国道府知事が主唱者となって琵琶湖疎水と蹴上発電所が建設され，「発電は紡績，伸銅，機械，タバコ等の新しい産業の振興に絶大な能力を発揮した」（京都市上下水道局 website）。教育・研究機関では1870年に京都舎密局（1881年に閉鎖），1897年に京都帝国大学が設立された。京都舎密局は跡地に設置された説明板によると「受講生を広く募集し，……外国人学者を招き，京都の伝統産業である陶磁器，織物，染色の改良実験をはじめ，……工業化学の研究と普及に努めた。また，本格的な理化学の講義は……多くの人材を育て，京都の近代

---

1) 本書では日本の都市の2022年の人口は4月1日時点のものとする。

2) 1869年4月に政府から勧業基立金15万両が貸与され，翌年2月には皇室から産業基立金10万両が下賜された。それらの金額を現在価値に直すのは少々，難があるが，日本円消費者物価計算機によると1880年の10万円（10万両）は2019年の5.3億円に相当する。

産業の発達に大きな役割を果たした」。京都帝国大学は 1947 年に京都大学に名
称変更，1949 年に附属医学専門部と第三高等学校を統合して新制の京都大学
となった。関係者から湯川秀樹をはじめとして多数（2021 年時点で 11 人）のノ
ーベル賞受賞者を輩出しているのは周知のことである。また，京都には国立・
公立・私立を合わせて 28 の 4 年制大学（の本部）が集積しており，「市は大学
を重要な都市基盤として位置付けている」（京都市情報館 website）。

　次に，『平成 28（2016）年経済センサス』のデータより現在の京都の中核産
業を確認しよう。各産業（大分類）の従業員比率とそれを日本全体の当該産業
の従業員比率で除した特化係数（location quotient: LQ）が共に 10% 以上と 1.5
以上となる産業を中核産業とすると，京都には中核産業は存在しない。宿泊業，
飲食サービス業（12.4%, 1.32）はそれに近いが，そのことは上記の歴史・伝
統が牽引役となる観光に大きく依拠する。京都市産業観光局『令和元年京都観
光総合調査』によると京都は 2019 年に 5,352 万人の観光客（内，886 万人は
外国人）を引き付け，その 25% が市内に宿泊した。また，大学が集積するた
めに教育，学習支援業（7.2%, 2.23）は LQ が最も高くなっている。製造業
（中分類）に関して従業員比率と LQ が共に 7.5% 以上と 1.5 以上となる産業
を中核産業とすると，繊維工業（14.0%, 3.38），電気機械器具製造業（9.8%,
1.61），業務用機械器具製造業（8.2%, 2.89）と印刷・同関連業（7.8%, 1.94）
がこれに該当する[3]。ただし，繊維工業はワコール HD，川島織物セルコンを
例外としてもっぱら中小零細企業により構成され，近年では事業所数，従業者
数，製造品出荷額などを大きく減少させている（京都市役所『京都市の経済
2021 年版』）。電気機械器具製造業には島津製作所，GS ユアサコーポレーショ
ン，オムロン，村田機械，SCREEN HD，村田製作所，堀場製作所，ローム，
京セラ，日本電産などベンチャー企業から大企業に成長したものが多数，ある。
これには一部で京都大学の研究者の貢献が指摘される（堀場雅 2003, 2004, 村田
1994）。京セラと村田機械は業務用機械器具製造業に分類される複写機製造業

---

3)　印刷・同関連業に関して，『京都市の経済 2013 年版』は「……伝統美術や伝統産業の発達に加
　え大学も多く立地しており，これに伴って染織，絵画，工芸，デザイン等関連性の高い技術が蓄
　積・発展した。現在でも，図録や見本帳等の高級美術印刷を得意とした企業が多く存在してい
　る」と説明する。

表 6-1　京都の主要企業（連結売上高）

1	日本電産	1兆9,182億円	9	島津製作所	4,282億円
2	京セラ	1兆8,389億円	10	SCREEN HD	4,119億円
3	任天堂	1兆6,953億円	11	宝 HD	3,009億円
4	SG HD	1兆5,884億円	12	村田機械	2,567億円
5	マルハン	1兆1,056億円	13	堀場製作所	2,243億円
6	オムロン	7,629億円	14	NISSHA	1,893億円
7	ローム	4,521億円	15	ワコール HD	1,729億円
8	GS ユアサ	4,321億円	*	村田製作所	1兆8,125億円

（注）　マルハンと村田機械は 2021 年 3 月期通期，堀場製作所と NISSHA は 2021 年 12 月期通期，他は 2022 年 3
　　　月期通期のものである。
（出所）　各社資料より筆者が作成した。

にも進出している。その他製造業も LQ が 1.83 と高いが，この産業には据置
型・携帯型ゲーム機を製造する任天堂がある。また，電気自動車（EV）の急
速な普及が見込まれるなかで日本電産は駆動用モータの量産を開始，京セラの
周辺認知用カメラ，村田製作所のセラミックコンデンサ，ロームのパワー半導
体なども EV に搭載される（以上，京都の主要企業については，**表 6-1** を参照の
こと）。

6.2　立石一族

6.2.1　企業家として

　立石一真（1900-91）は熊本出身で，熊本高等工業学校（現熊本大学工学部）
を卒業し，兵庫県庁に就職したが，1 年 4 か月で辞職，転職した京都の企業が
大恐慌の煽りを受けると独立してズボン・プレスやナイフ・グラインダーの製
造を始めた。1933 年，レントゲン・タイマーの開発を機に大阪・東野田に立
石電機製作所（立石電機を経て，現在はオムロン）を設立し，1936 年に野里に移
転，戦中に政府の方針に従って京都・花園（御室地区）に分工場を建設したが，
これが後に同社の本社工場となる。戦後は早々に電熱器，電流制限器などを開
発し，1948 年に会社を株式会社に改組した。経営に関しては 1953 年に工場視
察に訪れた米国で「企業のたくましさの源泉が，フロンティア精神とクリスチ
ャニティにある」（立石一 1985, p. 51）と看取し，その後，国情の異なる日本で
「なにをもって企業のバックボーンとすべきかを模索し始めた」（〃）。そして，

1956 年の（東京）経済同友会総会で岸道三代表幹事の「経営者の社会的責任の自覚とその実践」と題する講演を聞き，その答えを「企業の公器性」に見出し，「われわれの働きで　われわれの生活を向上し　よりよい社会をつくりましょう」との社憲を制定した。また，多種少量生産型の企業において生産性を高め，かつ「社員に個性・能力を発揮させる場を与える」（*id.*, p. 132）ために独立採算制の，プロデューサー工場（P 工場）と呼ばれる子会社（，そして研究会社と販売会社）を設立した。当初はこれら子会社の経営管理を本社が 7，子会社が 3 の割合で分担したが，後にこの割合を逆転させた。1961 年に立石電機が東京証券取引所（東証）第一部に上場する際に東証の要求を受けて P 工場と販売子会社を吸収合併したが，1965 年頃から地域密着型の子会社（ネオ P 工場）・孫会社（ミニ P 工場）の設立を開始した。待遇面ではある程度の企業規模に達した後に高賃金により社員の士気の高揚と生産性の向上を引き出す「高賃金・高能率」主義を採用したが，これは「昭和の初めにイギリスで出版された *Secret of High Wages*」の影響を受けてのことである。また，これは実行可能性の点から立石が本来そうあるべきと考える能率給に代替するものであった。なお，産業能率短期大学創設者である上野陽一との出会いと先に触れた米国での工場視察が 1955 年に立石がオートメーション市場に進出する契機となり，その後，逸早いソーシャル・ニーズの捕捉に努め，自動券売機，交通管制システム，現金自動支払機，無人駅システムなどを開発した。立石は息子を後継者とすることの，とりわけ教育面での利点を認識しており（立石一 1990），立石電機／オムロンの社長は 1979 年に立石から長男・孝雄（1932-95），1987 年に三男・義雄（1939-2020）に承継された。また，立石の後に孝雄，二男・信雄（1936-2022），義雄と五男・文雄（1949- ; 現任）が会長に就任している。

6.2.2　慈善家として

　立石は経済界が京阪奈丘陵地域での「文化・学術・研究の新たな展開の拠点」となる関西文化学術研究都市（愛称：けいはんな学研都市）の建設に乗り出した際に，その中核的研究機関である国際高等研究所（1984 年設立）の施設の建設のために孝雄と自社株 50 万株ずつ，合計 100 万株（時価 30 億円）を寄付

した。1990 年には立石が 150 万株，孝雄が 100 万株の合計 150 万株（時価 80 億円；さらにオムロンが 10 億円）を拠出して「エレクトロニクス及び情報工学の分野で，人間と機械の調和を促進する研究及び国際交流に対し助成を行う」立石科学技術振興財団を設立した。信雄は 2013 年に以前に理事長を務めた，「京都府において，地域福祉の向上，青少年の健全育成……などのコミュニティ活動に関する事業を行う」京都オムロン地域協力基金にオムロン株 20 万株（11 月 11 日時点で 7 億 5,300 万円相当）を寄付した。義雄は 2014 年に京都市交響楽団に 3,000 万円，2015 年に後に理事長（2016-20 年）となる京都伝統伎芸振興財団に 1 億円，2020 年に京都商工会議所（京商）が産業人材育成のために創設した京商知恵基金に 1 億円を寄付した。1995 年に京都市が平安建都 1200 年記念事業として京都コンサートホールを建設した際には，オムロンが西日本最大とされるパイプオルガンを寄贈した。同志社大学には「立石一真の起業家精神と革新的技術開発の科学的研究および成果の社会還元を目的として，オムロンからの寄付基金をもとに〔2003 年に〕創設された」技術・企業・国際競争力研究センターがある（website）。

　次は，立石の出身地，熊本での慈善活動である。熊本地域（熊本市など 2 市 14 町村）は所謂テクノポリス法に基づいて 1984 年にテクノポリス指定を受けたが，立石電機と熊本県内の同社グループ 5 社はその推進母体となる熊本テクノポリス財団（現くまもと産業支援財団）に 3.5 億円を寄付し（『日本経済新聞』1984 年 8 月 23 日，九州 A），付属研究機関の電子機械応用技術研究所（電応研）が設立された。また，立石は同財団の顧問，立石電機取締役の上村幹夫は電応研の所長に就任した。立石は立石電機創業 50 周年記念事業として熊本大学での研究所の設置を着想したが，大学や県との協議の末，熊本テクノポリス建設基本構想の中に取り込まれたのである。さらに，これは純粋な慈善活動ではないが，大分県別府市にある社会福祉法人太陽の家の理事長からの依頼で，1972 年に特例子会社としてオムロン太陽電機（現オムロン太陽）を設立した。「社員の 9 割までが重度身体障害者であった」（立石一 1985, p. 147）ために工場の上を寮にして通勤の困難に対処し，設備にも配慮をした。「納品の不良率は，他の下請け工場よりも断然低く」，「翌年 3 月の第 1 期決算では利益を計上」（id., p. 150）した。1986 年には社長であった孝雄が京都で同様の福祉企業（オ

ムロン京都太陽）を設立した。

6.2.3　慈善の思想

　立石の（狭義の）慈善を超えた社会貢献の思想は彼の「企業の公器性」の解釈に見られる。つまり，企業は地域社会には雇用，得意先と仕入先には取引，国家には納税，社員には賃金，株主には配当により奉仕するために本来，公器性を持つものとなる。上記のネオ P 工場・ミニ P 工場の設立では「10 ～ 40 パーセントの地元資本の参加を求める」（立石一 1985, p. 140）が，地元への利益還元がその大きな理由とされた。立石の出身地の熊本県には 1971 年にオムロン リレーアンドデバイス（OER; 山鹿市），1973 年にオムロン阿蘇が設立された。また，地域社会に対しては「利潤の一部で……具体的な社会奉仕――福祉事業をして恩返しをする」（id., p. 53）とした。孝雄は立石科学技術振興財団の設立記者会見でそれを「オムロンを育んでくれた社会へのささやかなお礼の印」（id., p. 267）と述べた。義雄はオムロンの「企業の公器性」には「事業の公器性」と「社会の公器性」があると言い換える。「事業の公器性」は立石の「企業の公器性」と同義であり，「社会の公器性」を「社会から得た利潤の一部を地域社会や市民団体，国際社会に還元して，科学技術，社会福祉，文化・芸術などを支援するということ」（立石義 2005, p. 146）と説明するのである。

　義雄の「事業の公器性」の重視は社名のオムロンへの変更と後任社長の立石家以外からの選出，「社会の公器性」のそれは 1991 年の企業市民憲章の制定とそれを発展させた，1998 年の「私たちは，社会の一員であることを自覚し，『よりよい社会』の実現を目指し，誇りをもって企業市民活動を行います」との企業市民宣言に表れる。立石は「社憲として企業の公器性をはっきり打ち出してからのわが社では，社員の動きが目に見えてよくなり，業績も上がってきた」（立石一 1985, p. 54）とその効用を認識したが，義雄はそれが人材の獲得に繋がるものと期待した。義雄の寄付は彼が策定に関与した京都の未来を考える懇話会『京都ビジョン 2040』（2013 年）と京商『京商ビジョン NEXT』（2016 年），『京商ビジョン FUTURE』（2019 年）が描く京都の「ありたい姿」または「めざしたい姿」の実現を支援するものとなっている。

6.3　村田（禎介）一族

6.3.1　企業家として

　村田禎介（1905-69）は福井県遠敷郡今富村の岩城家に生まれ，高等小学校を卒業して地元の河川問屋に勤めた後に京都で織機の一種である「ジャカード機用4)の針や矢金を製造販売」（春木 2015, p. 9）する村田直商店（現ムラテック KDS）に丁稚として入店，1932 年に店主で，親戚筋に当たる直三の長女と結婚し，村田姓となった。禎介は「フランスへ農商務省の実習生として派遣され，帰国後は京都で，金筬をつくっていた」「鏑木直正のすすめ」（id., pp. 106-7）で 1935 年に西陣ジャカード機製作所を設立した。当初は「返品が続いた」が，「研究改良にはげみ」，この「ピンチを切り抜けた」（id., pp. 103-5）。1939 年に工作機械を製造する東亜機械製造を設立，同社が 1943 年に「西陣ジャカード機製作所を吸収合併」（id., p. 186）し，間もなく「海軍の監督工場」（id., p. 187）となった。終戦後，社名を村田繊維機械に変更し，ジャカード機の製造に復帰した。1948 年に「手動ワインダー「No.50」の生産を開始して紡績機械分野に進出」（ワインダーとは糸を巻き取る機械のこと），1955 年に「米 Abbott Co. との技術提携による自動ワインダー「No.66」の生産を開始」，1964 年に「合繊機械分野に進出」し，また 1962 年に「村田機械に社名を変更」した（以上，村田機械 website）。

　純一（1935- ）は禎介が起業した年に生まれた。慶應義塾大学，米バブソン大学（Babson Col.）大学院を卒業して 1960 年に村田繊維機械に入社，1970 年に禎介の逝去により社長に就任した。当時，会社には 27 億円の借金があり，石油危機でこの額が 107 億円に拡大したが（吉川 2010），ここで同社が「繊維産業の歴史を一変した」と自賛する，「圧縮空気の力で結び目なしに糸をつなぎなおすマッハスプライサー」を，1990 年代には「空気の渦で糸を紡ぎだす」VORTEX（ボルテックス）精紡機を開発した（村田機械 website）。同精紡機で紡出される VORTEX 糸には毛羽が少ない，毛玉を抑える，洗濯に強い，

---

4)　ジャカード機は「1872 年，京都府の費用で西陣から織物伝習生として，フランスに派遣された」佐倉常七と井上伊兵衛により翌年，持ち帰られていた（春木 2015, p. 109）。

プリントがきれい，水を吸いやすいなどの特徴があるとされる。純一は 1999 年，これらを含めた村田機械のいくつかの革新的な技術・製品開発で米繊維業界誌の Textile World により「20 世紀の繊維産業に最も影響を与えた 50 人」に選出された。1972 年にはファクシミリの製造・販売で情報機器分野に進出した。純一は 2003 年に社長を退任して会長となり，社長職は長男の大介 (1961-) が引き継いだ。村田機械は繊維機械と情報機器の他に，ロジスティクス＆オートメーション，クリーン FA，工作機械の事業を展開している。

6.3.2　慈善家として

　1964 年に京都市が宝ヶ池公園を設置したが，その資金を捻出するために 1949 年に（京都）競輪場が建設された。禎介は市長の神戸正雄の依頼を受け，「友人知人を集め，……，苦心惨たんの末〔，建設に要する〕6 千万円の金を都合した」（春木 2015, p. 234; ただし，競輪場は市長の交代により 9 年で廃止された）。1960 年に京都市が京都会館を建設するに際には「退職に貰った 1,000 万円をぽんと寄付した」（id., pp. 237-8）。さらに，1969 年，逝去する直前に「1 億円を基金として，大学ならびに大学院に在学する学生〔2 名〕を，2 年間，外国の大学ならびに大学院に，留学させる」「村田海外留学奨学会」の構想をまとめた（id., p. 364）。

　純一は 1970 年に村田機械の CSR として（ただし，村田機械は非上場の同族会社）村田海外留学奨学会を設立して禎介の構想を実現した（現在の募集人員と応募資格は若干，変更されている）。また，その後，金利の低下などで基金が不足するなかで「自身が保有していた会社の株を拠出」している（村田海外留学奨学会 website; 奨学会の正味財産は 2022 年 3 月末時点で 307 億円）。京都市が京都コンサートホールを建設した際にはやはり CSR として小ホールの建設資金の一部，15 億円を寄付（『日本経済新聞』1993 年 6 月 23 日，近畿 C），これにより同ホールはアンサンブルホールムラタと命名された。さらに，2009 年から古典の日推進委員会の会長を務め，同委員会が 2020 年に「日本の古典文化の研究・普及・啓発活動に貢献した個人，法人，団体を顕彰する」古典の日文化基金賞を創設するに当たって 1 億円を寄付した。

6.3.3　慈善の思想

　禎介は京都出身ではないが，春木（2015）によると「50年近くも住んで，土地っ子のように京都を愛し，それ故に，京都の各方面に対する寄付も，スカーッと，派手にした」（p.238）。村田海外留学奨学会を構想したのは「向学の徒に広く海外に学ぶ機会を与えたい」（村田機械 website）との思いからであり，純一はさらにその背景には「学校に行きたくてもいけなかったことや外国への憧憬」（村田海外留学奨学会 website）があったとする。禎介は純一と次男の完二（村田興産相談役）を米国，三男の禎三（テクノアドバンス社長）をドイツに留学させている。春木（2015）は禎介の寄付のより深い思想を「公共のため役に立つ金の支出は，少しも惜しくないという。どうせ残しておいても，誰かが使うのだと思えば，生きているうちに，使途を確かめておく方が楽しいそうだ」（p.348）と伝えるが，6.3.2項で触れた寄付活動だけではこの言葉の受け入れはやや難しい。他にもさまざまな寄付活動を行っていたかもしれないが，情報が極めて限定されており，確認が難しい[5]。

　純一が京都コンサートホールの建設資金を提供した理由は明確ではないが，彼は平安建都1200年記念事業を推進する実施機関として設立された平安建都1200年記念協会の常任理事（1991.6-93.6）を務めていた。その後，後継機関である京都文化交流コンベンションビューローの理事長に就任，またその肩書で2015年に設立された文化庁等移転推進に関する協議会の構成員ともなった（2016年に同庁の京都への全面移転が決定された）。「古典の日文化基金賞」の創設に関しては「優れた民族遺産が全国にある。それに携わる人の励みとなる賞にしたい」（『日経速報ニュース』2020年9月3日）と述べており，地域振興も念頭に置いていたかもしれない。

5）　春木（2015）は「愛の奨学金」が不足した際に禎介が不足分を提供し，また京都会館，南消防署と九条警察署の新築，拘置所の山科から伏見への移転に奔走したとする。なお，「愛の奨学金」の詳細は不明である。

6.4　塚本幸一

6.4.1　企業家として

　塚本幸一（1920-98）は仙台で生まれ，父の粂次郎が 1930 年に「京都で繊維
の卸を始めた」（塚本 1991, p. 22）ために小学校 4 年で京都に転居した。高等小
学校を卒業すると，大宅壮一が「近江商人の士官学校」と評した近江八幡の八
幡商業学校（現八幡商業高校）に進学した。卒業後，粂次郎の店を手伝ってい
たが，1940 年 12 月に召集されてビルマ戦線のインパール作戦に参加，「生き
地獄としかいいようのない戦い」（id., p. 48）を経験した。1946 年 6 月に復員し，
直ちに個人商店の和光商事を設立してネックレス，ブローチなど装身具の行商
を開始した。1949 年に会社を婦人下着卸売の和光商事に改組，1951 年に生産
を委託していた木原光治郎の工場を統合，木原が社長となるが，翌年に同職に
復帰した。1956 年に「大量生産の技術，各国の市場規模，百貨店の売り方な
ど下着に関するあらゆる情報」（id., p. 104）を求めて 2 カ月半にわたり欧米を
視察した。その後，1957 年に設立された「組合が先鋭化し」（id., p. 118），組合
対応が「片時も頭から離れない」（id.）状況となったが，京都経済同友会（以
下，同友会）のセミナーで出光佐三の企業経営に関する講演に感銘（出光につ
いては，7.5 節を参照のこと），翌日に「「これからは……組合の要求はすべての
む」と宣言した」（id., p. 119）。結果として，労働者が「一生懸命働いて」，「会
社は隆盛に向かうこととなった」（id., p. 121）。また，1957 年に社名をワコール
（株），1964 年には（株）ワコールに改称して東京・大阪証券取引所第二部に
上場，1971 年に両証券取引所一部指定となった。海外進出は 1970 年の韓国，
タイ，台湾での合弁会社の設立から開始し，現在では海外グループ企業はアジ
ア，米州，欧州，オセアニアに広がる。「25 年財務サマリー（1996 年 3 月期―
2020 年 3 月期）」によると海外売上高比率は 2002 年 3 月期の 10.4%（アジア・
オセアニア：2.9%，欧米：7.5%）から 2020 年 3 月期には 27.6%（11.0%，
16.5%）と増加している。後継者に関しては「私は創業者だからといって塚本
家にこだわる気はない。……今のワコールは上場もしている」（塚本 1991,
p. 136）としながら，「人の和を乱す」ことがないようにとの理由で 1987 年に

息子の能交（1948- ）を社長とした。能交は 2005 年にワコールを持株会社制に移行させてワコール HD の社長，2018 年に会長に就任している。

6.4.2　慈善家として

　塚本の慈善活動は財界活動が中心であり，そこでは「文化首都・京都」の構築が主要な目的とされた。1974 年に京商副会頭に就任し，ファッション産業特別委員会を設置して委員長となった。翌年にはデザイナー・三宅一生の勧めで米メトロポリタン美術館（Metropolitan Museum of Art）で好評となった衣裳展，*Inventive Clothes 1909-1939* を「現代衣服の源流展」として京都国立近代美術館で開催，「言い出しっぺとして赤字になったらかぶってやると腹をくくった」（*id.*, pp. 148-9）が成功を収めた。また，「「源流展」をきっかけに，洋装を系統的に研究する機関の必要性を感じ」（*id.*, p. 150），「連絡員をニューヨーク，ミラノ，バルセロナに置いて」，「約 1 千点の衣装や文献資料などを集めた」（湯浅 1999, p. 215）上で，1978 年にワコールの出捐により京都服飾文化研究財団を設立した（2021 年 3 月末時点での正味財産は 33 億円）。財界活動に戻ると，1983 年には京商会頭（在任期間：-1995 年）に就任し，早々に約款の事業に関する条項に「文化」の文字を加えた。翌年には国際伝統工芸博覧会・京都を開催，「全国の伝統工芸事業者がこぞって，また外国の有名ブランドも出展した」（堺屋 2012, pp. 162-3）。経費が膨張し，松下幸之助にも支援を依頼したが，65 日の会期中に 130 万人の入場者を集め，こちらも成功を収めた。1985 年には 1994 年の平安建都 1200 年を控え，記念事業の母体となる記念協会の副会長に就任，「京商会頭としてぜひ実現したい大きな夢」（塚本 1991, p. 167）であった「平安宣言」を実現に導き，それを置土産に 1995 年に退任した。

　京都から離れると，1985 年，画商から「日本の先端技術が世界で評価されているわりに，背景となる文化が欧米に紹介されていない。絵画の展覧会を開いたらどうか」（*id.*, pp. 156-7）との勧めがあり，ワコールと稲盛和夫の京セラが米，英，仏など 5 カ国 7 会場で 1 年 6 カ月にわたる『現代日本画展』を共催，塚本は「各地で「日本再発見の貴重な機会」と高い評価を得た」（*id.*, p. 158）と自賛した[6]。なお，両社の負担額は不明であるが，開催費用は約 7 億円（『日本経済新聞』2009 年 7 月 10 日，夕刊，p. 11）とされる。

6.4.3　慈善の思想

塚本は「1946年に復員してからというもの，私はわき目もふらず事業拡大に邁進してきた。……生来の貧乏性もあるが，それ以上に私を突き動かしているのは戦争体験に基づく一種，名状しがたい使命感だ」（塚本1991, p. 15）と述べている。インパール作戦の僅かな生き残りの1人として自分は生かされた，「生かされた以上，それに値する生き方をしなければ申し訳が立たない」（*id.*, p. 16）との思いが根底にあった。そうした使命感は財界活動の支えにもなった（『日本経済新聞』（1983年4月6日，近畿B）。そして，石油危機後の長期不況の中で，あるいは京商の「財界長老によるサロン化が進む」，また「近代産業と伝統産業，観光産業の間にミゾが残る」（『日本経済新聞』1983年4月2日，地経特集？）なかで，「文化首都・京都」の実現に，稲盛の言葉を借りれば，「心血を注いだ」（『日本経済新聞』1998年6月11日，京滋）のである。なお，京都に関しては，京商副会頭就任要請を「お世話になった京都への恩返しと思って引き受けた」，稲盛に後任の会頭への就任を依頼する際には「会社の仕事を相当犠牲にして，……，地域の奉仕としてやってきた」（湯浅1999, p. 251）と述べている。

6.5　堀場雅夫

6.5.1　企業家として

堀場雅夫（1924-2015）は京都大学・同志社大学で教鞭をとった化学者で，大阪府立大学の初代学長なども務めた信吉を父に持つ。1943年に京都帝国大学理学部に入学するが，終戦後，「思うように実験ができなかった」（堀場雅2004, p. 37）こともあり，大学に在籍したまま，堀場無線研究所を設立した。停電が頻発するなかでコンデンサ（蓄電池）の開発に乗り出し，そこで必要なPH計などの計器も京都大学・京都府立医科大学の「権威の指導を仰ぎ」（*id.*,

---

6)　会場はパリ，ストックホルム，バルセロナ，ロンドン，米ケンブリッジ，米バンクーバーとロサンゼルス（開催順）であった。塚本は「これだけの本格的な海外展覧会は，ホテルオークラの大倉喜七郎さんが昭和初期にローマで開いて以来といわれた」（塚本1991, p. 157）と述べている。喜七郎の慈善事業には第9章で触れる。

p. 44）ながら開発した。しかし，資金難でコンデンサの生産を断念し，1953 年に PH 計を製造・販売する堀場製作所を設立した。1968 年に米排ガス測定器メーカー，Olson Laboratories との販売提携により「海外戦略を本格的にスタート」（*id.*, p. 63）させ，1970 年には合弁会社の Olson-Horiba を設立した（同社は 1973 年に解散し，新たに HORIBA Instruments が設立された）。現在，同社が手掛ける品目は自動車計測機器，環境用計測機器，科学計測機器，医用計測機器，半導体用計測機器などに及ぶ。

　同社は社員の自由な発想を尊重することを社風とし，社是には「おもしろおかしく」を掲げる[7]。これらは堀場の「いちばん大事な年代の，いちばん大切な時間を過ごしている〔職〕場において，やはり生きがい，働きがいのある人生を送るということには絶対的な価値がある」（堀場雅 2003, pp. 22-3）との考えに基づく。この考えには仕事も日常生活も十分に楽しんだ信吉の影響があったとされる（堀場雅 2004）。そして，社員の能力を引き出しながら，「おもしろおかしく」仕事ができる組織のあり方を模索し，1990 年ごろに，それが効率性の点で分業型の組織に劣ることを認識しながら，社員が「商品の誕生から，お客の反応を見るまでを一貫して担当する」，つまり「商品ごとに専従化する体制に変更している」（堀場雅 2003, p. 77）。また，社員の待遇では 1972 年に週休 2 日制を「労働組合の言い分を聞いて」（堀場雅 2004, p. 69）給与の引き上げと一括して，1986 年には月 1 回の週休 3 日制を採用した。また，1978 年に「組合に対して労働分配率を明確にすると同時に，福利厚生事業のための会社を施設した」（*id.*, p. 71）。堀場は同年に社長の職を退いて会長，2005 年には最高顧問となった。2006 年に米 Pittsburgh Conference on Analytical Chemistry and Applied Spectroscopy（Pittcon）と米 Science History Inst. が共催する Pittcon Heritage Award を受賞，また Pittcon の殿堂（Hall of Fame）入りした[8]。

　堀場から社長の職を継いだのは自動車排ガス測定器の開発を主導した大浦政弘で，堀場の長男の厚（1948- ）が彼の後任として 1992 年に社長，2018 年に会長兼グループ CEO に就任している。

---

7)　ただし，その社是が社内で正式に認められたのは堀場が社長を辞任するときであった（堀場雅 2003）。

6.5.2　慈善家として／慈善の思想

　1978 年に京都府・市と地元経済界が「科学技術等に関する内外情報を機能的かつ効率的に創造・提供する」京都産業情報センターを設立したが，その「言い出しっぺ」（*id.*, p. 75）であった堀場が初代の理事長に就任した（1988 年に立石孝雄が後を継いだ。同センターは 2001 年に京都府中小企業振興公社，京都産業技術振興財団と統合して京都産業 21 となった）。堀場は 1988 年のやはり京都府・市と地元経済界による，「ICT とメカトロニクスを活用した先端科学技術の振興」を目的とした京都高度技術研究所の設立，1987 年の大阪ガスによる旧京都工場跡地での京都リサーチパークの設立にも携わり，それぞれの理事長を務めた。また，1997 年に設立された，「次代の京都経済をリードするベンチャー企業を発掘，育成する」京都市ベンチャー企業目利き委員会の第 2 代委員長でもあった。堀場はこうした活動に関して「日本ではベンチャーがなかなか育たないが，起業意欲のある若者は多い。必要なのは資金面での支援や良き理解者だ」（『日本経済新聞』2009 年 12 月 17 日，大阪夕刊），「自治体や国の資金を十分に利用し，地元産業界からも資金を出してもらって中小企業，特にベンチャー企業を応援するのが〔自身の〕1 番の役目のようだ」（堀場雅 2004, p. 76）などと述べている。寄付をその中心に置く企業家が多いなかで文字通りの意味でのハンズオンの程度が高い，やや特異な慈善活動といえる。

6.6　稲盛和夫

6.6.1　企業家として

　稲盛和夫（1932- ）は鹿児島出身で，鹿児島大学卒業後に教員の斡旋で京都の松風工業に就職した。特磁課の主任に昇格して間もなく，新任の技術部長に当時取り組んでいたある製品の開発が「君の能力では無理」（稲盛 2004, p. 69）と言われて退職し，翌 1959 年に松風工業での同志と京都セラミック（現京セ

---

8)　Pittcon の殿堂には Beckman Instruments 創業者の A. ベックマン（Arnold Beckman），Perkin-Elmer 創業者の C. エルマー（Charles Elmer）と R. パーキン（Richard Perkin），Hewlett-Packard 創業者の W. ヒューレット（William Hewlett）と D. パッカード（David Packard），Varian Associates 創業者の R. バリアン（Russell Varian）と S. バリアン（Sigurd Varian）など錚々たる技術者の名前が刻まれている。

ラ）を設立した。数年後に滋賀県蒲生町に工場を建設し，1966 年には本社も
そこに移転したが，後に「鹿児島に複数の工場を建て，海外への輸出が増え
……てくると」(*id.*, p. 119)，利便性から本社を京都に戻した。企業経営に関し
ては，「創業当初から全員参加の大家族主義を目指してきた」(*id.*, p. 119) が，
1961 年に一部の社員から昇給とボーナスの保証を要求され，そこで「自分の
技術を世に問う」との起業の目的と決別し，「全従業員の物心両面の幸福を追
求すると同時に，人類，社会の進歩発展に貢献すること」を経営理念として掲
げるに至った。1960 年代半ばには増加する社員の意欲と能力の維持・向上の
ために会社全体をそれぞれが1つの中小企業のように自立し，独立採算で運営
される工程別，製品群別の小さな組織――「環境の変化に適応して自己増殖し
ていくため」(*id.*, p. 97) アメーバと名付けられた――に分割し，これを短期的
な報酬制度ではなく，「公平，公正，正義，勇気，誠実，忍耐，努力，親切，
思いやり，謙虚，博愛，というような言葉で表される普遍的な価値観」(稲盛
2010, p. 36) により統制することとした。また，「社員の心を1つにしようと
「コンパ」を頻繁に開き」(稲盛 2004, pp. 98-9)，「社員持ち株を推奨し」(*id.*,
p. 119)，1973 年には目標の月商を達成して 1,300 人の社員全員を香港旅行に連
れて行ったりした。石油危機の際には「雇用は死守すると宣言し」(*id.*, p. 128)，
京セラの労働組合はそれに応えて賃上げ1年間凍結を受け入れ，反対した上部
団体のゼンゼン同盟から脱退した。1984 年には通信自由化の流れのなかで，
また「競争原理が導入されて，国民が安い料金で電話を使える」(稲盛 2014,
p. 117) ようにとの思いで「京セラが中心となり」(稲盛 2004, p. 186)，後に第二
電電（DDI）となる会社を設立した。ただし，既存事業者の日本電信電話
（NTT）は巨大独占企業であり，同時期に長距離通信市場への参入を表明した
他の2事業者は通信網を敷設する上での優位性を持っていた。それでも DDI
はマイクロウェーブ方式でネットワークを構築，また「低料金の電話会社を自
動的に選択するアダプタを開発」(*id.*, p. 194) するなどして，サービス開始の
「1年後には〔新電電〕3社中トップを走っていた」(*id.*, p. 195)。1989 年に子会
社が移動体通信サービスを開始，2000 年にはケイディディ（KDD: 国際電信電
話の後身），日本移動通信（IDO）と合併し，2001 年にケイディーディーアイ
（現 KDDI, 本社：東京）となった。2010 年2月には政府の要請を受けて前月に

会社更生法の適用を申請した日本航空の代表取締役会長に無報酬で就任した。要請を受諾した理由は，①日本経済に負の影響を残さないこと，②社員の雇用を守ること，③利用者である国民の利便性を確保すること，であり（稲盛2016），③はDDI設立の理由と同じものである。日本航空は早くも2012年9月に東京証券取引所に再上場を果たし，稲盛は2013年3月に取締役を退任した。

　鹿児島出身の稲盛は幼少時に両親や教員から「郷土の誇り」である西郷隆盛（南洲）の話を聞き，長じると西郷の言葉をまとめた『南洲翁遺訓』を人生と企業経営に関する指南書とした。稲盛が掲げた京セラの経営理念の背景には西郷の「敬天愛人」の思想――稲盛によると，敬天とは「人間として正しいことを貫く」こと，愛人とは「「利他」の心」――があり，彼は後にこれをアメーバの統制，さらにはリーダシップ，人材登用，世襲制，事業展開（バブル期の本業への専念，上記の第二電電の設立と日本航空の再建支援）など「すべての物事の判断基準」，つまり「会社経営の原理原則」（フィロソフィ）とした[9]。2007年には『人生の王道　西郷南洲の教えに学ぶ』（稲盛2007）を出版している。

6.6.2　慈善家として

　稲盛の企業活動はしばしば慈善活動と不可分であり[10]，ここでは主に京都と鹿児島で展開される広義の慈善活動を見ることとしよう。京都では2004年に建設された京都大学医学部百周年記念施設，芝蘭会館に1億円を寄付し，そ

---

9)　稲盛は京セラを世襲としなかったが，その理由として，①子どもが娘だけだったこと，②京セラは全従業員の幸福を追求するための会社で，稲盛家のものではないこと，そして③うまくいくわけがないと思ったこと，を挙げている。また，③について，「経営者にとっては先天的な能力より，人生の辛酸をなめる中で開花していく後天的な能力のほうが重要だと私は思っています。会社がもうできあがっている以上，自分の子どもであれば，厳しい経験をさせることはなかなかできない。これでは経営がうまくいくわけがない」と解説する（『週刊朝日』2013年10月14日）。

10)　太陽光発電事業もこの1つである。京セラは第1次石油ショック後の1975年に51%を出資してジャパン・ソーラー・エナジーを設立し，後に完全子会社とした。稲盛は，同社は「太陽エネルギーの利用を通じて，人々の幸福に貢献する」（稲盛2016, p.105）との動機で開始したので，「なかなか採算がとれないにもかかわらず，事業継続の意思は微動だにしなかった」（id., p.106）と述べている。

のためホールの1つが稲盛ホールと命名された。1984年に「京セラの株と現金200億円を拠出」して稲盛財団を設立（稲盛2004, p.178; 2022年3月末現在の正味財産は1,262億円）、同財団は先端技術、基礎科学と精神科学・表現芸術（現在は思想・芸術）の部門で「人類の発展に貢献した人」を顕彰する「京都賞」[11]、また自然科学系では40歳以下、人文・社会科学系では50歳以下の「独創的な研究を行う」研究者に対する「稲盛研究助成」（毎年50人、1人100万円）を創設している。2008年にその稲盛財団が京都大学に稲盛財団記念館（総工費は「推定20億円前後」（『日本経済新聞』2007年2月15日、近畿B））を寄付した。2013年には個人で京都府に20億円を寄付、これにより京都府立大・府立医大・（国立）京都工芸繊維大の教養教育共同化施設である稲盛記念会館が建設された[12]。1994年の京都パープルサンガ（現京都サンガF.C.）の運営会社の設立に際しては稲盛が多方面からの支援要請を受けて京セラが資本金の55%となる10億円を出資、稲盛は会長（現在は名誉会長）に就任した[13]。京セラは2019年には翌年1月竣工の、サンガの本拠地となる府立スタジアムの命名権を20年間、年間1億円で取得し、これをサンガスタジアムby KYO-CERAとした。また、1998年には本社ビル1階に京セラ美術館（現京セラギャラリー）を開館、「ピカソ銅版画347シリーズ、現代日本画〔——6.4.2項で触れた『現代日本画展』で展示された東山魁夷「山霧幽玄」、平山郁夫「平等院」など23点を含む——〕、洋画、彫刻、中国清代の乾隆ガラス、ファインセラミック茶器」（website）に及ぶ収蔵品を無料で公開している。また、これとは別に2016年に京都市美術館の命名権を2019年度から50年間、総額約50億円で取得し、これを京都市京セラ美術館とした（市はこの資金を同美術館の再整備事業に充当した）。

　鹿児島では母校、鹿児島大学への寄付と事業（工場建設）を地域貢献の手段とする。寄付については、鹿児島大学工学部同窓会からの要請を受けて1994

11）　受賞者は毎年各部門1人、賞金は当初は1人4,500万円、現在は1億円となっている。後にノーベル賞を受賞する山中伸弥も2004年度にこれを受賞した。

12）　研究に関して、2015年に立命館大学が稲盛経営哲学研究センターを開設（設置期間は2015年6月1日〜25年3月31日）、稲盛は名誉研究センター長に就任した。センター長の青山敦は「あいさつ」で「稲盛和夫氏の協力を得た」（website）と述べている。

13）　現在は資本金が36億500万円に増資されている。株主に関する情報は得られていない。

年に「教育及び学術交流の場」となる，また両親の名前を取ったホールが設置される，総工費10億円の稲盛会館，2019年には稲盛ライブラリーや京都賞ライブラリーが入居する稲盛記念館（総工費は不明）を寄贈した。教育それ自体については，2000年に京セラの2億円の寄付を基金として工学部に寄付講座の「京セラ経営学講座」が開設され，自らも「時々教鞭をとり，経営哲学や経営の要諦などを講義した」（稲盛 2004, p. 232）。2005年には稲盛と京セラの寄付（稲盛のそれは京セラ取締役退任に伴う退職慰労金，約6億円の「約4割」（『日本経済新聞』2005年7月2日，p. 13））により稲盛経営技術アカデミーが設置され，2008年の稲盛アカデミー棟（建設費は3億円）の建設後に「「地域社会から望まれるリーダーを育成する」を基本理念とした授業科目」や「様々な体験の場を提供」する稲盛アカデミーに改組された（稲盛アカデミー website）。さらに，2018年には稲盛の京セラ株100万株（約80億円相当）の寄付により鹿児島大学稲盛和夫基金と21世紀版薩摩藩英国留学生派遣事業「UCL 稲盛留学生」制度が設立された（UCL とは派遣先の Univ. Col. London のこと）。鹿児島大学以外では，2015年に県と市に10億円ずつを寄付し，それを基に2020年にかごしま国際交流センター（施設）が開設された。次は工場建設である。県知事からの要請を受けてではあるが，1969年に川内市（現薩摩川内市）に鹿児島川内工場，1972年に国分市（現霧島市）に鹿児島国分工場を設立し，鹿児島国分工場内には1979年に総合研究所（現ものづくり研究所）が併設された。1979年には隼人町（現霧島市）に後に鹿児島隼人工場となる鹿児島エレクトロニクスも設立した。鹿児島国分工場の従業員数は2017年3月末時点で4,534名，鹿児島川内工場のそれは2018年1月末時点で3,982名であり，その後，それぞれ新規雇用を伴う工場増設を発表している。工場進出の恩恵には雇用の他に税収がある。やや古いが，『日本経済新聞』（2007年12月22日，九州B）は鹿児島国分工場と鹿児島隼人工場が霧島市に納める「法人税収入は一時，30億円を突破。現在でも毎年10億円程度の状態が安定して続いている」と報道している。また，「両工場の従業員約5千人の大半が地元周辺での雇用で，うち4千人程度が市内在住」であり，「市民税での効果も大きい」とする。

　さらに，学術分野では日中共同長江文明学術調査（日本側総団長：梅原猛国際日本文化研究センター顧問；1996年）への資金提供，チリのラスカンパナス天文

台への世界最大級の反射望遠鏡の設置（2000 年），稲盛財団と米 Ctr. for Strategic and Int'l Studies による Abshire-Inamori Leadership Academy（AILA）の設立（2002 年）やケースウェスタンリザーブ大学での Inamori Int'l Ctr. for Ethics and Excellence の設置（2007 年），文化事業では冷泉家時雨亭文庫の設立（1981 年）などもある。

　稲盛はこうした慈善活動により多数の表彰を受けるが，2003 年に Carnegie Medal of Philanthropy を授与されたことだけを記しておく。

6.6.3　慈善の思想

　稲盛は人生の，または経営者としての様々な経験から「いかに生きるべきか」を自問し続け，「人のため，世のために役立つことをなすことが，人間として最高の行為である」との信念を持つに至った」（稲盛財団 website），また「京セラが株式を上場し，思いもよらず相当な資産を持つようになると，財産を自分のものではなく，社会から預かったものだと考えるようになった」（稲盛 2004, p. 175）と述べる。そして，1981 年の伴記念賞（現伴五紀科学振興賞）の受賞を契機として[14]，慈善活動を開始した。また，稲盛はその中心となる寄付活動に 2 つの役割を認める。1 つは「寄付は社会に潤いをもたらす重要なインフラ」（『日本経済新聞』2000 年 9 月 25 日，p. 11）となることである。紙面に詳しい説明はないが，稲盛はすでに述べたように「人類・社会のために大変意義があることだが，資金面などで支援が必要な社会的事業」（稲盛 2004, p. 223）を支援してきた。京都賞の創設も「人知れず努力を重ねて人類の発展に貢献した人たちに，心から喜んでもらえる賞をつくり，未来の発展につなげたい」（京都賞 website）との思いによる。もう 1 つ――これは 1990 年代から 2000 年代初旬にかけてのわが国経済の長期停滞期間中に示された――は日本経済の回復のための 1 つの仕組みを構築することである。つまり，それには「新産業の創出が不可欠」で，その担い手となりうる「ベンチャー企業が活躍するには起業家や経営者が尊敬される風土が必要」であり，そのために「起業家は上場を果たしたら寄付などで利益を社会に還元することなどに努力すべ

14）　1983 年に堀場雅夫，1994 年に立石義雄も同賞を受賞している。

き」となるのである（『日本経済新聞』2000 年 9 月 16 日，p. 23）。なお，Global Entrepreneurship Research Assoc., *Global Entrepreneurship Monitor: Global Report 2017-2018* は「起業家活動の社会的価値」（Societal Values of Entrepreneurship）の枠組みで Entrepreneurship as a Good Career Choice, High Status to Successful Entrepreneurs, Media Attention for Entrepreneurship の 3 項目の調査を実施したが，それらを肯定的に捉える者の割合は 24. 3%，52. 0%，56. 2% で，米国（63. 1%, 75. 5%, 74. 5%），英国（55. 6%, 75. 6%, 58. 5%）などと比較してかなり低い。また，言うまでもなく，新産業の創出とベンチャー企業の活躍の重要性は経済の長期停滞期間に限定されるものではない。

　京都での慈善活動に関しては，1995 年に塚本から京商会頭を引き継ぐに当たって「「京セラがここまで立派になるには有形無形に京都の人々のお世話になったはずだ。もういい加減に恩返しする時ではないか」といわれて覚悟を決めた」（稲盛 2004, p. 216）。京都市美術館の命名権の取得は「創業地である京都への貢献と地域の発展への寄与」（『産経ニュース』2017 年 1 月 13 日）を理由としている。鹿児島では事業（工場建設）と寄付をその手段とするが，鹿児島川内工場の設立は県知事からの「工場進出で県の経済基盤の強化に協力して欲しい」（稲盛 2004, p. 114）との要請によることはすでに述べた。鹿児島大学での寄附講座の開設では「優れた経営哲学を持った起業家が輩出し，すばらしい事業が展開され，地域経済の活性化に大きく貢献することを期待している」，「日本中に経営学講座がたくさんあるなかで，キラリと光る，特色のある講座となれば，母校への恩返しにもなると思っている」（稲盛 2004, p. 232）と述べている。県と市への寄付により国際交流センターが開設されることに対しては「「鹿児島の若い人が盛んに国際交流され，世界に飛躍するきっかけになってほしい」と語った」（『日本経済新聞』2015 年 6 月 3 日，九州）。

　最後に，経済体制に関連して，稲盛は現在の資本主義を市場原理主義，経済的自由主義と成果主義により「「格差社会」をつくり出した」（稲盛 2016, p. 110）と批判し，経営者には自身もそうする「敬天愛人」の思想の実践を提唱する。鹿児島大学の寄付講座である「京セラ経営学講座」や若手経営者を対象とした勉強会の盛和塾（当初は盛友塾；活動期間：1983-2019 年）ではそのような内容の講義がなされたかもしれない。

6.7　永守重信

6.7.1　起業家として

　永守重信（1944- ）は京都市に接する京都府向日市の小作農家の家に生まれた。1963 年に地元の高校を卒業して東京都小平市にあった職業訓練大学校（現職業能力開発総合大学校）に入学，そこで「その後日本のモータの権威になる〔見城尚志〕と出会い，モータを一生の仕事にすることになる」（日本経済新聞社編 2008, p. 199）。1967 年に大学校を卒業，2 企業での勤務を経て，1973 年に子供の頃からの念願であった会社（日本電産）を大学校の後輩の小部博志（現副会長執行役員・最高営業責任者）ら 3 人と京都に設立した。永守は母親の教えを「情熱・熱意・執念」，「知的ハードワーキング」と「すぐやる，必ずやる，できるまでやる」の日本電産の 3 大精神に反映させ，またこれら精神を発揚する手段として加点主義の人事評価方式を採用した。同社にはこの他に起業に際して 4 人で考案した社是と経営方針（経営 3 原則）がある。日本電産の現在の事業内容は精密小型モータ，車載及び家電・商業・産業用モータ，機器装置，電子・光学部品，その他の開発・製造・販売に及んでいる。成長の大きな要因は積極的な M&A（合併・買収）にあり，「技術・販路を育てあげるために要する「時間を買う」という考え方」の下，シナジーを生み出す案件の選択，適正価格での買収，買収後のマネジメント強化を鉄則として 2022 年 2 月末時点で外国企業を含む 68 社の M&A を実施している（website）。また，経営改善手法として 3Q6S を導入している。3Q である Quality Worker, Quality Company と Quality Products が目標，6S である整理・整頓・清潔・清掃・作法と躾がそれらを実現する手段となる。日本の製造現場の改善運動で一般に採用される 5S に作法を加えた格好である（日本経済新聞社編 2008）。永守は 2021 年 6 月に CEO の職を辞したが，2022 年 4 月に復帰した。

6.7.2　慈善家として

　永守は 2014 年，「モータなどの技術の研究開発をより活性化させるとともに，……研究開発に邁進する研究者・開発者を応援したいという思いをもって「永

守賞」を創設し，運営母体となる永守財団を〔京都市に〕設立」（永守財団 web-
site）した。永守賞の授賞は年に6名程度，副賞は永守賞大賞が500万円，永
守賞が200万円である。永守の同財団への拠出額は不明であるが，2021年6
月末時点の同財団の正味財産は258億円で，そのほぼすべてが日本電産株式
（200万株）であった。

　より京都に関連したものとして，2016年に永守文化記念財団を市内に設立，
同財団は2017年に「200億〜300億円を投じ，京都市にオルゴールをテーマ
とするミュージアムを建設する」（『日本経済新聞』2017年8月26日，夕刊）こ
とを公表した。オルゴールは完全子会社である日本電産サンキョー（旧三協精
機製作所）の創業事業である[15]。2017年には日本電産が京都大学大学院工学研
究科電気工学専攻に寄附講座「優しい地球環境を実現する先端電気機器工学」
を開設した。プレスリリース資料によると，開設期間は2017年4月1日〜
2022年3月31日，寄付予定額は総額2億1,100万円である。また，同年，永
守家の資産管理会社であるエスエヌ興産が総工費約70億円の永守記念最先端
がん治療研究センター（施設）を京都府立医科大学に寄贈した。2018年には
永守が，京都学園が運営する京都学園大学の理事長に就任，2019年に学園名
を永守学園，大学名を京都先端科学大学に変更した。同大学は2020年に工学
部機械電気システム工学科と大学院工学研究科機械電気システム工学専攻，
2022年に経営学研究科経営管理専攻，また施設では2019年に京都太秦キャン
パス西館，2020年に同南館を開設したが，工学部棟となる南館は永守の約100
億円の寄付によるものである。さらに，永守は「年間10億円の追加負担をし
ている」（田村 2020；『事業活動収支計算書』によると，2017年度以降，法人事務局
に同額の寄付が計上されている）。また，永守は財界活動から距離を置くが，
2015年に堀場雅夫の後を継いで京都市ベンチャー企業目利き委員会の委員長
に就任（〜2019年）した。

　京都市と隣接する，生まれ故郷の京都府向日市には，2018年，私財，約32
億円を投じて永守重信市民会館となる施設を建設，これを市に寄付することを
発表した。2019年には日本電産が同市の本社ビル隣接地での，「第二本社機能，

15）長野県諏訪郡下諏訪町には2017年に開館した日本電産サンキョーオルゴール記念館「すわの
　　ね」がある。

グループ会社の本社や技術開発センターなどを集約する」「日本電産グループ
新拠点の建設構想」を発表した（日本電産ニュースリリース，2019 年 1 月 8 日）。
投資総額は約 2,000 億円とされる。なお，これに関連して，永守は当時の市長，
久嶋務と「まちづくり対談」を行っているが，その中で企業，とりわけ従業者
（研究者）の給与水準が高く，高価な機械を設置するために固定資産税も高く
なる研究所の誘致を推奨している。

6.7.3　慈善の思想

　永守は寄付の理由を「お金は持って死ねないし，子供に残してもいいことは
ない」（産経 WEST，2018 年 9 月 30 日），「税金はどう使われるかわからないが，
寄付なら使い道がはっきりする」（藤吉 2017）などと述べ，また寄付の対象を
「基本的に教育，医療，地元」（産経 WEST，2018 年 9 月 30 日）とし，「地元」
に関しては「ずいぶんお世話になった」（*id.*）ことを理由に挙げている。事業
承継に関しては経営方針（経営 3 原則）の 1 つを「非同族企業をめざし何人も
企業を私物化することを許されない」としており，2 人の息子は日本電産とは
関係のない企業の経営者となっている。

6.8　企業家の財界活動——まとめに代えて

　これまで企業家の財界活動には塚本に関して簡単に触れたに過ぎない。しか
し，本章で取り上げた起業家は各自の経営理念・方法の下で企業を成長させた
のみでなく，経済団体，とりわけ同友会の活動を通じて京都の近代産業，さら
には京都経済の発展に尽力した（**表6-2**を参照のこと）。京都経済同友会は関西
経済同友会から枝分かれする形で戦後間もない 1948 年 6 月に新しい日本を創
るに相応しい 50 歳未満の若い世代により「会社，業界の利益を代表するよう
な，たんなる業界団体ではないという使命感」（同友会 1989, p.34）を持って設
立され，経営者の人間像[16]，経営者の社会的責任，中堅企業，ベンチャー・
ビジネス，企業家精神などの研究を展開した（同友会 1968a, 1972）。立石は代

16）「経営者の人間像」は関西経済同友会の代表幹事であった大原總一郎の問題提起を受けて関西と
　　京都の経済同友会が取り組んだ研究テーマである。大原總一郎については，第 8 章で取り上げる。

表 6-2　京都の企業家の財界活動

	同友会代表幹事[1]	京商会頭
立石 一真	1965.4-71.3	
立石 孝雄	1981.4-87.3	
立石 義雄		2007.5-20.3
村田 純一	1989.4-93.3	2001.2-07.5
村田 大介	2019.4-	
塚本 幸一	1971.4-75.3	1983.4 94.12
塚本 能交		2020.4-
堀場 雅夫	1975.4-79.3	
掘場 厚	2003.4-07.3	
稲盛 和夫	1985.4-89.3	1995.1- 2001.2
村田 禎介		[1962.4-69.12][2]

(注1)　同友会の代表幹事は2名。
(注2)　村田禎介は京商副会頭。

表幹事時代に同友会の勉強会に招いた中村秀一郎（専修大学教授）の講演に刺激を受けて1966年に「中堅企業研究委員会」を立ち上げ（同友会 1968a），後にベンチャー企業が台頭しつつあった米国への視察団の派遣を説き，これは塚本代表幹事時代の1971年11月に実現された（視察団はボストン地域に米国最大のVCであったAmerican Research and Development Corp.とベンチャー企業4社を訪問した（同友会 1972））。翌1972年には早速，地元の企業や銀行の出資により資本金3億円で日本初のVC，京都エンタープライズ・ディベロップメント（KED）が設立され，立石が社長に就任した。KEDは投資先の倒産が直接の契機となって1980年に解散したが，その短い存続期間に日本電産を投資先に選び，同社の亀岡工場の建設を後押しした。また，京都は政治的に革新的であり，このことは1950年の京都府知事選挙に社会党の公認などを受けて立候補し，当選した蜷川虎三が以後，7期28年にわたってその職にあったことに象徴される。京都市でも革新市長が誕生している。これら革新首長の産業政策はもっぱら中小零細企業と伝統産業を支援するものであり[17]，それゆえ同友会は革新首長の下で京都が日本の経済発展から置き去りにされつつあ

---

17)　市の「融資制度は，80年度段階では伝統産業や商店街等の既存産業が中心であり」（岡田 2007, p.134），「先端技術導入・技術開発融資が開始されたのは1985年度，ベンチャー企業・新事業育成支援融資が「ベンチャー企業育成支援融資」として開始されたのは1998年度」（id., pp.134-5）である。

るとの憂いから都市の経済基盤を強化するさまざまな政策提言を行うとともに（同友会 1968b），1970 年の府知事選から塚本を中心に反革新，とりわけ「打倒蜷川」の選挙活動を展開した。京都で最も大きく，また最も包括的な経済団体は戦前から続く京商であるが，1970 年 2 月に同友会元会長の森下弘が会頭に就任すると「〔京商〕の役員中に同友会メンバーが進出」（同友会 1989, p. 136）した（再び，**表 6-2** を参照のこと）。

　財界活動での交流は京都の企業家の関係を親密なものとしている。塚本と稲盛は京商会頭の引き継ぎを契機に「お互い何かと相談を持ちかけるようになった」（稲盛 2004, p. 216）。立石は KED を通じて知り合った永守の相談に乗るようになった。堀場雅夫の「京商に行けば稲ちゃん（稲盛）もいるし，幸一さん（塚本）や義雄さん（立石義雄），純ちゃん（村田純一）もいる」（堀場雅 2003, p. 218）との言葉に彼らのそうした関係が表現される。また，かつて塚本を中心とした経営者の親睦会，「正和会」があり，塚本の没後は稲盛が後を継いだ（『日本経済新聞』2009 年 12 月 17 日，大阪夕刊；2009 年に解散）。「創業家の 2 代目以降の経営者でつくる」「昭和会」もあり（*id.*, 堀江 2013），そのメンバーである堀場厚が堀場製作所の開発中心の企業体制を改める際にやはりそのメンバーの塚本能交から営業を，村田泰隆（村田製作所 2 代目社長）から生産を学んだ（堀場厚 2011）。慈善活動では 2022 年 4 月 1 日時点で村田海外留学奨学会の評議員に堀場厚，稲盛財団のそれに塚本能交と村田純一が就任している。なお，永守は 6.7.2 項で述べたように財界活動から距離を置くが，稲盛とは 2006 年の時点では「時々 2 人で呑みにいっており」（http://nmuta.fri.macserver.jp/home106.html），京都の二世経営者とも「親しい関係」にある（堀場厚 2011）。

補論 5　村田昭・山内溥・佐藤研一郎

　永守以上に財界活動から距離を置き，それもあって京都の 3 大奇人と呼ばれたのが村田昭，山内溥と佐藤研一郎である。しかし，彼らも企業家・慈善家として功績を残している。

（村田昭）

　村田昭（1921-2006）は京都に生まれ，地元の旧制中学を中退し，輸出用碍子

を製造する父，吉良の製陶所で手伝いを始めた。ある日，吉良に事業の拡大を進言すると，「人の得意先を荒らす」（村田 1994, p. 27）ことになると拒否され，そこで独自製品の開発を志すこととなる。1942 年に製陶所は『企業整備令』により地域の同業他社と合同したが，昭はある工場で依頼された高周波絶縁体のステアタイトを生産するために 1944 年に村田製作所を設立した。戦後はチタン（磁器）コンデンサの開発に京都大学の研究者と取り組んだ。業績が悪化した 1965 年に労使関係が崩壊し，「春の賃上げ，夏・冬の賞与交渉でのストライキは恒例となって行く」（id., p. 174）が，1975 年に「大手電機並みの賃上げを約束する」（id., p. 175）ことで事態は打開された。この間に厚生年金基金が設立され，完全週休 2 日制と社員持株制度が導入された。経営管理に関しては，多品種生産と各製品の長い製造工程に対応して企業を製品別・工程別の組織に細分化する「マトリックス経営」を実践する。地方工場はそれぞれの土地の喜びや誇りとなることを目指し，自主性のある独立法人として運営される。本社は 1961 年に京都から長岡京市に移転している。社長職は 1991 年に長男の泰隆（1947-2018），2007 年に三男の恒夫（1951-）に継承され，2020 年に一族外の中島規巨が就任した。なお，昭は 1967 年に三菱電機と同社の白黒 TV を OEM 生産する七尾電機（現 EIZO; 本社：石川県白山市）を設立している[18]。

　慈善活動に関しては，村田製作所が 1985 年に 3 億円の基本財産で村田学術振興財団を設立した。2021 年 3 月末時点の正味財産は評価額 331 億円の村田製作所株式 374 万株を含む 445 億円となっており，また村田製作所は『有価証券報告書』によると 2011-20 年度に合計で 21 億円を同財団に寄付している。『日本経済新聞』（1992 年 8 月 20 日，近畿特集）はそのオーナーの持株を基本財産として公益法人が設立された事例として村田製作所を挙げる。なお，昭は財団の設立の理由を「京都大学の基礎研究に協力し，それを応用することで当社の今日があることを思い，研究資金不足に困っている大学の研究者に少しでもお役に立てればと考えて」（村田 1994, p. 211）のことと説明している。学術研究の助成対象は「自然科学系ではエレクトロニクス，人文・社会学系では国際問題」（id.）とされる。

18）2021 年 9 月末時点では 3.15% を保有するヒロシ（吉良の三男である治の長男）を除き，大株主に一族の名前は見られない（『有価証券報告書』）。

（山内溥）

　山内溥（1927-2013）は 1889 年に市内で花札の製造を開始した山内房治郎の曾孫であり，早稲田大学在学中の 1949 年に「花札などを製造する」（『日経産業新聞』2013 年 9 月 20 日，p.1）丸福（後の任天堂）の社長となった。1953 年にプラスチック製トランプの量産を開始，他方で「早くからハイテク玩具の可能性に着目」，「40 億円もの資金を惜しげもなく注ぎ込んで」（*id.*, p.22）開発し，1983 年に発売した家庭用テレビゲーム機「ファミリーコンピュータ（ファミコン）」は「社会現象」となるほどの「爆発的ヒットになった」（*id.*, p.1）。また，「「ゲーム主導」路線」から「協力ソフトメーカーを極力絞り込み」（*id.*, p.22），1985 年には自社でファミコン用ソフトを発売した。任天堂はその後も新たなゲーム機やゲームソフトを次々と発売する。本業以外では，米子会社，Nintendo of America（NOA）がワシントン州レドモンドに本社を置く関係で 1992 年に MLB の Seattle Mariners に個人として出資し，オーナーとなった（2004 年に NOA が山内の持株を買い取った。現在，同社は少数株主となっている）。また，任天堂は 1994 年に京都パープルサンガに 3 億円を出資した。溥は 2002 年に相談役となり，後任は「任天堂は『山内』のものではない。ゲームを分かっている奴がやるのがいい」（*id.*, p.22）として娘婿で，NOA 社長を務めた荒川實や長男の克仁（1959- ）ではなく，岩田聡を就任させた。

　慈善活動に関しては 2005 年に目の治療で入院した京都大学医学部付属病院で老朽化が進む 4 つの病棟の建て替え構想があることを知り（『読売新聞』2006 年 2 月 22 日，p.39），翌 2006 年に「がん治療の中心」となる新病棟「積貞棟」の建設「総事業費約 75 億円のほぼ全額」を寄付した（『読売新聞』2010 年 5 月 19 日，p.30）。2003 年には京商が 120 周年記念事業の一環として小倉百人一首文化財団を設立すると初代理事長に就任，また小倉百人一首殿堂「時雨殿」（現嵯峨嵐山文華館）の建設「総事業費約 21 億円の大半」（『読売新聞』2006 年 1 月 18 日，京都，p.31）を寄付した。これについて「京都にしかないブランドの創造に共鳴した。だれかが投資のリスクを負わなければ，新しい仕事は成立しない」（『読売新聞』2003 年 11 月 26 日，大阪，p.39）と述べている。上記の Mariners への出資は「これまで米国で商売ができたことに対する感謝の気持ち」によるもので，「利益の社会還元と位置付けていた」（『日経産業新聞』2016 年 8

月24日，p.3)。ただし，平安建都1200年記念事業への寄付の要請を「民意と
かけ離れたイベントに寄付はできない」(『日本経済新聞』1994年3月4日，近畿
A) と断っている。

(佐藤研一郎)

　佐藤研一郎 (1931-2020) は父親がバイオリニストで，自身はピアニストを目
指したが，立命館大学理工学部在籍中に断念した。他方で，オーディオ装置に
興味を持つようになり，抵抗器の小型化に取り組んだ。1954年に特許を取得
して東洋電具製作所 (現ローム) を設立した (『日本経済新聞』1991年12月7日，
p.41)。同社は「1967年にトランジスタやダイオード，1969年にIC〔(集積回
路)〕などの半導体分野へ進出，1971年には日系企業として初めてシリコンバ
レーへ進出してICの開発拠点を開設」した (ローム website)。また，「零細企
業の時代から……細かな作業標準書を作り，品質管理やコストダウンに成功し
た」が，その作業標準書は楽譜をヒントとした (『日本経済新聞』1991年12月7
日，p.41)。

　慈善活動では1991年にロームの300万株 (財団設立日の始値で82.5億円に相
当) を出捐して「音楽活動の実施と助成，音楽を学ぶ学生に対する奨学援助等
を行う」ローム ミュージック ファンデーションを市内に設立，翌年，さらに
300万株を追加した (『日本経済新聞』1992年8月20日，p.15)。600万株は佐藤
の持株の「ほとんど」(『日本経済新聞』1991年12月7日，p.41) に当たる。ま
た，2000年に小澤征爾と小澤征爾音楽塾を立ち上げ，ロームと財団がそれを
「継続的に支援している」(小澤征爾音楽塾 wensite)。また，ロームとして2000
年に立命館大学びわこ・くさつキャンパス，2003年に同志社大学，2005年に
京都大学にローム記念館を設置した。総工費はそれぞれ約15億円，約10億円
と約20億円であった。2011年には京都会館の命名権を50年間，総額52.5億
円で獲得し，これをロームシアター京都とした。寄付に関して，「あの世にお
カネを持っていくわけにいかないし，死んだら使途も分からない税金で持って
いかれるだけ。それなら，生きている間に使っちゃえ，ということです」(『日
本経済新聞』1991年12月7日，p.41)，「地域のためなんて，大それたことは考
えてないけど，できるだけ多くの音楽家にできるだけ多くの額を援助していき
たい。〔3大学〕に施設を寄付したのは，当社がここまで来られたのは大学のお

かげという思いがあるから。大阪や東京に本社を置いていたら，いい人材は集まらなかっただろう」(『京都新聞』2020年1月24日)と述べている。なお，「従来から公の場に出ていない」佐藤は2010年の社長交代会見にも欠席，ロームと財団のwebsiteには彼の名前すら記載されていない。

第7章　福岡県

7.1　福岡県の概要

　九州北部に位置する福岡県は北九州地域（中心都市：北九州市），福岡地域（福岡市），筑豊地域（飯塚市）と筑後（久留米市）に区分される。県庁所在地の福岡市は2022年に162万人の人口を数えるわが国第6位の大都市であり，九州の経済，文化などの中心でもある。さらに，アジアの拠点都市を目指し，天神地区と博多駅周辺地区で官民連携の再開発事業も開始している。北九州市は1963年に小倉，戸畑，門司，八幡，若松の5市が合併して誕生した。旧5市は筑豊炭田で産出される石炭と1901年に設立された官営八幡製鐵所（日本製鐵，新日本製鐵八幡製鐵所を経て，現在は日本製鉄九州製鉄所）により発展した。しかし，八幡製鐵所の従業員は戦後のピークとなる1963年の4.4万人から2016年3月末には4,206人（日本製鉄website）にまで減少，また製鐵所遊休地に開設されたテーマパークが2018年元旦，他にも商業施設では地元，井筒屋の3店舗が2010年代後半，工場では東芝北九州工場が2012年，サッポロビール九州工場が2000年に閉鎖され[1]，旭硝子（現AGC）北九州事業所が2009年に製造から撤退した。人口は93万人で，1970年代末葉から十数万人，減少している。市は2016年に『北九州市新成長戦略改訂版』を策定，①事業環境整備，②高付加価値ものづくりクラスターの形成，③サービス産業の振興などを「5つの方向性」としている。飯塚市のある筑豊地域とその周辺には筑豊炭田が広がる。石炭は「民家の燃料」から江戸時代の明和年間（1764-72年）に

---

1)　テーマパーク跡地に2022年に複合商業施設が開業した。

製塩用燃料，後に製鉄（コークス）用原料に用途が拡大され，筑豊炭田は 1913年まで全国の石炭生産量の 50% 前後を担ったが（『筑豊石炭鉱業要覧』昭和 8 年版），1976 年に最後の炭鉱が閉鎖した。市は 2013 年に『飯塚市新産業創出ビジョン』を策定，ⓐ地域企業のイノベーション促進など 4 つを施策の柱，また医工学連携の推進を重点プロジェクト，さらに産学官交流・連携——飯塚には複数の大学・医療機関が立地する——を施策ⓐの事業（達成手段）とした。2018 年にはその流れを汲んだ『飯塚市産業振興ビジョン』が策定された。久留米市は地下足袋の発明以降，「ゴムの街」として発展してきた。福岡市のベッドタウンの性格も持つ。人口は 30 万人で，中核市の指定を受ける。2001 年には福岡県と産学官連携による「バイオ関連産業の集積を目指す「福岡バイオバレープロジェクト」をスタートした」（久留米市 website）。

　『平成 28（2016）年経済センサス』のデータより福岡県と，北九州市，福岡市，久留米市，飯塚市の中核産業を確認して置こう。第 6 章と同じ基準に従うと，福岡県には中核産業は存在しない。製造業（中分類）に関しても福岡県には中核産業は存在しないが，食料品製造業（21.5%, 1.48）はそれに極めて近い（（ ）内は従業員比率と LQ；以下，同じ）。福岡県には日産自動車が苅田町，トヨタ自動車が宮若，苅田と北九州，ダイハツが久留米に進出しているが，輸送用機械器具製造業の LQ は 0.89 に過ぎない。次に，4 市に移ると，北九州と福岡には中核産業は存在せず，久留米と飯塚では医療・福祉（順に（20.2%, 1.56）と（21.2%, 1.63））がそれに該当する。久留米には久留米大学病院と聖マリア病院，飯塚には麻生運営の飯塚病院（いずれも福岡県災害拠点病院）がある。製造業の中では北九州では鉄鋼業（17.5%, 6.41）と窯業・土石製品製造業（9.7%, 3.00），福岡市では食料品製造業（37.3%, 2.56）と印刷・同関連業（13.1%, 3.28），久留米ではゴム製品製造業（19.5%, 13.17），飯塚では食料品製造業（24.4%, 1.67），電気機械器具製造業（10.2%, 1.68），窯業・土石製品製造業（9.8%, 3.04），プラスチック製品製造業（9.6%, 1.81）と化学工業（7.8%, 1.61）が中核産業となる。北九州の窯業・土石製品製造業に属する企業に 1917 年創業の TOTO と黒崎播磨がある。同市には安川電機があるが，ロボット製造業を含む生産用機械器具製造業（8.8%, 1.19）は製造業の中の主要産業といってよいかもしれない。久留米のゴム製品製造業に属する企業には

アサヒシューズ，ムーンスターとブリヂストン（久留米工場）がある。

7.2　安川一族

7.2.1　企業家として

　安川敬一郎（1849-1934）は福岡（黒田）藩士，徳永省易の四男として生まれ，1866年に安川岡右衛門の娘と結婚，1870年に「徳川家が移っていた静岡へ留学，そこで勝海舟に会い，洋学をすすめられて上京する」（安川寛1991, p. 1）。1872年に福沢諭吉の慶應義塾に入学したが，幾島家を継いだ三兄・徳が佐賀の乱で1874年に戦死，1871年には福岡藩の贋札事件で長兄・織人が切腹となっていた。そこで，「敬一郎は徳永，松本〔（次兄・潜の養子先）〕，幾島，安川の四家の生計をはかる」（*id.*, p. 2）ために退学して帰郷，「鞍手郡長谷〔（現鞍手郡鞍手町）〕に在る東谷と号する小炭坑の経営に任じた」（安川敬1935, p. 551）[2]。敬一郎は1877年に採掘した石炭を販売する安川商店，1908年に明治紡績（1941年に大阪の福島紡績（現シキボウ）に統合される）と明治鉱業，1915年に安川電機製作所，1917年に日支合弁の九州製鋼を設立した[3]。明治鉱業はそれまでに買収した赤池（田川郡福智町），明治（嘉穂郡頴田町：現飯塚市），豊国（田川郡糸田町）の3炭鉱を合併したもので，次男の健次郎を副社長，三男の清三郎も無限責任社員とした[4]。若松港築港のための若松築港会社（1890年；若松築港を経て，現若築建設（本社：東京））や石炭輸送のための筑豊興業鉄道（1891年；若松・直方間，後に延伸；1897年に九州鉄道に統合される）の設立にも麻生太吉らとともに関与している。

　健次郎（1870-1963）は中学を卒業し，安川商店の「神戸支店へ商売見習いにやられた」（安川寛1991, p. 3）。後に東京物理学校（現東京理科大学）に入学，1890年に潜の養子となって彼の娘と結婚した。結婚後，直ちにペンシルベニ

---

2)　炭鉱を経営した安川家は麻生家，貝島家と共に「筑豊御三家」と呼ばれた。1943年度の福岡県の石炭生産量の占有率は三井鉱山が28.0%，三菱鉱業が13.7%，貝島炭鉱が7.1%，明治鉱業（安川家）が5.9%，麻生鉱業が4.9%であった（田中直1975）。

3)　ただし，合弁相手である漢冶萍煤鉄公司から銑鉄が供給されず，事業が頓挫した。1934年に「その……工場は日本製鐵が吸収して八幡製鉄所第4製鋼工場となった」（劉1968, p. 324）。

4)　敬一郎には5人の息子がいるが，長男・澄之助と四男・良之助は夭逝している。

ア大学に留学して経済学を学び，1893年に帰国すると，敬一郎と，安川商店と松本家の松本商店を合併して安川松本商店を設立し，「敬一郎は炭鉱経営，健次郎はその販売」（北九州市戸畑区役所 2011）を担った。1918年に黒崎窯業（現黒崎播磨；2019年に日本製鉄の子会社となる）を創業，1919年には明治鉱業を株式会社に改組して社長に就任した。明治鉱業は朝鮮半島，満州，そして中国全土に進出した（が，1969年に解散した）。さらに，1935-38年には後で触れる九州水力電気の社長を務めた。

　現在，安川の家名を広く伝えるのが安川電機であり，敬一郎が創業発起人，五男の第五郎（1886-1976）が創設者となる（同社各種資料）。第五郎は1912年に東京帝国大学工科大学（現東京大学工学部）を卒業後，小平浪平の勧誘を受けて日立製作所，次いで敬一郎の意向で米 Westinghouse Electric & Mfg. に就職，1915年に健次郎，清三郎（1877-1936）と合資会社の安川電機製作所を設立し，代表社員（社長）に就任した。1919年に株式会社に改組された際に明治鉱業社長の清三郎が同社社長を兼任することとなり，第五郎は常務で「製造部門を担当」（安川第 1970, p. 54），清三郎の逝去により社長に戻った。同社は「明治鉱業の炭坑用電気設備の修理」（id., p. 53）から始まり，事業を「発電機，変圧器，配電盤，モータ等々」の生産に発展させたが，「昭和初頃の不況を切り抜ける」ために「モータ専門へ踏み切った」（id., p. 54）。第五郎の後任となる寛は従兄（敬一郎の養子，謙介の長男）で，「非常に天才的な技術のエキスパート」（島村 1989, p. 105）であった泰一（1894-19??）が「1928年に小型モータの仕込生産をはじめて，同社の基盤をつくった」（安川寛 1991, p. 6）と述べる。その寛（1903-99; 清三郎の長男）は第五郎と同じ東京帝国大学工学部卒で，工学博士でもある。1944年に社長に就任，次第にモータに「ものたりなくなり」，「芯になる，将来性のある，特性を活かせるもの」（id., p. 7）としてロボットの開発に乗り出した。当該事業は撤退寸前にまで追い込まれながら，1977年に「国内初全電気式産業用ロボット「MOTOMAN-L10」を発表」（安川電機 website）した。やや古いが，産経新聞（2014 (4)）は「世界中で稼働する産業用ロボット約130万台のうち，2割超の28万台を「MOTOMAN」など安川電機の製品が占める」と述べる。寛の次の社長は第五郎の次男の敬二（1916-2009）で，彼が創業家出身の最後の社長となる。安川電機の2022年2月期通期の連結売

上高は4,791億円，部門別ではモーションコントロールが47%，ロボットが37%，システムエンジニアリング12%，その他が4%であり，近年，売上高，とりわけロボット部門のそれが大きく増加している。

7.2.2　慈善家として

　従業員の労働・生活環境に関して，筑豊の炭鉱には納屋制度と呼ばれる請負制度があった。それは「〔納屋〕頭が労働の指揮，鉱夫の募集，鉱夫生活の管理を所属経営者から請け負い，その報酬として鉱夫の賃金総額に応じた手数料を受け取り，鉱夫賃金を代受し，〔納屋〕の経営を行うもので，鉱夫の虐待，〔納屋〕頭の勢力争いなどの弊害をともなった」（山川出版社『日本史小辞典』（改訂新版））。また，炭鉱では「炭鉱内の売勘場（売店）や炭鉱指定店の中だけで通用」する，私札の炭鉱札（山札）が賃金支払に使用された（九州大学附属図書館 website）。鉱夫は「急に現金を必要とする場合，納屋頭や炭鉱指定店，または高利貸から両替してもらうこととなるが，2割から5割という高い割引料をとられることもあった」（id.）。また，炭鉱札は鉱夫が他の炭鉱に移動するのを抑制する手段ともなった。敬一郎と健次郎は1899年に納屋制度，翌年に炭鉱札を廃止した。

　次は学校の設立である。敬一郎は1909年，「本業以外の動産全部」（安川敬1935, p.783），つまり90万円の現金と筑豊興業鉄道の国有化により交付された額面240万円の五分利付国債証券を寄付して戸畑市に明治専門学校を設立した（『安川敬一郎日記』）。初代総長には東京帝国大学総長を務めた山川健次郎を招聘，山川は同校を「技術に通じておるジェントルマンを養成する学校」（開校式訓示）と位置付け，「普通の専門学校より1年多い4年制で，最初の1年は教養，あとの3年で工学知識という方針」（安川寛 1991, p.8）を採用した[5]。産経新聞（2014 (6)）によると「東洋レーヨン（現東レ）元社長の田代茂樹ら優秀

な技術者を数多く輩出した」。ただし，「第一次大戦後の経済不況に当面し」
（安川寛 1991, p. 8），敬一郎は 1918・19 年にも追加で「合計 93 万 5 千円」（劉
1968, p. 270）を寄付したものの，同校は 1921 年に国に移管され，九州工業大
学となった。敬一郎と健次郎（次男）は 1910 年には附属尋常小学校（現明治学
園）を設立，1947 年に中学を併設したが，1949 年にやはり経営の困難を理由
にノートルダム修道会に譲渡された。敬一郎は赤池炭坑を入手した 1902 年に
は「技術を持った中堅幹部を育てようと」（安川寛 1991, p. 7）赤池鉱山学校を
設立した。「中学卒の学力が資格で，採鉱，冶金，土木，機械を教え実習させ
る，食費，被服費支給の二年制」（*id.*）であった。こちらは「第 1 期生が卒業
してすぐに，坑内爆発があって」（*id.*）閉校された。第五郎は 1968 年に開学し
た国立九州芸術工科大学（現九州大学芸術工学部など）の設置期成会の会長を務
めている。

　最後は財界活動である。1895 年に衆議院で製鐵所設置建議案が可決され，
1897 年に 4 つの候補地の中から門司馬関海峡（八幡村）が選定されたが[6]，敬
一郎は麻生太吉，貝島太助とその誘致に尽力した（ただし，潜が経営する，
「鉱区も炭質も共に筑豊炭田中では最も優秀なものの 1 つであ〔った〕」（清宮
1952, p. 88）高雄炭坑（後の二瀬炭鉱）の譲渡を求められた）。官営八幡製鐵所は
1901 年に操業を開始，周辺に企業進出が続き，北九州工業地帯が形成される
こととなる。敬一郎は筑豊石炭鉱業組合総長（1903-11 年），衆議院議員（1914-
15 年），1920 年に男爵を授爵して貴族院男爵議員（1924-25 年）も務めた。健
次郎は 1921 年に石炭鉱業連合会が設立されると麻生太吉会長の下で副会長に
就任，翌年頃（劉 1968）に東京に転居した。その後も全国的な石炭統制機関の
長，さらには東条内閣の内閣顧問，経済団体連合会（現日本経済団体連合会）
第 2 代委員長，貴族院議員（1945-46 年）などを務めた。第五郎は九州電力の
会長（1960-66 年）を務め，1961 年に「九州財界の中で最も権威のある団体」
とされる九州・山口経済連合会（現九州経済連合会）の初代会長（-73 年）に就

---

6)　他の候補地は広島呉海峡，三原尾ノ道海峡と神戸大阪地方であった。設置場所については，①軍
　事上防禦の完全なる区域内たること，②海陸運搬の便利なること，③原料供給の便利なること，
　④工場に要する水料の存在すること，⑤職工の募集及び工場用品の供給に便利なること，⑥製品
　の販売に便利なること，が条件とされた。

任した。九州芸術工科大学設置期成会の設立は同会会長在任中のことであり，1964 年には現在の産業技術総合研究所九州センターとなる試験所の鳥栖での設立を実現した。また，1956 年に日本原子力研究所（現日本原子力研究開発機構）の初代理事長，翌年に日本原子力発電の初代社長（理事長は辞任），1964年には東京オリンピック組織委員会会長に就任した。寛は福岡経済同友会代表幹事（1952-67 年），西日本工業倶楽部理事長（1952-71 年），北九州商工会議所会頭（1971-92 年）や福岡大学理事長（1987-93 年）を長く務めた。1952 年の西日本工業倶楽部の設立に際しては健次郎にその洋館を辰野金吾が設計した旧松本家住宅（1912 年；重要文化財）を「安く」譲渡させ（安川寛 1991），その拠点とした。なお，それに隣接する旧安川邸は市が「新たな賑わい・観光拠点として活用を図ることとしており」（北九州市 website），安川電機は施設を市に無償譲渡，敷地を無償貸与し，さらに「ギャラリーとして利用する蔵の内部の展示や周辺の緑化費用などとして 1 億円を市に寄付」（『日本経済新聞』2016 年 11月 26 日，西部朝刊社会面）した。

（米国経済事情視察団）

　寛は 1987 年に北九州商工会議所の米国経済事情視察団の団長として訪米したが，訪問先の 1 つに第 5 章で取り上げたピッツバーグを選び，新産業の発展の原動力の 1 つとなった ACCD の組織・事業運営を学んだ。翌年，寛の呼び掛けの下，北九州青年会議所，北九州青年経営者会議，北九州商工会議所，西日本工業倶楽部の北九州経済 4 団体を母体として「北九州版 ACCD」（北九州青年会議所 website）となるべく北九州活性化協議会が設立された。

7.2.3　慈善の思想

　敬一郎の慈善活動に関する思想は『撫松余韻』（安川敬 1935; 撫松は敬一郎の号）に収録される「子孫に遺す」に示される。労働・生活環境については「現在の事業を拡張せんが為には各部の善良を厚遇し，多数の職工労働者を撫恤すべき」（p.776）と述べるが，これを利己的と解釈するのは適当ではない。まずは事業の拡張または新規事業の大成が公益を増進するとの考えがある。また，炭鉱札の廃止は健次郎が 1899 年，筑豊石炭砿業組合の機関誌に「義憤を発して」（清宮 1952, p.99）「炭坑の切符制度廃止論」（切符とは炭鉱札のこと）を発表

したのが契機となっている。財産（の活用）については，敬一郎の炭鉱事業は日清・日露戦争を要因として軌道に乗り，多額の財産をもたらしたが，①「天恵に酬いる」ために「明治専門学校を創立し」，また②子孫が「徒らに財を擁して飽暖の欲を擅にする」ことのないよう「幾多の新事業を起こして彼らに業務を与え」ることとした（p.778）。そして，佐藤一斎（1772-1859）の『言志後録』228条「財者天下公共物。其可得自私乎。尤当敬重之。勿乱費。勿嗇用。愛重之可也。愛惜之不可也。」を取り上げて解説し，またその個所に「財は各むべからず須らく之を活用すべし」の見出しを付けている。②に関して，第五郎は敬一郎が「大学を出る前は，「お前には一文もわけてやらない」といい」，米国から「帰国したら「資本を出してやるから何か仕事をしろ」といった」（安川第 1970, p.52）と回顧する。②の思想の実践方法には上記の（新規）事業と公益に関する考えがある。①の明治専門学校も敬一郎にとっては新規事業であり，「我国最急の需要に応ずべく科学的専門教育機関として設立が決行された」（p.783）[7]。九州製鋼の設立はわが国にとって「喫緊の鉄を供給」（p.784）するとの公益に加えて「隣邦に対して親善融合の第一歩を進めんとする微衷」（〃）が動機となっており，「能う限り一身の利益を犠牲とするとも，躬行以て日支合弁の範を示す」（p.787）との強い意欲が示された[8]。新規事業という形での財産の活用は事業を承継・発展させうる子孫の存在が前提となる。敬一郎はそれには当然，危険が伴い，「精密に考慮し，詳細に打算し，然る後に黽勉従事」（p.781）すれば必ず成功するわけではないが，失敗しても「それより得る所の経験が他日の参考として頗る価値あるもの」となるので，「泰然自若捲土重来の意気を以て徐に之の回復を計」れば良い（p.782）とする。敬一郎は優秀な子孫に恵まれたが，彼の方法が子孫の負担となる，そして富（財産）の管理に関してカーネギーが懸念したのと同様に何より社会に有益とはならない

---

7) 明治専門学校の設立は1911年の米国視察の際に訪問したMIT（敬一郎は「マ州工業学校」と表記する）の印象が関係していよう。敬一郎は日記にそれを「各科の参考品又は実物研究に資する諸設備の完全せるは実に驚くばかりにして，理想的実業学校とは正に是等を称するならん。本邦にても何れの時にか斯く完備せる教育機関を得る機会もがなと思い浮かべて輒る羨望に耐えざりき」（安川敬 1935, pp.724-5）と記している。

8) 因みに，第五郎は安川電機製作所の設立の動機を「近い将来に電気器具，機械の輸入を駆逐し，進んで海外進出の機運に詣らん事を期するに外ならず」と覚書に認めている。

場合はあるだろう。敬一郎は財産から「家庭の維持及近親の救済等に要する一定の準備」（p.789）を除いた残りで財団を組織する意向も示しているが，②の実践方法との関係は不明確である。敬一郎の子孫は地域での慈善活動を積極的に展開したが，これに関連して寛は敬一郎の「子孫に遺す」が「安川の家に生まれた者にとって背骨をなす思想」（島村 1989, p.11）になっていると述べる。第二次世界大戦後の 1946 年に労働組合法が制定されたが，同法制定審議会の委員になった第五郎は「他の資本家代表が……制定に反対の態度をとったのに対し，その制定は必至であり，かつ必要でもあると強調した」（安川第 1970, p.238）。敬一郎と健次郎の納屋制度と炭鉱札の廃止と通じる思想があったかもしれない。

（時代背景）

　小説家でもある森林太郎（鷗外）は 1899-1902 年に大日本帝国陸軍第12師団の軍医部長として小倉に滞在した。あるとき，直方から人力車に乗ろうとしたが，客待ちをしている車夫は誰も応じず，そのため雨の中，田んぼ道を 2 里（≒7.85km）ほど歩く羽目となった。後で，車夫は坑業家（炭鉱主）が数倍の代金を支払うことに慣れ，官吏を乗せたがらないことを知った。そこで，坑業家の当該行為を九州の富人（ふうじん）の俗の一例とし，『福岡日日新聞』（現『西日本新聞』，1899 年 9 月 26 日）に「我をして九州の富人たらしめば」（森 1899）を寄稿，「自利の願」に従った富の処分方法（「富に処する法」）を論じた。やや長くなるが，一部を引用しよう。

　　我口腹いつまでか酒肉に堪へて，我耳目いつまでか声色に娯（たのし）まむ。已むことなくば，猶自由藝術と学問とあり。その受用は老少を問はず。啻（ただ）に老少を問はざるのみならず，老いては愈々（いよいよ）蔗境に入るべし。嗚呼，我をして九州の富人たらしめば，寧ろ彼を捨て，此を取らんかな。……若し藝術に従はゞ，われは其れ国内に競争者なき蔵画家となりて，或は土佐，狩野，雲谷，四条，南北宗の逸品を集め，或は人を海外に遣り，倫敦，巴里，ミユンヘンの画廊（ガレリイ）に就いて謄本（コピイ）を作らしめ，或は又新画派の起るを候（うかが）ひて，価を倍してこれを買ひ，奨励して発展せしめんか。若し学問に従はゞ，われは其れ一大編輯局を私設して，広く奇書を蒐め，多く名士を聰し，その規摸の大は古の西山公を凌ぎ，その成功の観るべきものあることは今の官立史舘を圧倒せんか。若し又九州といふ思想に

　　重きを置きて，更にこれが範囲を劃せんには，藝術には主として南北宗の源委
　　を顧慮し，学問には主として九州の歴史地志を追尋すべし。

さらに，利他との関係について，

　　自利の最も高きものは利他と契合すること，譬へば環の端なきが如し。藝術の
　　守護と学問の助長とは，近くは同世の士民を利し，遠くは方来の裔孫を益す。
　　富人の当に為すべき所のもの，何物かこれに若くべき。

と述べる。敬一郎が明治専門学校を設立したのはこの寄稿文が掲載された 10
年後のこととなる。

7.2.4　地域経済への貢献

　安川電機は大企業に成長しており，さらにそこから松島機械研究所（現マツ
シマメジャテック；創立者：松島宏，創立年：1946 年），三井工作所（現三井ハイテ
ック；三井孝昭，1949 年），旭エレクトロニクス（中道正，1977 年），キュー・エ
ム・ソフト（石井英二，1983 年）などが[9]，三井ハイテックからメイホー（永松
明，1973 年），テンマ（安東勝征，1986 年），上塩精工（上塩浩美，1990 年），エ
ヌ・ティ・エム（中村文雄，1992 年）などが，また新日本製鐵からエーエスエ
ー・システムズ（麻上俊泰，1984 年），セルテックシステムズ（小笠原昭宣，????
年）などがスピンアウトしている（『日本経済新聞』1993 年 12 月 21 日，九州 B，
『日経産業新聞』2006 年 2 月 9 日，p. 11）。三井孝昭は「独立直後に寛の配慮で安
川電機から初めて金型の注文をもらった」（西日本新聞社 2001, p. 57）と述べて
おり，また「窮地における数々の支援や励まし，開発に関するアドバイス」
（id., p. 63）に深く感謝している[10]。西部電機の元社長で，安川電機にも在籍し
た森徹郎は「技術者の基本，ものの考え方を教わった恩師として泰一を挙げ
る」（『日本経済新聞』1989 年 5 月 12 日，西部特集）。安川一族は財界活動を積極

---

　9)　八幡電機精工は「安川電機の電気機器部品の下請製作を目的」（website）として 1941 年に設立
　　　されたが，創業者の菊竹保雄が安川電機で就業していたかどうかは不明である。
10)　三井は「折りに触れ，〔彼〕を気遣い，励ました」（古賀 1995, p. 41）清三郎夫人の幸子にも深
　　　く感謝しており，その恩を広く社会に返済するために 1964 年に三井ハイテックとして奨学金制
　　　度を設置し，1985 年には「同社の株式 100 万株と現金 4,000 万円を寄付して」三井金型振興財
　　　団を設立した（id., pp. 215-7）。

的に展開しており，それらを通じて他の経営者の企業経営，あるいはより広く地域経済に関わる影響を与えていても不思議でない。また，安川電機は 2021 年に「基礎研究から量産試作までの一貫した研究開発拠点」となる安川テクノロジーセンタを開設，そこでやはり敬一郎が設立した，そして 2013 年に社会ロボット具現化センターを設置した九州工業大学と「食品や医薬品，農業などに利用する人協働ロボットの開発を始める」（『日刊工業新聞』電子版，2020 年 1 月 13 日）こととされている。ロボットは 2018 年に国の事業に採択された，両者が研究開発主体となるプロジェクトの名称にあるように「ものづくり企業の生産性」を向上させるもので，その開発の効果は九州北部に企業が集積する自動車産業などに及びうる。

7.3　麻生一族

7.3.1　企業家として

　麻生太吉（1857-1933）は筑前国（現福岡県）嘉麻郡（穂波郡と合併して嘉穂郡となる；現飯塚市）の庄屋（村長）の家に誕生した。父の賀郎（1820-87）は 1869 年に所謂鉱山解放令[11] が発布されると「逸早く，数個の鉱区を届出で」（泉 1934, p. 62），1872 年に太吉が「目尾御用山にて石炭採掘事業に着手」（麻生グループ（以下，麻生 G）website）した。1880 年に賀郎と太吉は出資者を集めて綱分煽石坑——煽石とは天然コークスのこと——の開発も始めた。1889 年に鯰田炭坑を三菱合資会社（後の三菱鉱業）に売却し，その代金，10.5 万円で「嘉麻，穂波の 2 郡に亘って，処女鉱区を買い漁り」（泉 1934, p. 110），それらのいくつかが「後年，麻生家の支柱となった」（id.）。やはり経営難にあった 1894 年には忠隈炭坑を住友に 10.8 万円で，1907 年には藤棚・本洞炭坑を三井鉱山に 125 万円で売却した。太吉は 1918 年に麻生商店を株式会社に改組して社長に就任，太吉の逝去に伴い 1934 年に孫の太賀吉（1911-80）がその職を継いだ[12]。麻生商店は 1941 年に麻生鉱業，1954 年に後述する産業セメント鉄

---

11)　福岡藩（筑前藩・黒田藩とも呼ばれる）は石炭の生産（採掘）・販売を統制する「仕組法なるものを定めていた」（『筑豊石炭鉱業要覧』昭和 8 年版，p. 4）。仕組法を藩庁に献策したのは「松本健次郎の養家の曽祖父」（清宮 1952, p. 25）となる松本平内である。

道との合併により麻生産業となった。戦後，石炭産業は「石炭・鉄鋼超重点増産計画」（所謂「傾斜生産方式」）と朝鮮特需により活況を呈するもののエネルギー源の石油への転換により衰退，「麻生100年の石炭史」も1969年の吉隈炭鉱の閉山をもって幕を閉じた。しかし，麻生Gにはセメント事業があった。1919年に「田川郡後藤寺町の西，船尾山一帯の石灰石資源の活用と，筑豊横断鉄道建設とを目的として九州産業鉄道が設立され」（『麻生百年史』p.381），1922年に太吉が社長に就任した。太吉は1929年に同社を九州産業と産業鉄道に分離，1933年に「九州産業セメント工場（現麻生セメント田川工場）の建設を開始」（*id.*, p.536）し，同年に再び両者を合併して産業セメント鉄道を設立した（が，翌年の工場の竣工を見ずに他界した）。鉄道部門は戦時体制下での改正陸運統制令（施行：1941年）により1943年に国鉄に強制買収され，残りのセメント部門は1954年に麻生鉱業と合併して麻生産業となり，1966年に麻生セメントが分離独立した（麻生産業は1969年に解散）。1973年に太賀吉の長男の太郎（1940- ；第92代内閣総理大臣）が，1979年に太郎が衆議院議員に選出されると（太賀吉の）三男の泰(ゆたか)（1946- ）が社長に就任した。2001年に麻生セメントが（株）麻生に名称変更し，セメント事業を麻生セメントとして分社（2004-12年は麻生ラファージュセメント），2010年には泰から長男の巌(いわお)（1974- ）に社長が交代した。麻生Gの2021年3月期の総売上高は5,139億円で（麻生G website），中核企業である（株）麻生のそれは2,278億円，事業セグメント別の売上高比率はセメントが18.6%，医療関連が16.9%，商社・流通が10.0%，人材・教育が8.9%，情報・ソフトが11.8%，建築土木が29.8%，その他が4.0%であった（『有価証券報告書』）。（株）麻生の本社は飯塚市にあるが，麻生セメントをはじめとして本社を福岡市に置くグループ企業も少なくない。

　太吉は石炭・セメント以外の複数の事業にも取り組んだ。1908年に麻生商店の炭鉱と周辺地域の一般家庭に電力を供給する嘉穂電灯を設立，1911年に「九州水力電気〔（九水；本社：福岡市）〕の設立に参画」（麻生G website）し，

---

12)　因みに，太吉の長男の太右衛門（1882-????）は「幼いころからの病弱」（『麻生百年史』p.269）で，次男の鶴十郎（1885-1908）は米国留学中に病死した。三男で，太賀吉の父の太郎は麻生商店の取締役であったが，やはり若くして病死した。

1913 年に取締役，1928 年に社長に就任した。九水は 1912 年に電力部門を持つ博多電気軌道，その後も多数の企業を合併，1930 年には嘉穂電灯と小倉の九州電気軌道（九軌）を傘下に置いた。戦時体制下での配電統制令（施行：1941 年）により 1942 年に九水，九州電気（本社：熊本市），日本水電（鹿児島市）と東邦電力（東京）の九州の設備が統合されて九州配電となり，1951 年に解体されて新たに九州電力が設立された。他方で，1929 年に博多電気軌道の軌道事業が分離され，それが東邦電力——九州電灯鉄道を前身の 1 つとする——の当該事業と統合して福博電車となった。九軌も 1940 年に九水から分離・独立，1942 年に陸上交通事業調整法（制定：1938 年）により福博電車を含む 4 社を合併して西日本鉄道となった。金融事業では 1896 年に嘉穂銀行，1921 年に嘉穂貯蓄銀行を設立して頭取に就任，両行は 1945 年に大蔵省の「一県一行主義」により県内の他の 2 行と合併して福岡銀行（2007 年よりふくおか FG の子会社）となった。1914 年には前年に養子・義之介の実兄が設立した博済貯金（後の博済無尽）の社長に就任した。同社は合併により 1943 年に九州無尽，1944 年に西日本無尽となり，戦後は 1951 年に西日本相互銀行，1989 年に西日本銀行（普通銀行）に業態・名称変更し，さらに 2004 年に福岡シティ銀行と合併して西日本シティ銀行（2016 年より西日本 FH）の子会社となった。なお，2021 年 3 月末時点で西日本 FH の発行済株式の 2.23% を所有する他には（株）麻生と九州電力，ふくおか FG，西日本 FH に明確な関係は見られない。

7.3.2　慈善家として

　まず，医療関連では 1910 年に総工費 13.6 万円（2019 年の 4.8 億円に相当）で病院を設立した。しかし，嘉穂郡内の医師などによる「攻撃」または「非礼なる策動」（泉 1934, p. 463）があり，麻生商店に移管され，麻生炭坑病院と命名された病院は漸く 1918 年に従業員と家族に限って診療を開始，病院付属の看護婦養成所（現専門学校麻生看護大学校）も設置された。1920 年には私立飯塚病院と改称されて一般診療を開始した。また，「太吉は病院経営の為め毎年 2〔・〕3 万円の補助を負担し」（id., p. 464），患者の医療費負担の軽減を図った。同病院は 1945 年に麻生鉱業飯塚病院，2001 年に麻生飯塚病院となった。現在は病院情報局（website; 2022 年 5 月 1 日閲覧）によると総病床数が 1,048（全国

24 位)，内，一般病床数が 978（21 位），医師数（合計）が 341（168 位）と福
岡県を代表する病院の1つとなっている。太吉は 1918 年には「貧民患者治療
の為め私財 10 万円を提供して」（泉 1934, p. 464）嘉穂慈善会を設立している
（その後は不明）。なお，泉（1934）によると太吉は「寄付したことが，世上に
伝えられることを衷心より忌み嫌った」（p. 467）が，付き合いでなされ，「寄
付額の記録にせられたもののみにても累計 68 万 9 千 5 百余円に達している」
（p. 469）。

　教育関連では 1902 年の嘉穂郡立嘉穂中学（現福岡県立嘉穂高校）と 1916 年
の嘉穂育英会の設立に重要な役割を果たし（id.; 嘉穂育英会のその後は不明），思
想家，安岡正篤による，農村での教化活動を目的とした 1931 年の日本農士学
校（埼玉県）と福岡農士学校の設立を支援した[13]。後者は 1946 年に九州農士
学校となり，1952 年と 1957 年に安川第五郎を会長とする後援会が結成された
が（青柳 undated），1964 年に廃止された。教育分野では太賀吉の活動も顕著
である。1939 年に「麻生〔事業本部[14]〕と麻生商店の寄付金 100 万円によって
九州帝国大学〔（現九州大学）〕に理学部が設けられた」（『麻生百年史』pp. 567-
8）。また，同年に飯塚市に「炭鉱技術者の養成を目的として」（麻生 G web-
site）麻生塾を設立した。同塾は「教科書はじめ就学に必要なもの，生活に必
要なものはすべて支給し」（id.），卒業後の麻生商店への就職を義務としなかっ
た。1947 年に小学校，1948 年に工業高校を設立（それぞれ 1972 年と 1982 年に
廃校），現在は福岡県内で麻生看護大学校を含む 13 の専門学校を運営する。
1938 年には福岡市に「日本ならびに東洋の精神文化を研究する機関」（id.）と
して斯道文庫を設立した。太賀吉は福岡中学校（現福岡県立福岡高校）卒業後
に九州帝国大学工学部教授・河村幹雄が主宰した斯道塾に学んでおり，河村の
遺徳を残すことが設立の「いちばんの目的」（『麻生百年史』p. 739）とされた。
斯道文庫の図書は 1958 年に慶應義塾大学に寄贈され，1960 年に同大学に附属
研究所斯道文庫が設置された[15]。上記の九州帝国大学への寄付は河村が同大

---

13)　「教化」とは「人を教え導き，また，道徳的，思想的な影響を与えて望ましい方向に進ませるこ
　　と」（『デジタル大辞泉』）である。
14)　麻生事業本部は太賀吉が設置したグループ企業の統括調整機関で，「麻生セメントほか関係会社
　　17 社社長で構成された」（『麻生百年史』p. 561）。

学の地質学者であったことが要因の 1 つとされる（〃）。1941 年には「結婚を
記念し」，飯塚市に「土地，建物の建設費 3 万円，蔵書の購入費用 1 万円」を
寄付して図書館を設置している（麻生 G website）。

　最後は財界・政治活動である。太吉は衆議院議員（1899-1903 年），貴族院多
額納税者議員（1911-25 年），筑豊石炭鉱業組合総長（第 6 代：1911-19 年），石
炭鉱業連合会会長（1921-33 年）などを務めた。衆議院議員時代には若松築港
が資金不足で行き詰まると，「議会で……懸命に事業の必要性を説く」（id.）な
どして若松港拡張工事（第 2 次：1900-06 年）への 50 万円の補助金交付を実現
させた。第 3 次拡張工事（1913-17 年）を経て，若松港は「我が国最大の石炭
積出港へ発展した」（田中邦・長弘 1998, p. 581）。また，筑豊地方を流れる遠賀
川は水害が多く――1891 年の氾濫では浸水により流域の 16 の炭坑を採炭不能
とした（泉 1934）――，太吉は「常に機会ある毎にその改修の必要を力説」
（id., p. 456），1906 年に国と県の予算で工事が開始され，1919 年に完成した[16]。
なお，太吉は「筑豊〔（石炭）〕鉱業組合〔第 5 代〕総長安川を説き，組合の決
議を以て応分の寄付をなさしめ」（id., p. 457），また「個人として私有地を提供
する」（〃）などの形で少額でない費用を負担している。太賀吉は第 2 代の飯
塚商工会議所会頭（1946-80 年）を 34 年も務め，その間に「近畿大学〔第二工
学部（現産業理工学部：1966 年）〕や九州工業大学の誘致（1986 年）[17]，鉄道・道
路の交通網の整備などを行い，……，戦時中に中止されていた飯塚花火大会を
復活させたり，〔飯塚〕音楽祭を催したり[18]，文化事業にも力を入れた」（麻生
G website）。同音楽祭には麻生（セメント？）が「カネ」と「頭脳」を寄付した

---

15)　『慶應義塾百年史（下巻）』によると同文庫は「1959 年に安川寛から亀井家学関係の自筆本，写
　　本類……，の寄贈を受けている」（p. 434）。

16)　ただし，遠賀川の洪水と改修工事はその後も続く。詳しくは，国土交通省九州地方整備局遠賀川
　　河川事務所 website を参照のこと。

17)　大学誘致の具体的な方策に関して，東京都墨田区産業都市委員会の，飯塚市の新産業創出支援事
　　業を対象として 2009 年 10 月 5 日に実施された調査の報告書（行政調査報告書）に恐らく同市の
　　職員による「飯塚市が〔九州工業大学情報工学部（大学院）のキャンパス用地〕を取得して，無
　　償ではないがそれを大学に提供している」との発言（回答）が掲載されている。飯塚には近畿大
　　学九州短期大学もあり，「理工系を中心として，……約 4,000 人の大学生が集積している」（飯塚
　　市資料）。

18)　飯塚音楽祭は 1976 年の第 3 回までは開催されたが，それ以降のこと，また 1982 年に開始された
　　飯塚新人音楽コンクールとの関係は不明である。

（井上久 2017; 金額は不明）。太賀吉も衆議院議員（1949-55 年）を務めたが，そ
れは内閣総理大臣であった岳父の吉田茂を手助けするためであり（『麻生百年
史』），吉田が政界を引退するとそれに従った。飯塚商工会議所の会頭には太郎
（第 4 代：1990-96 年）と泰（第 5 代：1996 年- ）も，泰はさらに九州経済連合会
の会長（第 8 代：2013-21 年）に九州電力出身者以外で初めて就任している。

7.3.3　慈善の思想

　太吉の病院建設には「明治末年の筑豊地方には公的な医療機関はひとつもな
かった」こと，当時，コレラや結核といった伝染病がしばしば流行したことが
背景にあり，また藤棚・本洞炭坑の売却により財政的な余裕もできていた
（『麻生百年史』pp. 619-20）。しかし，そうであっても一般診療を開始した翌年
に失火により本館と寄宿舎を全焼させながら「総工費 35 万円」で「直ちに再
建」（id., p. 623）したこと，また「昭和 40 年代に入り建物の老朽化という問題
に直面」するなかで太賀吉が「大改修を英断した」（麻生 G website）ことは両
者の病院経営に対する並々ならぬ意欲がうかがえるが，その基礎となる思想は
当人たちにより語られていない。太賀吉は教育関連の慈善活動に関して斯道塾
での河村の「人間教育が大事」との考えに感化されたことを理由に挙げる
（『麻生百年史』）。麻生塾も「少数定員主義，全寮制という河村の教育方針に徹
した」（id., p. 615）。なお，河村は当時の日本では政治家，実業家と国民から日
本（の国民精神）が忘れられ，公共心が失われたとし，実業家に対しては「私
利の外眼中になし。目に余る同胞の痛苦を痛苦となさず。悪宣伝の乗ずる機を
茲に生ぜしむ。而して国民の利幅を度外視せる労働者扇動家の不義不正を指摘
して之を撃滅し得ざるなり」（河村 1934, p. 222）と糾弾，他方で日本が忘れら
れた主な原因の 1 つとして学校教育を挙げてその改善策を提言した。また，河
村の考えと関連して，太賀吉は 1937 年に全職員に同族以外の者でも重役にな
れること，株主配当は 3 分で充分であること（『麻生百年史』p. 430），1940 年に
は「この仕事によって，財産を増やそうというような考えは毛頭」なく，利益
は労働者に分配するか，福利厚生施設，投資，公益事業への寄付に使用するこ
と（id., pp. 434-35）を宣言している。麻生鉱業・麻生産業の相対的な労働・生
活環境は不明であるが，1945 年 9 月〜 1956 年 9 月の炭鉱別労働争議発生状況

（田中直 1975, p. 寄 157, 表Ⅴ）を見ると，それらの炭鉱では他の大手の炭鉱と比較して明らかにストライキの日数が少ない。

　飯塚音楽祭の発案者は麻生セメント社長であった太郎で，1974 年に飯塚市，飯塚商工会議所など公的な諸団体の共催で第 1 回が開催されたが，太郎によると「とにかく飯塚―産炭地―荒廃という暗いイメージの鎖をどこかで断ち切らねば，何か心の救いになるものを作らなければ――そう考えに考えぬいた揚句が，この音楽祭になった」（『麻生百年史』pp. 549-50）。また，泰は『日本経済新聞』（2019 年 8 月 9 日，九州）の「4 期目へ向けての意気込みと課題」に関するインタビューの中で「九州とは距離も近い」中国との農産物などの貿易において「九州が先駆者になって他地域がついて行くという形になれば，九州から日本を動かすという私の使命を果たせたことになる」と述べる（傍点：引用者）。やはり地域への思いが活動の原動力となっている。

7.4　佐藤慶太郎

7.4.1　企業家として

　佐藤慶太郎（1868-1940）は筑前国遠賀郡陣原村（現北九州市）に生まれ，福岡県立英語専修修猷館（現修猷館高校）を中退後，明治法律学校（現明治大学）に入学，卒業後の 1892 年に石炭商の山本周太郎商店に入店，1892 年に周太郎の義妹，俊子と結婚する。佐藤は「ソロバン，伝票の扱い方，記帳の方法，取引先との交渉方を俊子から教わり」，また自身で石炭，そしてその採掘，運搬，選別精選，流通，取引を分析・検討し，「「石炭の神様」と云われるようになった」（佐藤翁伝記編纂会 1942, pp. 90-1）。1900 年に独立して同業の佐藤商店を設立，1908 年に貝島家から高江炭鉱（緑炭鉱と大辻第四炭鉱）を買い取り，炭鉱経営に進出した。1920 年には三菱鉱業の大株主となり，監査役にも就任した。所謂戦後恐慌時には石炭鉱業家に生産調整のための業界団体の設立を「熱心に説き廻り」（id., p. 132），1921 年の石炭鉱業連合会の誕生に大きく貢献した。しかし，この頃に持病の悪化により主治医の野口雄三郎に事業から手を引くよう忠告され，また養子の与助は研究者（明治専門学校教授，後に東北大学教授）となり，「〔承継〕の意がなかったので，……事業は徐々に整理されて行き」（id.,

p. 120），1931 年に終了した。

7.4.2　慈善家として

　地元では，まずは独立に際して周太郎から贈られた明治鉱業の 100 株を売却して得た 6,000 円の 6 割を育英事業の原資とした。最初の奨学生，矢野真は「〔旧制〕一高に入ってから……佐藤の世話になり」（佐藤翁伝記編纂会 1942, pp. 106-7），東京帝国大学法科大学（現法学部）を卒業して外交官となった。与助も中学修猷館で奨学生となり，九州帝国大学工科大学（現工学部）を卒業して研究職に進んだことはすでに述べた。ただし，「少し纏まった資金を要する事業」を実施するためにこの「育英事業を中止した」（id., p. 223）。また，佐藤は公立若松病院（北九州市立若松病院などを経て，現産業医科大学若松病院）で自身の手術を執刀した野口が 1910-12? 年にベルリン大学（Friedrich-Wilhelms-Universität; 現 Humboldt-Universität）に留学した際に費用の一部を一時的に負担，また野口の帰国後——1914 年に院長となる——に同病院に 5,000 円を寄付した。野口が 1922 年に大分県別府市に「甲状腺を専門にする」（野口 2019, p. 21）野口病院を設立した際には 16 万円の建設費の「全額を佐藤が出資した」（id., p. 146）[19]。1924 年には 10 万円を出資して「若松市に居住する者又は其の家族にして，医療を受くる資力乏しき者に対し医療を与え，又は医薬費の全部又は一部を給与すること」（『設立許可申請書』）を目的の 1 つとする若松救療会，1926 年にはそれぞれ 5 万円と 2 万円を出資して自身の出生地に佐藤愛郷会，俊子の出生地に立屋敷神樹会を設立した。佐藤愛郷会は道路の改修，講堂や教育施設の建設など，立屋敷神樹会は神社の改修，公会堂の建設，下水道の整備などに当たった（佐藤翁伝記編纂会 1942）。後述する佐藤新興生活館の活動と関連して，佐藤は前出の「福岡農士学校設立のために奔走し，自らも 5 万円を投じた」（id., p. 234）[20]。佐藤は晩年の 1934 年に若松から別府に転居し，

---

19)　佐藤翁伝記編纂会（1942）によると「野口はあるとき……佐藤から出して貰った金の全額を返しに行った〔が，〕翌日，〔佐藤がそれが入った〕包みを……置いていった〔ために，〕結局受け取ることになった」（p. 113）。しかし，野口（2019）は「雄三郎としても一度出した金を引っ込めるわけにもいかず，押し問答の末，……この金を社会のために役立つものに使おうということにな〔り，〕……共同出資で佐藤新興生活館が建設されることになったそうだ」（p. 197）と述べている。

「敷地3,211坪〔(≒10,615㎡)〕余，建物150坪」の，「10万円と評価」された旧宅を市に寄贈（*id.*, p.235），これは佐藤公園・佐藤倶楽部となった（建物は現存しない）。

　地元以外では東京府美術館（1926年；現東京都美術館）と佐藤新興生活館（1935年；大日本生活協会を経て，現日本生活協会）の設立がある。東京府美術館の設立は「世界の美術国として自ら誇るものなきに非ざるに拘らず，今尚一の常設美術館をも有せず」，「我が古美術の保護を永遠に期し，我が新美術の進展を将来に促す」ことができないことを理由とし，寄付金額の100万円は財産から「一家の生計及鉱業，商業に必要の資金を控除した」残り全額に相当する（『美術館建設費寄付願』）。東京都美術館は1975年に新館を開館，この旧館は1977年に取り壊された。佐藤新興生活館は教化活動とも言える新興生活運動（生活改良運動などとも呼ばれる）のために佐藤が150万円を提供して山下信義，岸田軒造ら——佐藤翁伝記編纂会（1942）は山下を「生活指導者として30年，全国に遊説して来た社会教育界の先達」，岸田を「商工青年教育の傍，社会強化運動に力を尽し，後には財団法人修養団理事として活躍していた」と紹介する（p.284）——と東京に設立，自ら理事長に就任した。機関誌『新興生活』創刊号には「新興生活宣言」，

　　　生活革新の要諦は，かゝる自己中心，営利第一主義の人間観を立て直して，敢
　　　然，神中心，奉仕第一主義の霊的生活に更生するの外，他に断じて途はない。
　　　この新生命の本源から生まれる愛と奉仕の生活，之こそは正に一切苦難を克服
　　　する唯一の指導原理であり，歓喜光明の世界を建設する無二の根本動力である。
　　　……。　（後に「神中心」は「皇道中心」，「霊的」は「精神」に修正された）

が掲げられた。1936年に山下の農村塾があった静岡県田方郡に「農村の中堅青年指導」を実践する聖農学園，翌年には竣工したばかりの神田区駿河台（現千代田区神田駿河台）の会館内に女子教育のための生活訓練所が設置された[21]。

---

20)　佐藤（1937）には，やはり福岡農士学校に関与した麻生太吉が，時期は不明であるが，佐藤に
　　　「失礼ながら君は大した資産もないようだが，よく思い切り寄付などをする。まことに感心だ」
　　　と述べ，佐藤が「では翁も遠慮なく思い切り寄付などされては如何ですか」と返し，さらに太吉
　　　が「それが出来る位なら，君のやり方に関心などとは云はない」と答えて「二人で大笑いした」
　　　ことがあったとある。

表 7-1　佐藤慶太郎の遺産の寄付先

	目的	金額	備考
食料協会	食料学校建築費	20 万円	現(学)食料学院
折尾国民学校	児童の品位向上施設	5 万円	
(財) 佐藤愛郷会	追加	3 万円	
佐藤公園・佐藤倶楽部	維持費	5 万円	
県立若松高等女学校	教養室建築費	2 万円	
戸畑市国民学校	独身教員寄宿寮建設費	3 万円	
明治専門学校	奨学資金 (給費制度)	5 万円	九州工業大学の奨学金として確認できない。
別府市	美術館建設費	10 万円	1950 年に設立された。
別府市	教育館建設費	4 万円	
別府市 (野口天満宮区域)	公会堂建費設	1 万円	
九州帝国大学	国防工学研究所建築費	100 万円	1943 年に弾性工学研究所，44 年に木材研究所が設置された*。
佐藤育英財団	設立？	30 万円	存在が確認できない。
		計 188 万円	

(注)　＊九州大学大学文書館 website では「国防工学研究所」の設置は確認できない。ただし，佐藤翁伝記編纂
　　　会 (1942) はこの研究所が弾性工学，兵器工学と材料資源工学の3部門から構成されると紹介する
　　　(pp. 390-1)。
(出所)　佐藤翁伝記編纂会 (1942)，p. 392 の表を基に筆者が作成した。

女子教育では，当時，理事であった明治大学での女子部の設置 (1929 年) に
「奔走し」，またそのために 1930 年に「6,000 円を寄付した」(佐藤翁伝記編纂
会 1942, p. 232; 女子部は明治女子専門学校を経て，1950 年に明治大学短期大学部と
なり，2007 年に廃止された)。

　佐藤が逝去すると，与助は佐藤の遺志に従って遺産から後妻，喜代子の生活
費を除いた全額，188 万円を「世の中の役に立つよう」(id., p. 390) 寄付した
(表 7-1 を参照のこと)。なお，2008 年に地元有志が佐藤を顕彰するために佐藤
慶太郎胸像建設実行委員会を発足させ，翌年に佐藤公園で胸像の除幕式を行な
った。また，若松区が集められた寄付 (560 万円) の一部で「佐藤慶太郎基
金」を設立した。

---

21)　佐藤翁伝記編纂会 (1942) によると聖農学園は函南錬成所，生活訓練所は三鷹女学園となったが，
　　その後については不明である。

7. 4. 3　慈善の思想

　佐藤は「たま＼／……カーネギーの伝[22)]をよみ，〔彼〕が糸捲小僧の幼時，
10銭の日給中からその10分の1の1銭を慈善事業に使用されたことを知って，
深く感激した。〔そこで，〕生活の安定を得次第，幾分宛使用する方針をたて
た」（佐藤 1937; 佐藤翁伝記編纂会 1942, p. 222）。佐藤が育英事業を開始したのは
独立してから僅か4年後のことである。佐藤の慈善活動に関する思想は『新興
生活』に掲載した「金に対する私の信念」（佐藤 1937）に明確に示される。佐
藤は人が金を儲けたい理由をとして，①贅沢がしたいため，②威張りたいため，
③子孫に金を残したいため，④ただ金の溜るのが嬉しいため，⑤生活費を得る
ため，⑥奉仕したいため，の6つを挙げる。そして，①には「程度を超えた贅
沢は，健康を害し，道徳にも反し，遂には己を裁くものとなる」（佐藤翁伝記編
纂会 1942, p. 219），③には「親の子に対する義務は，相当の教育を施すまでで，
それがすめば，……，自分で発奮せざるを得ない境遇に置くにかぎる」，「財産
を残して徒らに依頼心を起させ，自立出来ずに終わらせるのは，親の無慈悲と
いうものである」（id., p. 220），そして⑥には「この種の人にして始めて金儲け
の意義がある」（id., p. 221）と述べる（②，④，⑤に対する見解は省略）。⑥に対す
る見解にはより深い思索がある。「自分の物は，自分一人の所有物だと思うの
は浅はかな考えである。如何に自分に才能や力量があっても全くの独力で出来
るものではない。自分の財産は自分でつくったようでも，国家の保護，社会の
協力，他人の同情なくして何一つ出来るものではない」（id., p. 237）と言うの
である。それゆえ，財産は「生活費と子供の教育費以外は，すべて国家社会の
もので，それ故必要あらばいつでもこれを国家社会に奉還すべき」となり，さ
らに「自己に於て保有する間は，……，最良の管理者としてこの財力を確実有
利に運転」すべきとなる（〃）。財産の国家社会への奉還の方法として佐藤は
東京府美術館と佐藤新興生活館を設立したが，それらの理由についてはすでに
述べている。他方で，その必要性，そしてそれと関連してその弊害の観点から
「個々の貧困者に対して，物質的な救済をするといったことは殆んどなかった。
そのかわり彼等が自力で起ち上がるための道を開いてやることには，時間を惜

---

22)　斉藤（2008）はこの伝記は菅学應『立志の師表 成功の模範 カー子ギー』（博文館）で，佐藤は
　　これを周太郎の息子の魯一郎から東京土産に貰ったとする。

まず親身な世話をした」（*id.*, p. 346）。ここ，そして上記の富者の資金の管理者としての義務の認識にカーネギーの強い影響がうかがえる[23]。

7.5　出光佐三

7.5.1　企業家として

　出光佐三（1885-1981）は福岡市と北九州市の間に位置する宗像郡赤間村（現宗像市）に藍問屋を営む藤六とチヨの次男として誕生した。福岡の商業学校から 1905 年に神戸高等商業学校（現神戸大学）に進学，藤六の意向を受け入れて卒業後は商売の道に進むこととし，神戸市の石油と小麦粉を商う酒井商店で丁稚となった。2 年後，家業が倒産し，また懇意であった資産家の日田重太郎から 6,000 円とも 8,000 円ともされる資金提供を受け，門司で出光商会（1947 年に 1940 年設立の出光興産[24]と合併）を設立，日本石油の特約店として潤滑油（機械油），次いで漁船燃料油の販売に乗り出した。潤滑油の販売では「極寒でも凍結しない「二号冬候車軸油」を新たに開発」（出光昭和シェル石油 website, "出光興産の歴史"，以下，"出光興産の歴史"）し，南満洲鉄道（満鉄）への納入に成功した。漁船燃料油の販売では当時，使用されていた灯油から「より安価な軽油への切り替えを提案し，コスト削減に貢献して信頼を得た」（*id.*）。日本石油の国内でのテリトリー制（販売業者の販売地域の制限）と後の戦時体制での石油統制により海外に積極的に進出，1942 年には陸軍より南方占領地の民需石油配給業務を受託した。しかし，「敗戦によりほぼすべての事業と在外資産を失い」（"出光興産の歴史"），他方で「二百五，六十万〔円〕の借金が残っていた」（出光佐 1980, p. 338）。また，「戦時中に国内事業の大部分を〔石油配給〕統制会社に吸収されていた」（出光興産店主室 1994, p. 543）。しかし，出光は後で触れる「人間尊重」の主義を頑なに守り，引揚者が大半となる約 1,000

人の従業員の雇用を維持するために旧海軍タンク底残油回収，ラジオ修理販売
をはじめ，さまざまな事業に取り組んだ。1947 年に石油配給統制会社に代わ
る石油配給公団が設立され，出光商店はラジオ修理販売店を転用した 29 店舗
が公団販売店に指定されて石油販売業に復帰した。なお，同公団は出光商会が
排除される「販売業者指定要領案」を作成したが，連合国軍最高司令官総司令
部（General Headquarters: GHQ）がこれを修正した。1949 年には同公団が廃止
され，出光興産は元売業者（固有の流通機構や直接販売（直売）を通じて，需要
家に石油製品の販売を行っているもの；石油天然ガス・金属鉱物資源機構 website）
となった。1951 年に「当時として世界最大級」（出光計 1986, p. 134）のタンカ
ー，日章丸二世を建造，1952 年に GHQ の「消費地精製主義」の転換を受けて
米国から，さらに 1953 年には英国の石油会社，Anglo-Iranian Oil Co.（AI-
OC）の国内の資産を国有化したイランからこの日章丸で，後者は世界情勢を
見極めてガソリンを輸入した。イランからの輸入は同国での政変などにより
「1956 年に終了した」（"出光興産の歴史"）が，交渉に当たった弟の計助（1900-
94）は「戦後メジャー〔(国際石油資本)[25]〕が一方的に支配してきたわが国石
油市場に初めて大きな風穴を開けたもの」（出光計 1986, pp. 214-5）と自賛する。
1957 年に徳山製油所を建設，1958 年に前年に通商条約が締結されたソビエト
連邦（ソ連）から，1973 年に中国・大慶油田から原油の輸入を開始，ソ連か
らの「輸入は約 20 年間続いた」（"出光興産の歴史"）。その後，新潟・阿賀沖
を嚆矢とする油田開発，石油代替エネルギー開発，海外でのサービスステーシ
ョンや潤滑油ブレンド工場の開設などの事業に乗り出している。

　出光興産の社長は出光から計助（1966-72 年），大和勝（佐三の姉，きくの次男；
1977-81 年），昭介（出光の長男；1981-93 年），裕治（出光の兄，雄平の次男；
1993-98 年），昭（計助の次男；1998-2002 年）と，第 3 代の石田正實を除き，一
族間で継承されたが，それ以降，出光一族から社長は誕生していない。計助は
石油連盟の第 8 代（1969-71 年），裕治は第 16 代（1995-98 年）の会長も務めた。
企業形態に関しては，2000 年に優先株式を発行する時点で非上場であり，「そ

25）　AIOC, Royal Dutch Shell, Standard Oil Co. of California（現 Chevron），Gulf Oil（現 Chevron），
　　　Texaco（現 Chevron），Standard Oil Co. of New Jersey（現 ExxonMobil），Standard Oil Co. of
　　　New York（現 ExxonMobil）の 7 社から構成されたため，Seven Sisters とも呼ばれた。

の株式の4割」を「唯一の個人株主」である昭介（1927- ; 当時は会長）が握っていた（NetIB-NEWS 2016）。2006年に東京証券取引所第一部に上場，2019年には昭和シェル石油と株式交換により同社を完全子会社化する形で経営統合した。

7.5.2　慈善家として

　出光は「人間尊重」を企業経営の主義・方針とした。その内容はまずは尊重すべき人間の養成であり，これを「父兄になり代わって」（出光佐 1962, p. 98）実施し，また店員相互間でも「肉親兄弟の心持で監督し忠告し合う」（*id.*）ものとし，これを「大家族主義」と形容する。待遇面では，「家族主義」を標榜する以上，馘首はせず，出勤簿はなく，また給料は嫁，子供や住宅に手当てが付く「生活給」（*id.*, p. 44）となる。また，指導教育は店員（従業員）を「人に迷惑など掛けない，自分のことは自分でやる，そして進んでは他人の世話もする」（*id.*, p. 104）ようにする（「独立自治」とする），あるいは「日本の大精神，固有の道徳の示す方向に進ませる」（*id.*, p. 92）ものである。「大家族主義」は「人間尊重」の一部ではなく，そのものと理解されうるもので，また佐三はそれと同義で「家族温情主義」の言葉も用いるが，ハインツが実践した，もっぱら福利厚生に重点を置いた"paternal capitalism"，あるいは次節で取り上げる石橋正二郎の給料と福利厚生の両面での厚遇とは異なる。こうした主義・方針が看板倒れでなかったのは出光興産のその後の発展や戦後に労働争議が頻発するなかで同社に労働組合が結成されなかった事実からうかがわれる。

　出光の地域での慈善活動としては次の2つが目を引く。第1は福岡教育大学（旧福岡学芸大学）の誘致と教育・研究支援であり，それにより1966年に同大学は当時，福岡市にあった本部・本校を宗像に移転し，いくつかあった分校も宗像本校に統合した。「工事総額は18億円，内13億円が国家予算」で，残り5億円の内，3億円を出光が負担した（花田 2016, p. 69）。出光興産は用地買収費として見込まれた7,000万円を貸与，後にその内の3,000万円を寄付とした（〃）。2016年に除幕式が開催された統合移転50周年記念顕彰パネルには，それらに続けて，「出光佐三様並びに出光興産においては，「日米奨学会」を設立され，本学の振興発展に寄与する目的のため，1972年度から，延べ千二百余

名の本学学生に対する奨学事業や本学教員二百余名への研究助成事業を長きに
亘って行っていただきました」と記される。出光の大学誘致に対する思いはそ
うした事業のみなでなく，彼が用地買収に際しての地主への説明会に出席した
事実からも推察される[26]。第 2 は出光の故郷にあり，全国の宗像神社の総本
社となる宗像大社の昭和の大造営と宝物館建設である。宗像大社の昭和の大造
営に関しては，「1942 年，宗像神社復興期成会の結成を呼びかけ自ら初代会長
に就任。私財数十億円を投じ，1971 年まで約 30 年を費やし，神社再建に尽力
した」（産経 WEST 2017）[27]。他に，旧赤間小学校の図書館，城山中学校の旧体
育館と赤間保育園を建設している。なお，出光は門司商工会議所会頭（1932-
40 年），貴族院議員（1937-47 年）などを務めたが，具体的な活動内容は不明で
ある。

　最後は地域とも関連した美術館・博物館の設立である。出光の名前が付いた
財団は 3 つある。（公財）出光美術館と（公財）出光佐三記念美術館はそれぞ
れ 1966 年に東京で開館された出光美術館と 2000 年に北九州市で開館された出
光美術館（門司）を運営する（1989-2003 年には出光美術館の分館である出光美術
館（大阪）もあった）。出光美術館の「展示は日本の書画，中国・日本の陶磁器
など東洋古美術が中心で，〔G.〕ルオー〔（Georges Rouault）〕の作品を紹介する
専用展示室やアジア各国および中近東の陶片資料を集めた陶片室」もある
（website）。仙厓禅師の収蔵作品は 1,000 点を超える。『読売新聞』（1981 年 12
月 7 日，夕刊，p. 14）によると出光は「生前に 100 億円相当の美術・骨とう品
を〔出光〕美術館に寄付しており」，また 2021 年 3 月末時点で（公財）出光美
術館は出光興産の株式を 800 万株（2.69%; 当日終値で 228.3 億円に相当），後
述する出光文化福祉財団は 1,239.2 万株（4.16%; 同じく 353.7 億円に相当），
所有していた。（公財）出光佐三記念美術館に関しては決算公告によると正味

---

26)　宗像市は 1966 年に，こちらは出光の関与は確認されないが，東海大学工学部福岡教養部（1990
　　年に東海大学福岡短期大学となり，2018 年 3 月末に閉学）を，2001 年に日本赤十字九州国際看
　　護大学を誘致している。

27)　これに関連して，「佐三の全面支援」（花田 2016, p. 28）により『宗像神社史』（3 巻）が編纂・
　　刊行され，また「4 世紀後半から 9 世紀末の航海安全に関わる古代祭祀遺跡が残される」（「神宿
　　る島」宗像・沖ノ島関連遺跡群保存活用協議会 website）沖ノ島の学術調査（1 〜 3 次）が実施
　　された。沖ノ島学術調査で「発見された約 8 万点〔の神への奉納品〕全てが国宝に指定され」
　　（id.），また 2017 年に「神宿る島」宗像・沖ノ島と関連遺跡群は世界遺産登録された。

財産は14.1億円であった[28]。現在，両財団の理事長を昭介，両美術館の館長を娘の佐千子（1973- ）が務める。文化・福祉分野で助成事業を実施してきた出光文化福祉財団は2021年に（公財）出光美術館と合併して助成事業部となった。出光はまた，1979年の中近東文化センターの設立を支援した。『ブリタニカ国際大百科事典』は同センターを「出光美術館所蔵のオリエントの美術品約2,000点を展示する同館分館として……開館」されたと解説する。

7.5.3　慈善の思想

　出光は日本伝統の道徳または精神を「人間尊重」，「相互互助」，「信頼一致」，「和」などの言葉で表現している。それゆえ，企業経営に関しては「出光独創の道でなく，日本民族としての道を正直に歩いてきたに過ぎない」（出光佐1962, p. 35）となる。出光がいつ頃，日本伝統の道徳・精神を意識したかは不明であるが，「日本民族のこの和の姿の基礎をつくられたのは，宗像三神〔——宗像大社に祀られる田心姫神，湍津姫神と市杵島姫神——〕にほかならない」（花田2016, p. 61）とする。また，それらと完全に整合する家族温情主義は神戸高等商業学校校長の水島銕也が実践していたもので，出光は「人間は愛によって育つということを教えられた」（出光佐2016, pp. 29-30）と述べる（ただし，「水島から教と育の呼吸を教えられ，……，日田から人間尊重，相互信頼の禅味を味わわせられた」（出光佐1962, p. 361）とも述べている）。ともかく，出光の企業経営の主義・方針は，日露戦争直後の彼の学生時代に金の奴隷となって「投機・買い占め・売り惜しみ」（出光佐2016, p. 152）を行っていた大阪の資本家に対する反抗もその要素として，人生の早い時期に形成されたものと思われる。また，教育大学の誘致も宗像大社に対する信仰と密接に関連している。つまり，出光は「事業には立地条件があるから，条件の悪いところには事業は起こらない。宗像郡は昔宗像神社の御神域である。大神の御神徳によって人情敦厚，気風剛健の特色をもっていて，多くの教育者を出している。人間をつくることには優秀の立地条件を備えている」（出光佐1962, p. 391）との理解

28）出光興産の『有価証券報告書』より同社が最近まで出光美術館と出光佐三記念美術館に寄付を実施したことが確認できる。例えば，2004年度と2005年4月1日～10月27日の出光美術館への寄付額は2億円と1.5億円であった。

からそれを宗像に適した地域振興策として位置付けたのである。ただし，出光は「田舎にはまだ日本の和の精神が残っており」，そうしたことが消費地への近接性より重要な立地条件になる可能性を指摘している（出光佐 2016, p.110）。また，そこでの教育のあり方について，「権利思想に基づく対立闘争によって完全に行き詰ってしまった世界の人々が，皇室を中心として一致団結している日本民族のあり方を認識し，その民族を育てた教育のあり方を研究するようになるのは当然の筋道である」とし，「宗像の教育大学はこれに対して必ずやよい回答を与えるであろう」（花田 2016, p.67）と期待した。

　出光が出光美術館を設立した思いは文献では「唐津〔焼〕はもう出来ないのであるし，私のものという感じがしないので，財団法人のようなものをつくっておこうかと考えている」（出光佐 1962, p.453）程度にしか伝えられていない。しかし，第 2 回米国旅行からの帰国後になされた 1959 年の講演「青年よ，明治維新に帰れ」の中で，「アメリカのいたるところで茶の湯と生け花は流行している。……。まず目に見える茶の湯，生花の静寂簡素を解したと私は思った。次に来たるものは目に見えない精神的な静寂簡素，それは日本伝統の相互互助，信頼一致の精神である」（出光佐 1962, p.306）と述べている。また，その旅行で訪問したオークランドの美術館（Oakland Museum of California）で館長に「あなた方の油絵というものは全部塗りつぶさなければならない。組織と理屈とあらゆるもので埋めてしまって，人間のはいる余地がない。ところが，日本画は木を一本描いて影も描かない。そこには人間がはいることになっている」（id., p.449）と述べている。このあたりに出光が美術館を設立した目的を読み取ることができそうである。出光の企業経営と慈善活動の対象となった宗像大社，（教育）大学と美術館はすべて日本伝統の道徳・精神と，あるいはそれで繋がるのである。

7.6　石橋一族

7.6.1　企業家として
　石橋正二郎（1889-1976）は久留米に生まれ，地元の商業学校を卒業して父，徳次郎の「着物や襦袢を縫うちっぽけな仕立屋」（石橋 1980, p.9）を兄の重太

郎（二代目徳次郎：以下，徳次郎：1886-1958）と受け継いだ。しかし，福助たびの繁盛から足袋を「見込みのある」（*id.,* p. 12）事業と捉え，1907 年にそれを専業とした[29]。また，当時は無給であった弟子に給料を「希望するだけ払う」（*id.,* pp. 12-3）こととし，結果として「みな働きがいがあるようになって能率が上がり生産も増え，同業者との競争にも負けなくなった」（*id.,* p. 13）。また，一方で大量生産により生産を効率化し，他方で市価より「2 割安い」（*id.,* p. 14）価格を設定して注文を拡大した。取引の簡便化のためにサイズや種類に関係ない均一価格も採用した。1912 年には「九州にはまだ 1 台もなかった」（石橋 1962, p. 26）自動車を宣伝広告に使い，「大きな効果を収めた」（〃）が，自動車への着目は後のタイヤ市場への進出に繋がる。早くも 1918 年には「全国でも 1，2 のメーカー」（石橋 1980, p. 15）となり，そこで事業を法人化して日本足袋を設立，徳次郎が社長で，石橋は専務となった。また，当時あったゴム底縫付け方式の地下足袋に耐久力がなかったことから，米国製テニス靴を参考にして，またゴム専門の技術者を雇用して貼り合わせ方式の地下足袋を開発[30]，他方で「コンベアベルトやエレベーターで工程をつなぐ量産システムを採用し，ここでも能率向上とコスト改善を図った」（ブリヂストン website，"ブリヂストン物語"；以下，"ブリヂストン物語"）。1923 年に開始した地下足袋の生産は 1935 年には 3,000 万足を超え，販路も満州，朝鮮，支那に広がった（石橋 1962）。ゴム底の布靴や長靴も 1928 年に福岡工場を開設して生産を開始し，「欧米各国にも販路を拡張した」（*id.,* p. 36）。石橋家の屋号は「志まや」であったが，石橋はこれらにアサヒのブランド名を採用，また 1930 年に社長（徳次郎は相談役）に就任し，1937 年に社名を日本ゴムに変更した。

29）　久留米では 1873 年に倉田雲平（1851-1917）によりつちやたび店が創業されている。同社は数回の名称変更を経て，2006 年にムーンスターとなった。1977 年に米 New Balance，1981 年に米 Converse とライセンス契約を締結，1988 年にはニューバランスジャパン（本社：東京）を設立し，社長に修平が就任した。現在，ムーンスターの取締役に倉田姓の者はいないが，ニューバランスジャパンでは揚平がその職にある。

30）　ゴム専門の技術者の 1 人にドイツ人の P. ヒルシュベルガー（Paul Hirschberger）がいた。彼は第 1 次世界大戦中，中国の青島で俘虜となり，久留米にあった収容所に収容されたが，1923 年に日本ゴムに入社，石橋によれば「ゴム技師長として地下足袋，ゴム靴その他ゴム製品の配合研究，工程研究，作業能率研究に寄与し，又，自動車タイヤの操業に参加し，……ブリヂストンタイヤの創業に功績を残した」（中野政 2012, pp. 40-1）。

　石橋はまた日本足袋タイヤ部として自動車タイヤの開発に乗り出した。当時，日本の自動車台数は「5万台内外」(*id.*, p. 57) であり，また英 Dunlop の日本法人であるダンロップ護謨（極東）（現住友ゴム工業）と，米 Goodrich と横浜電線製造（現古河電工）の合弁企業である横浜護謨製造（現横浜ゴム）が生産を開始しており，米 Goodyear と仏 Michelin からの輸入もあった。徳次郎をはじめ，周囲は強く反対したが，石橋は九州帝国大学教授の君島武男の協力を得て，また米国から製造機械を取り寄せて 1930 年に試作を始め，「技術に並々ならぬ苦労をともない」(*id.*, p. 61) ながらも，同年の中頃に乗用車用タイヤの生産に漕ぎ着けた。翌年には徳次郎との共同出資によりタイヤ部をブリヂストンタイヤ（日本タイヤ，ブリヂストンタイヤを経て，1984 年よりブリヂストン）に改組，石橋が社長，徳次郎が相談役に就任した[31]。社名は将来の海外輸出も見込んで「石橋」を英語にし，語呂から順番を逆にしたものである。当初は責任保証制度を採用して返品の山が築かれたが，1932 年に Ford の試験に合格し，「General Motors, Chrysler にも採用されることとなり」(*id.*, p. 63)，その後は国内や現在の中国，韓国，台湾に工場が建設された。石橋は 1933 年に「だんだん東京の仕事が多くなった」（石橋 1980, p. 24）ために転居[32]，1937 年には本社も東京に移転した。戦後の 1951 年に「技術が 20 年以上も遅れていることをはっきりと認識」（石橋 1962, p. 110）して Goodyear と技術提携に合意，これは 1979 年まで続いた。販売では 1950 年代後半から 60 年代に販売網の拡充のために販売代理店の専売（店）化を推進した[33]。1961 年には工場の新増設資金を調達するために株式公開と増資を実施した。1963 年に石橋は会長となり，長男，幹一郎（1920-97）が社長職を継承した。幹一郎は地元の中学明善校（現明善高校），福岡の福岡高校を経て 1937 年に東京帝国大学に入学，（法学部）

---

31)　1947 年，「降伏後に於ける米国の初期の対日方針」に基づいた GHQ による財閥解体と関連して石橋は日本ゴムの社長を退任，また徳次郎とそれぞれが保有する日本ゴムと日本タイヤの株式を交換し，以後，日本ゴムとは「一切の関係を断つことになった」（石橋 1962, p. 56）。なお，日本ゴム（現アサヒシューズ）は同年に本社を東京に移転，1998 年に経営破綻し，本社を久留米に戻して会社更生手続を開始，2017 年にこれが終結している。

32)　小島（1986）は「「地方企業」のイメージ，体質を払拭」した上での「本格的な国際市場への進出」と「当時のやや統制色の強まった企業環境」への適応を理由に挙げる（p. 106）。

33)　専売店制はすでに日本足袋により採用されていた。小島（1986）によると「この販売制度はアメリカの〔Singer Manufacturing Co.〕のそれを学んだものであった」（p. 74）。

卒業後の1943年に海軍経理学校に入学し，1945年にブリヂストンタイヤに入社した。幹一郎の社長としての功績には1968年のデミング賞（実施賞）の受賞と管理体制の強化，1964年の乗用車用ラジアルタイヤの開発（生産・発売開始は1967年）と1988年の米Firestoneの買収がある。ラジアルタイヤは1948年に仏Michelinが開発し，「ブリヂストンタイヤも早くから開発に力を注いだ」（"ブリヂストン物語"）。また，石橋は株式公開から「しばらくすると」（大坪2019, p.145）経営陣に脱同族に向けた検討を指示したが，その方向に舵を切ったのはやはり企業を公器と捉えた幹一郎であり，デミング賞への挑戦もそのための手段であった。1973年に53歳の若さで社長を退任，後任に同族でない柴本重理を選出した。ブリヂストンはFirestoneを買収したこともあり，世界有数のタイヤメーカーとなっている。

　石橋はタイヤ以外の産業にも積極的に参入した。ここでは主要な事例のみを簡単に取り上げる（他の事例については，石橋（1962）と"ブリヂストン物語"を参照のこと）。まずは自動車である。石橋は1949年に立川飛行機の従業員が戦後に設立した東京電気自動車（たま電気自動車に名称変更）に出資，また1951年に同社にエンジンを供給する富士精密工業[34]の全株式を取得して会長に就任，1954年に両社を合併して（新）富士精密工業（後のプリンス自動車工業）を設立した。同社は1957年にスカイライン，1962年にグロリアを発売したが，通商産業省（現経済産業省）の乗用車業界再編計画もあって1966年に日産自動車に売却された。次は自転車で，1949年に日本タイヤからブリッヂストン自転車（2度の名称変更を経て，1976年よりブリヂストンサイクル）を独立させた。同社は「理想的ダイキャストフレームの製法を完成」させ，「1956年には新工場を建設し」，生産台数を1957年の月5,000台から1962年には25,000台に増加させた（石橋1962, p.177）。1960年にはオートバイ，チャンピオンシリーズの生産も開始したが，1971年に撤退した。最後はゴルフボールである。正二郎は1932年，「ゴルフが将来普及すると考え，ゴルフボールの製造技術の習得，製造に必要な諸機械の購入のために若いゴム技術者2名を英国に派遣」（ブリヂストンスポーツwebsite），ブリヂストンは1935年に「その本格生産を開始」

---

34)　同社は富士産業（旧中島飛行機）が1950年にGHQの財閥解体により分割されて誕生した12社の内の1社で，以前の荻窪・浜松両工場を母体とした。

(*id.*) した。1938 年，戦時下で製造を中止したが，1950 年に再開，現在は子会社のブリヂストンスポーツ（本社：東京）がゴルフ用品を製造・販売している。

7.6.2　慈善家として

　まず，労働・生活環境に関して，石橋は「従業員には愛情と理解とをもって，心から円満に結び合うこと」（小島 1986, p.284）を事業経営の根本方針の 1 つとした（他は「株主には適正利潤をもって酬いること」と「ユーザーには常に独創の技術をもって満足を与えること」である）。石橋が足袋を専業にした際に給与の支給を開始したことは上で述べた。戦後は終戦の年の暮れに「日本タイヤの財政が極度の窮状に陥る」（石橋 1962, p.96）なかで約 5,000 人の社員に賞与を支給，「インフレによる物価騰貴」に対応して「たびたびの賃上げを実施し」（*id.*, p.99），従業員用の寮・社宅の整備に「特段に力を入れた」（柴本重理談；小島 1986, p.140）[35]。また，株式公開に先立ち，永年勤続者 600 人を対象に株式を贈与税が発生しない最低限度の価格で譲渡した（〃）。さらに，生活環境にもさまざまな配慮をした。例えば，1951 年に着手した久留米工場の近代化では「記念ホール，BS 病院なども新築し，……さらに工場と社宅，厚生施設を一体とするため，……ブリヂストン通りの開通をはかったほか，構内を芝生によって緑化し，美しい花園など色彩を加え，働く人びとの心を豊かに楽しくするよう明朗な環境を作った」（石橋 1962, p.119）。ブリヂストン通りは全長 1.2km，用地の買収費を含む総工費は「5,060 万円余」（*id.*, p.249）で，1955 年に市に寄贈された。BS 病院に関しては，1949 年に当該事業を担当したと思われる役員に「医者の上手な事は申す迄もないが，看護婦の親切と規律と患者が心から感謝する様にすること。……。現在の診療所も取りあえずは清潔化してそれ迄の利用を良くすること」（小島 1986, pp.164-5）との指示を出してい

---

35)　それでも 1946 年に日本タイヤ従業員組合が組織され，また日本タイヤ，日本ゴム，旭製鋼所の従業員組合によりアサヒ従業員組合連合会が結成された。日本タイヤ従業員組合は当初は労使協調路線であったが，アサヒ従業員組合連合会は賃金倍額引き上げ，退職金制度確立とともに「クローズドショップ制の採用と幹部人事の拒否権掌握を内容」とする労働協約の改正を要求し（小島 1986, p.155），「ストを決行した」（*id.*, p.159）。争点となった労働協約は最終的には「組合は会社の従業員の採用・異動・転勤・表彰が公正を欠くと認めたときは，その事実を明示し，会社に対してそれらの取り消しを請求することができるとの内容で労使の合意を見た」（*id.*, pp.162-63）。

る[36]）。また，1960年の東京工場の開業に際して久留米工場の従業員800人が転勤となったが，「久留米の食文化を享受できるように配慮したスーパーマーケット……まで設置，運営させた」（大坪2019, p. 140）。

　次に，寄付活動に関して[37]，石橋は1956年に「ブリヂストンタイヤ株式500万株額面2億5,000万円」，美術コレクション，宅地などを寄付して石橋財団を設立，後に1,100万株，額面5.5億円を追加した（石橋1962, p. 191）。また，1956年に石橋美術館，体育館，文化会館（木造），50mプール，野外音楽堂，テニスコート，児童遊園地などを備えた石橋文化センターを建設して久留米市に寄贈した。1963年には石橋文化ホールを増設し，石橋文化会館を改築したが，「建設費2億5,000万円は石橋と石橋財団が寄付」（id., p. 238）した[38]。1928年の九州医学専門学校（現久留米大学）の誘致に際しての徳次郎との敷地と校舎の寄贈はタイヤを試作する直前のことで，幹一郎が推察するように石橋には「まだ精神的にも財政的にも余裕がなかった」（『日本経済新聞』1992年2月1日，p. 41）とすれば余計に特筆すべきものとなる。同大学に関しては，1950年の商学部と附設高校の設置に際しても石橋が「国有財産の元工兵隊兵舎跡の借り受けに尽力」（石内2010, p. 4），「1953年にこの国有財産の払い下げを受けるに当って……払下げ価格1,289,750円をブリヂストンタイヤが寄付し」（石橋1962, p. 240），1967年に石橋が医学図書館を建設・寄贈した。附設高校の1968年の移転に際しては石橋財団が用地買収資金（金額は不明）を寄付した。石橋は1951-69年に同大学の理事長を務めており，「石橋財団設立以来〔，同大学に〕助成も行っている」（id., p. 241）。幹一郎は1988年，副理事長などを務めた久留米大学の創立60周年記念に際して寄付を行い（金額は不明），それにより久留米大学石橋学術振興基金が設置され，「教職員の研究に対し，助成金が交付」されている（久留米大学website）。『毎日新聞』（1989年6月30日）によると「幹一郎はこれまで福岡県の福祉事業に6,400万円，同県少年科

---

36)　ただし，BS病院に関しては情報が得られていない。

37)　石橋はここで紹介するもの以外にもヴェネツィア・ビエンナーレ（Biennale di Venezia）国際美術展日本館（1956年），東京国立近代美術館（1969年）などを寄贈している。詳しくは，石橋（1962）と大坪（2019）を参照のこと。

38)　石橋は「これ以外既設のものと経常費の助成などに3億円を要したが，61年ブリヂストンタイヤが株式を公開してからは石橋財団より助成することとした」（石橋1962, p. 238）と述べる。

学館〔(所在地：久留米市, 開館：1990 年)〕に 1 億 7,000 万円のほか久留米大学,
同市などに現金で計約 12 億円を寄付」した。石橋財団にも石橋が寄付したブ
リヂストン株の配当だけでは「足りない」ために「追加寄付をし」(『日本経済
新聞』1992 年 2 月 1 日, p. 41; 金額は不明)[39], 1996 年には石橋文化センター内
のプール跡地に東洋美術を展示する石橋美術館別館を建設・寄贈した (費用は
不明)。また, 産業振興と関連して, 久留米・鳥栖地域のテクノポリス指定後
の久留米リサーチ・パークの設立 (1987 年) に際して顧問に就任した。さらに,
幹一郎の葬儀で麻生渡県知事は「久留米市だけでなく, 福岡県……の文化活動
に大きな力をくださった」(中野 2012, p. 258) と述べたが, 発起人の 1 人で
もあった九州交響楽団への支援が念頭にあったかもしれない。1998 年には幹
一郎の遺族が久留米市に 5 億円を寄付している。

　石橋は石橋美術館に先駆け, 1952 年, 東京・京橋に新築された本社ビル内
に (ブリヂストン) 美術館を開館して「石橋コレクション」を一般公開してい
る。1961 年には「コレクションのほとんど」を石橋財団に寄贈, 同財団は現
在では「西洋絵画, 日本洋画をはじめとして, 西洋・東洋の彫刻や陶磁器, 中
国・日本書画にまで渡る」,「約 3,200 点におよぶ美術作品のコレクションを所
蔵している」(石橋財団 website)。「石橋コレクション」の素晴らしさは例えば
1962 年にパリの国立近代美術館 (Musée National d'Art Moderne) でその展覧
会が 50 日にわたり開催されたこと, 展覧会の招致に当たった副館長の B. ドリ
ヴァル (Bernard Dorival) が 1958 年に雑誌, *Connaissance des Arts* で「近代
から現代に及ぶ作品, 即ちフランス美術の冒険たる浪漫主義から今日までのす
べての作品が, ほとんど洩れなく集められている。すべての巨匠たちの技術と
精神的意欲とが集約された代表作品が選ばれて陳列されているのである」(石
橋 1962, p. 208) と紹介したことから理解されよう。ブリヂストン美術館は 2018
年にアーティゾン美術館 (Artizon Museum) に名称変更し, 2020 年に新築さ
れたビルに移転した。

　石橋財団は 2004 年に幹一郎の長男で, 1994-2012 年にブリヂストンの監査
役を務めた寛 (1946-) が理事長に就任, 2016 年には同財団と久留米の関係が

---

39)　因みに, 2021 年末時点での財団の持株は 7,669.3 万株 (発行済株式総数に対する割合の
　　10.7%) であった。

大きく変更された。つまり，石橋財団が「公益財団法人化に伴う全面的な事業の見直し」を理由に石橋美術館の運営から撤退（財団が負担する運営費は「年間約 1 億 7,000 億円」（『読売新聞』2014 年 7 月 12 日，西部，p. 17）に上っていた），運営は久留米文化振興会に移管され，美術館は久留米市美術館，美術館別館は石橋正二郎記念館となり，全 960 点の収蔵品も寄託された 200 点を除いて久留米を離れたのである。財団は「美術品及び美術に関する資料の取得等のための資金を積み立てるため」に設置された久留米市美術振興基金に 3 億円を寄付したが，2020 年の寄付助成事業全 24 件の内，久留米に関わるものは久留米文化振興会の「「ショパン 200 年の肖像」展の開催」の 1 件に留まった（同会の 2021 年度の『収支予算書』には受取補助金として久留米市からの 2 億 8,397 万円の他に石橋財団等からの 370 万円が記載される）。

7.6.3　慈善の思想

　石橋は「子供時代つねに」「謹厳で行いの正しい」叔父の銕太郎に「人間は世の中のために働かねばならぬ，それが何よりも大切だ」と諭されたが，自身の思想の形成は「この理想家の叔父に負うところ大きいと思う」と述べる（石橋 1962, p. 4）。また，日露戦争の日本海海戦を指揮した東郷平八郎元帥を「至誠をもって国に仕え，困難に際しては超凡の大決断によって国を救い，しかも功を誇ることなく，つねに謙譲の美徳を守った国民的英雄」（id., p. 252）と崇拝した。石橋は 1933 年に幹一郎を連れて東郷宅を訪れたが，これにより東郷への尊敬の念は幹一郎にも共有されることとなった。地域に対しては，幹一郎は 1992 年に開催された石橋の「偲ぶ会」で「父は生前から久留米を大事にしており，また久留米の人間であることを誇りに思っていた。1937 年に居を東京に移したが，心は久留米に残していた……」（中野政 2012, p. 15）と述べたが，石橋はその久留米を「清潔で整然とした秩序を保ち，教養の高い，豊かで住みよい，楽しい文化都市にしたいと願い」（石橋談[40]），教育機関の誘致・設置や石橋文化センターの建設という形で地域貢献を実践したのである[41]。美術館の建設は米国旅行で「各地の有名な美術館を歴訪」した経験を踏まえ，それを

40）　しばしば引用されるこの言葉は大坪（2019）によると「1956 年の「楽しい文化都市を願う」と題した話」の一部である（pp. 77-8）。

文化向上の手段と位置付けたが（石橋 1962），絵画を収集した契機は小学校で図画の教えを受けた画家の坂本繁二郎より久留米出身の青木繁の作品を収集し，美術館を建設するよう要望されたことにあり，鹿児島出身の藤島武二からも自身の作品に関して同様の要望があった。アーティゾン美術館のコレクションには青木の『海の幸』と『わだつみのいろこの宮』，藤島の『黒扇』（いずれも重要文化財）が含まれる。石橋の地域での慈善活動は実に周到で，例えば大戦後に町のすぐ側を流れる筑後川が「寄生虫による風土病が発見され」(*id.,* p. 242) て遊泳禁止となるとブリヂストンタイヤとして市内の小・中学校にプールを建設・寄贈した。が，そこで終わらず，戦後で「現場の教師だけでは……不足を生じると考え」，1957 年に「会社に水泳部を発足させ」，「指導にあたらせた」（中野政 2012, p. 177）。さらに，水泳部を強化し（練習には石橋文化センターのプールが利用された），早速，1964 年の東京オリンピックに 4 人を出場させ，内 1 人が銅メダルを獲得した。水泳部は後に廃部したが，組織は 1977 年のブリヂストン・スイミングスクールを経て，1992 年にブリヂストンスポーツ完全子会社のブリヂストンスポーツアリーナ（本社：久留米；2022 年にナガセに売却）となった。幹一郎も石橋美術館別館竣工贈呈式で久留米は「私の故郷で……，ブリヂストン発祥の地でもあり，久留米市民に対する気持ちは普通じゃない」(*id.,* p. 233) と述べている。

　最後に，石橋は経済体制に関して「今日の資本主義は，マルクス時代のそれとは異って，労働者や消費者を搾取して経営者，投資家だけが利潤を独占するようなものではなく，……，生産性が高く，……，良い社会政策を積極的に取り入れ，より近代化すればよりすぐれた経済体制となり，人類の幸福を増進し発展するものと思う」（石橋 1962, p. 271）と述べている。これには 7.6.2 項で根本方針に触れた彼の事業経営に対する自負や終戦直後の労働争議を解決した自信がうかがわれる。

---

41)　因みに，久留米大学附設高校は 2019 年に「難関大学の合格率が全国上位であり，優れた教育環境を有する都市としての地域イメージの向上や就学に伴う移住など様々な側面での地域活性化につながっている」との理由で市長より感謝状が授与された（久留米市 website）。

表 7-2　安川一族，麻生一族，出光佐三，石橋正二郎と関連する企業の現状

企業	創業地	本社	支社・支店等 （創業地）	生産拠点 （創業地）[1]	研究拠点 （創業地）[1]	売上高
安川電機	北九州	北九州	—	5/（2） 〔行橋 1, 中間 1〕	2/（1）	4,791 億円 （連結；22.2）
麻生セメント	飯塚	福岡	7/（1） 〔福岡 1〕	2/（0） 〔田川 1, 苅田町 1〕	1/（0） 〔苅田工場内〕	152 億円 （20.12）
麻生グループ	飯塚	飯塚	—	—	—	5,139 億円 （21.3）
出光興産	北九州	東京	9/（0） 〔福岡〕	4/（0）	9/（0）	6 兆 6,867 億円 （連結；22.3）
ブリヂストン	久留米	東京	—	15[2]/（1; マザー工場）〔朝倉 1, 北九州 1〕	2/（0）	3 兆 2461 億円 （連結；21.12）

（注 1）　拠点は日本国内のもののみを挙げる。〔　〕内は創業地を除く福岡県内の自治体に立地するものを示す。
（注 2）　同社 website（"企業情報"）の"ブリヂストングループの生産拠点数（2021 年 5 月 1 日現在）"では 48 と
　　　　なっているが，ここでは詳細がわかる"国内工場紹介"にあるものを挙げる。
（出所）　各企業の website より筆者が作成した。

7.7　おわりに

　本章で取り上げた 5 人の起業家が起業してから相当な年月が経過しており，関連する企業または企業グループで本社または生産，販売，研究などの拠点を創業地に留めるのは 3 つとなる。しかし，残った本社または各種拠点の事業活動，さらにはそこからのスピンアウト，他企業の支援や他機関との連携からそれらの地域経済における重要性が理解される（表 7-2 を参照のこと）。また，好景気時に利己的な財産の形成と使用に夢中になる資本家・企業家が少なくなかったなかで，彼らは労働者の労働・生活環境の改善に努め，地元の教育・医療・文化機関などに積極的に資金を投じ，各種経済団体の要職に就任した（ている）。さらに，同時代の同業者であった安川敬一郎と麻生太吉は協力して港湾・鉄道の整備や官営八幡製鐵所の誘致に取り組んだ。ただし，彼らの活動拠点が必ずしも地理的に一致していないこと，企業のいくつかが成長の過程で本社を移転していることなどから，ピッツバーグのように同じ大学や病院が異な

る起業家または彼ら一族の異なるメンバーから繰り返し寄付を受けて地域，さらには国を代表する機関に成長している，ということにはなっていない。「繰り返しの支援」は石橋親子が九州医学専門学校・久留米大学と石橋文化センターの建設，誘致または運営に深く関与したこと，麻生太吉と佐藤慶太郎が設立に関与した九州農士学校に後援会が結成されると安川第五郎が会長に就任したことが確認できる僅かな事例となる。ただし，5人の起業家や彼らの一族はさまざまに交流しており，企業活動と慈善活動の両面で相互に影響し合っていたかもしれない。1959年には東京に福岡県出身者の財界人の集まりである宝満会が石橋正二郎，石橋幹一郎，出光佐三，出光計助，松本健次郎，安川第五郎の他に有田一寿（若築建設社長），石田正實，太田清蔵（5代目；東邦生命保険社長），倉田主税（日立製作所社長）*，柴田周吉（三菱化成社長，桐蔭学園創立者）*，田代茂樹（東洋レーヨン社長）*，安永渡平（八幡化学工業社長）*ら20人を会員として設立された（*は発起人）。有田は恐らくは1988年の，幹一郎との対談の中で宝満会が話題に上ると，「出光や，倉田，それに石橋など，皆もちろん経営者として立派であったが，教育や郷土のことについてもとても熱心で，損得に関係なく，必要だと思ったことにはお金を惜しまなかった」（石橋幹一郎追悼集刊行委員会 1999, 素顔, p. 115）と回顧している。

第8章 岡山県

8.1 岡山県の概要

　中国地方の岡山県には備前，備中，美作の3つの地域があり，岡山市，倉敷市，津山市がそれぞれの中心都市となる。岡山市は県庁所在地かつ政令指定都市で，県内の主要企業や大学が集積，人口は2022年時点で72万人を数える。また，（岡山）後楽園・岡山城周辺とJR岡山駅周辺は観光地点となっている。岡山城（天守閣）は宇喜多秀家により1597年に築城され，黒漆で塗られた外壁から「烏城」とも呼ばれる。後楽園は岡山藩第2代藩主，池田綱政により築庭され，日本三名園の1つとされる。岡山県はかつて教育県を誇り，市内に存在した所謂ナンバースクールの旧制第六高等学校（設立：1900年；現岡山大学）は多方面に人材を輩出した。倉敷市は人口47万人の工業都市であり，その発展は県南部の児島半島の干拓と大いに関連する。かつて島であった同半島は干拓により江戸時代初期に北西部が高梁川左岸と陸続きとなり，またそれにより児島湾が形成された[1]。干拓地では塩分に強い綿花が栽培され，明治時代にこの地域に倉敷紡績所などの紡績所が設立された。1965年にマルオ被服（現ビッグジョン）が東京の大石貿易からの受託製造を開始したのを嚆矢として児島地区でジーンズの生産が盛んとなった。倉敷・水島地区では1943年，高梁川改修工事で誕生した旧東高梁川河口部廃川地とその地先の埋立地に県により三菱重工業航空機製造所（現三菱自動車工業水島製作所）が誘致された。戦後の

---

1)　児島湾では明治時代の1899年に藤田財閥の藤田伝三郎により干拓が開始され，一部，農林省（現農林水産省）に引き継がれて1963年に完成，約5,500haに及ぶ干拓地は農地として利用されている。

1947 年には県により水島港が改修され[2]，浚渫土砂で埋立地が造成され，クラ
レ，三菱石油，日本鉱業，東京製鉄，川崎製鉄をはじめ多数の企業が誘致され，
水島臨海工業地帯が形成された。2019 年時点での立地事業所は 218 所，雇用
数は 23,943 人，製造品出荷額は 3 兆 5,494 億円（岡山県全体の 46.1%）で，事
業所別雇用数は JFE スチール西日本製鉄所（倉敷地区）が 3,975 人，三菱自動
車工業水島製作所が 3,171 人，三菱ケミカル岡山事業所が 1,209 人，ENEOS
水島製油所 A・B 工場が 1,178 人，旭化成製造統括本部水島製造所が 1,009 人，
などとなっている（岡山県産業労働部『水島臨海工業地帯の現状』（2022 年 3
月））。倉敷市は文化観光都市でもあり，大原美術館のある美観地区には 2019
年に県内で最多となる 328 万人の観光客が訪問した（後楽園・岡山城周辺のそれ
は 240 万人；岡山県産業労働部観光課『観光客・その流れと傾向――令和元年岡山
県観光客動態調査報告書――』）。

　　『平成 28（2016）年経済センサス』のデータより岡山県と，岡山市，倉敷両
市の中核産業を確認しておこう。前の 2 章と同じ基準に従うと，岡山県には中
核産業はなく，製造業（中分類）の中の繊維工業（9.5%, 2.30）がそれに該当
する（（　）内は従業員比率と LQ；以下，同じ）。岡山市と倉敷市にも中核産業
はなく，製造業の中では岡山市の印刷・同関連業（11.3%, 2.81），倉敷市の鉄
鋼業（14.4%, 5.26），繊維工業（14.8%, 3.57）と化学工業（13.1%, 2.69）が
それに該当する。また，岡山県の製造業（21.4%, 1.37），製造業の中では岡山
市の繊維工業（9.1%, 2.19）と食料品製造業（17.7%, 1.22），倉敷市の輸送用
機械器具製造業（17.0%, 1.36）がそれに近いものとなっている。

8.2　大原一族

8.2.1　企業家として

　　大原家は「今から五百年前，児島半島から今の倉敷に移って来て，地主兼商
業資本家として代を重ねてきた家である」（大原總 1981a, p. 63）。孝四郎（1833-
1910）は「岡山の儒者藤田家から養子に来て」（〃），1888 年に倉敷紡績所

2）　水島港は 1947 年に運輸省指定港湾に指定されたため，国庫より 2 分の 1 の補助がなされた。

（1893 年に倉敷紡績に改称），1891 年に倉敷銀行を設立し，それぞれ社長と頭取
に就任した。

　孫三郎（1880-1943）は孝四郎の三男であるが，長男と次男が夭逝したために
嫡子となった（大原孫三郎伝刊行会 1983；以下，『大原孫三郎伝』，p. 14）。備前市
にあった，郷校の閑谷学校に連なる閑谷黌，次いで東京専門学校（現早稲田大
学）に籍を置いたが「非常な学校嫌い」（大原總 1981a, p. 65）で，東京では「道
楽のし放題をし」（id., p. 66），学校は中退した。しかし，倉敷に戻って出会っ
た岡山孤児院院長の石井十次に感化されて改心し，1906 年に倉敷紡績と倉敷
銀行の社長職を引き継いだ。倉敷紡績は世界恐慌を日本興業銀行からの 600 万
円の長期融資で乗り切るなどして 1943 年下期には精紡機 100 万錘以上を備え
る，所謂「十大紡」の 1 つとなった[3]。戦後恐慌，震災恐慌と生産過剰で紡績
業界が苦境に陥ると，1926 年に「当時の先端技術であった人造絹糸〔（レーヨ
ン rayon)〕」（クラレ website）を製造する倉敷絹織（倉敷レイヨンを経て，現在
はクラレ）を設立して経営の多角化を図った（ただし，同社は「操業以来数多
くの障害に遭遇し」（『大原孫三郎伝』p. 254），「経営の見通しが明るくなった」
のは「1932 年の夏ごろから」（id., p. 273）であった）。倉敷銀行は数回の合併に
より第一合同銀行，1930 年の山陽銀行との合併——これは上記の日本興業銀
行の融資の条件とされた——により中国銀行となり，孫三郎が頭取に就任した。
1909 年に倉敷電燈を設立（倉敷紡績も 1915 年に倉敷発電所を設置した），同社は
合併により 1916 年に備作電気となり，孫三郎が一時，社長を務めた。備作電
気はさらに数度の合併を経て 1951 年に中国電力となった。1913 年には中国民
報の経営権を取得，県下の産業振興の勧奨，都会と農村とに起ってきた社会問
題の究明と社会教育の指導を使命とした（id., p. 103）。同社は 1936 年に山陽新
報と合併して合同新聞となり，1948 年に創刊 70 年を記念して山陽新聞社に改
称した。倉敷紡績は 1933 年に本社を大阪市に移転し，倉敷には記念館がある
のみである。他方で，クラレは東京都区部に本社を置くが，倉敷に生産拠点の
倉敷事業所と研究開発拠点のくらしき研究センター（旧中央研究所）が残され

3）　大戦中に倉敷紡績と後で触れる倉敷絹織は軍需会社法（制定：1943 年）の下で軍需会社に指定
　　され，前者は倉敷工業，後者は倉敷航空化工となった。なお，軍需会社は「国家要請ニ応エ全力
　　ヲ発揮シ責任ヲ以テ軍需事業ノ遂行ニ当ルベシ」（3 条）とされた。

る。倉敷中央雇用開発協会『倉敷企業ガイド 2023』によると倉敷事業所の従業員数は 2021 年 10 月 16 日時点で 993 人であり，同社は製造業での主要な就業先の 1 つとなっている。なお，大原家は 600 余町歩（100 町歩 ≒ 1km²）の農地を所有する大地主で，「小作者も 2,500 人以上もいた」（*id.*, p.79）が，孫三郎の農業経営には踏み込まない。

　總一郎（1909-68）は孫三郎の一人息子で，東京帝国大学経済学部を卒業後，倉敷絹織に入社して 1939 年に社長に，1941 年に倉敷紡績の社長にも就任した。大戦後の 1946 年に倉敷紡績，翌年に大原家の資産管理会社である大原（資）が持株会社に指定され，両社は所有する株式を持株会社整理委員会に譲渡，大原（資）は解散した。總一郎は 1947 年に上記 2 社の社長を辞任したが，1948年に倉敷絹織（翌年から倉敷レイヨン）の社長に復帰した。また，その間に物価庁次長を務めた。總一郎の倉敷レイヨン社長としての功績にドイツの W. ヘルマン（Willy Hermann）と W. ヘーネル（Wolfram Haehnel）が発明した合成樹脂のポリビニルアルコール（ポバール）とそれを原料とする合成繊維のビニロンの事業化（工業化）があり，それら，そしてやはりポバールを原料とするポバールフィルムは現在の主要事業となっている（他方で 2001 年に祖業のレーヨン事業から撤退した）[4]。また，それと同様に，あるいはそれ以上に重要なことは總一郎が「真に頼むべきは……自らのうちにある力のみ」として独自技術の開発によりそれらの事業化を成し遂げたことが「クラレの社風」（中村尚夫第 5代社長；『日経産業新聞』1994 年 11 月 17 日，p.32）・「クラレの DNA」（和久井康明第 7 代社長；『日経産業新聞』2009 年 7 月 30 日，p.18）となったことであり，クラレはその後も多数の技術開発と製品の事業化を実現している。さらに言えば，總一郎は自社の利益のためだけでなく，1950 年代初頭の「危険な国際収支を改善するために，原料のすべてが国内にあるビニロン工業の確立」（大原總 1981a, p.74）に取り組んだのである。同社の創業時に，孫三郎も他社とは異なり，「自社の研究所で養成した化学者と，倉紡の機械技術者だけの手によって製造を行うという根本方針を立て」，そのことが「倉敷絹織独特の製造技術

4）　ポバールフィルムには難溶性ポバールフィルム（光学用途，離型用途，繊維包装用途など）と水溶性ポバールフィルム（水溶性パッケージ用途，水圧転写用途など）の 2 種類ある（クラレwebsite）。

を確立する基となった」(『大原孫三郎伝』p.274)。1958年には当時は国交がなかった中国の要請を受けてビニロン・プラントの輸出を決断, 1966年にそれ(プラントの引き渡し)を実現した。

　總一郎の長男, 謙一郎(1940-)は1963年に東京大学経済学部を卒業してイエール大学大学院に留学したが, 1968年に總一郎の体調悪化を受けて帰国し, 倉敷レイヨンに入社, 1982年にクラレ副社長に就任した。1990年に中国銀行に転出, 同年に副頭取に就任し, 1998年に退任, 1999年に退行した。謙一郎は大原一族から倉敷紡績またはクラレの役員になった最後の者となる。

8.2.2　慈善家として

　孝四郎の倉敷紡績所の設立は倉敷(村)が「米と綿花の集散のほかに取り立てた産業を持たないまま明治時代を迎え」,「それを憂えていた20代の青年3人」が策定した紡績事業計画に賛同したことによる(倉敷紡績website)。また, 長女の夫である原邦三郎が「有為な青年に学資を援助していた」(『大原孫三郎伝』p.31)が, 彼の没後の1898年に孫三郎の提案を受け入れ, それを大原家の事業として引き継ぐべく「基金10万円を提供して」(〃)大原奨学会を発足させた。「大正末期に至る二十数年間に, 無慮数百名」が「学資貸与の恩恵に浴した」(id., p.32)[5]。古稀にはやはり孫三郎の勧めにより「倉敷町の貧窮家庭の子弟に就学を奨励し援助」(id., p.45)するための倉敷奨学会の設立に1万円, また「閑谷黌保黌会に1,500円を寄付」(id., p.52)した。

　孫三郎の極めて多岐にわたる慈善活動は「心の師と仰ぐ」(倉敷紡績website)石井への支援から開始された。石井の岡山孤児院は大阪にも出張所などを設置, 彼の没後の1917年に孫三郎が石井記念愛染園を設立した。同園は孫三郎からの10万円の寄付により1937年に石井記念愛染病院(現愛染橋病院)を開院(『大原孫三郎伝』), 現在は医療事業, 隣保事業と介護事業を展開する(石井記念愛染園website)。倉敷紡績では大部屋式の女子寄宿舎の「炊事場や食堂が甚だ非衛生」(『大原孫三郎伝』p.69)であったために, その原因となった

---

5)　貸資生(奨学生)には後で触れる児島虎次郎の他に土光敏夫(1896-1988)も含まれる。土光は東京高等工業学校(現東京工業大学)を卒業し, 石川島播磨重工業(現IHI)社長, 東芝社長, 経済団体連合会第4代会長などを歴任した。

飯場制度（＝納屋制度）を，筑豊の炭鉱では安川親子がそうしたように，請負人の脅しに怯むことなく全廃した。寄宿舎も「少人数の者が居心地よく睦まじく，家族的に寝起きすることのできるように」(*id.*, p. 76) と「平家の「分散式」」(*id.*, p. 73) のものを建設，診療所も設置した。2万円の改築資金は「役員賞与を減らし，配当も5分減」として捻出した（赤井 2007, p. 156)[6]。後に，寄宿舎を社宅に代えている。

　教育に関しては，工場内に尋常小学校や倉紡工手学校を設置し，1902年に設立した私立倉敷商業補修学校（現倉敷商業高校）では校長を務め，教鞭も執った。また，同年に信濃毎日新聞の主筆，山路愛山の紙上での訴えに応じ，「これこそ天下の風教を培養する最良の手段」（『大原孫三郎伝』p. 51) として倉敷日曜講演を開設，大隈重信をはじめとして「日本人名事典に掲載されているような人ばかり」（犬飼 1973, p. 19) を講師に招聘した。講演会は1925年までに76回，開催され，現在も有隣会により「大原孫三郎・總一郎記念講演会」として継続される[7]。また，上記の大原奨学会の運営に，貸資生への「送金通知には必ず激励や訓戒の言葉を加え」たり，貸資生が各地で組織した親睦会に「きるだけ出席」するなど（『大原孫三郎伝』p. 47)，「熱心に尽力した」(*id.*, p. 32)[8]。東京の郷土学生のための寄宿舎の設置にも「多額の寄付を行った」(〃)。1923年には倉紡中央病院を，一部の株主の批判もあったが，「「治療本位〔の病院〕」「病院くさくない明るい病院」「東洋一の理想的な病院」という3つの設計理念」（倉敷中央病院 website) の下に「創業準備費，建設費に約200

---

6)　孫三郎はドイツの Friedrich Krupp AG に福利厚生の範を求めた。總一郎も1959年に「同社社長〔，A. クルップ（Alfried Krupp）〕親子を岡山工場および倉敷に案内」（クラレ 1980, p. 37) している。やはり paternalism の実践者とされる鐘淵紡績の武藤山治も Krupp の福利厚生に関する小冊子を入手し，これを参考に鐘紡共済組合を設置するなどした（武藤 1934)。Krupp の小冊子は第1編「住宅及日用品購買に関する設備」，第2編「衛生に関する設備」，第3編「各種基金救済財団及教育機関」から構成された。

7)　有隣会は1943年に発足した敬堂会（敬堂は孫三郎の号）を改組して，また謙一郎が設立発起人となって1968年に設立され，2010年に「孫三郎・總一郎の事績を顕彰し，その志を広く世に伝えることを目的に一般財団法人として再スタートした」(website)。

8)　ただし，「二十歳前後には，……石井十次の感化もあって，キリスト教による救世の理想を持ち」（大原總 1981a, p. 97)，それゆえ育英奨学事業に関しては「かかる方法で貸資することは余の天職にあらず。余は特定の人を教育すべきではなく，……。唯一言葉に信仰に依り人類に根本的命を与えんとする事が余の天意と思う」（『大原孫三郎伝』, p. 48) と述べている。

万円」(『大原孫三郎伝』pp. 160-1; 2019 年の 32.5 億円に相当) を投じて設立した。
また,「開設当初より倉敷紡績従業員はもとより, 広く地域住民の診療も行っ
た」(倉敷中央病院 website)。同病院は数度の改組・改称を経て 2013 年に大原
記念倉敷中央医療機構 (以下, 倉敷中央医療機構) 倉敷中央病院となった。なお,
岡山市内には 1870 年設立の岡山藩医学館大病院を起源とする岡山大学病院も
あり, 1921 年の設立で, 医療器材事業などを手掛けるオルバヘルスケア HD
は自社の発展をこれらの病院を核とした「地域医療の発展」と関連付ける (同
社各種資料)[9]。さらに, 1914 年に「農業の科学的研究と農事改良を行う」(『大
原孫三郎伝』p. 90) 大原奨農会 (後の大原奨農会農業研究所) を, 1919 年に石井
記念愛染園の救済事業研究室を「母体」(id., p. 126) とした大原社会問題研究
所を, そして 1921 年に同研究所の社会衛生部門を分離して倉紡万寿工場の中
に倉敷労働科学研究所を設立した。大原奨農会には設立時に農地約百町歩,
1922 年にも百余町歩を寄付し, 大原社会問題研究所に「創立から……1939 年
までの 21 年間に……支出した金は, 総額で約 185 万円 (二村 1988, p. 66)にな
った」[10]。現在はそれぞれ岡山大学資源生物科学研究所, 法政大学大原社会問
題研究所と (公財) 大原記念労働科学研究所 (本部:東京) となっている。
1930 年には大原奨学会貸資生の 1 人で, 前年に逝去した画家の児島虎次郎が
欧州で「収集した〔C. モネ (Claude Monet) の「睡蓮」, H. マティス (Henri Ma-
tisse) の「画家の娘―マティス嬢の肖像」, E. グレコ (El Greco) の「受胎告知」を
含む〕作品, そして虎次郎が画家として描いた作品を公開するために」大原美
術館を設立した (website)。「孫三郎は民藝運動の良き理解者〔・〕支援者」
(倉敷民藝館 website) でもあり, 1936 年に東京で設立された「日本民芸館の建
設費〔,〕10 万円を提供」(『大原孫三郎伝』p. 325) した。財界活動では倉敷商

---

9) 近年では,「中国経済産業局および中国地域創造研究センターが共同で主宰する中国地域医療機
　 器関連産業参入フォーラム「医の芽ネット」と倉敷中央病院が連携し, 同病院の臨床現場のニー
　 ズ……を発信し, 地域のものづくり企業等との具体的なマッチングを図るためのニーズ発信会を
　 開催している」(医の芽ネット・パンフレット「(令和 3 年度) 新事業創出セミナー & 倉敷中央
　 病院ニーズ発信会」)。

10) ただし, 大原社会問題研究所の「研究所小史」(website) は「1937 年大原氏からの財政援助が
　 打ち切られたため, 研究所は……東京に移転し, 規模を縮小して存続をはかった」と記す。また,
　 孫三郎は 1936 年に倉敷労働科学研究所を「若干の維持費をつけて日本学術振興会に寄託」した
　 (大原記念労働科学研究所 website)。

工会議所の設立に尽力，1929 年に初代会頭に就任した。

　總一郎は企業のみでなく，孫三郎の上記のさまざまな事業も引き継いだ。大原美術館では「短かった生涯として驚くほど積極的に幅広い蒐集を行い，戦後の大原美術館の内容を多彩なものとし」（藤田 undated），また 1961 年に近代日本洋画を展示する分館，1961-63 年に陶器館など現在の工芸・東洋館となるいくつかの建物を設立した（理事長就任は 1964 年)[11]。1948 年に設立された倉敷民藝館[12] は「江戸時代後期の米倉」（website），喫茶店のエルグレコは「大原家の小作農地の管理，経営のため」（website）に 1925 年に設立された奨農土地管理会社の事務所を改装したもので，エルグレコは總一郎が名付け親である。また，孫三郎は倉敷の街づくりに道路敷地や道路・トンネルの建設費用を寄付する形で，あるいは 1919 年に「町内の有力者を糾合して」（『大原孫三郎伝』p.165）設立した倉敷住宅都市を通じて関与したが（中野茂 2001），總一郎は「歴史的景観を生かした〔街〕づくりを提唱」[13]，中高の同窓である浦辺鎮太郎と「昭和 30 年代後半から構想の具現化」に取り組んだ（倉敷商工会議所 2019）。1968 年に倉敷市伝統美観保存条例が制定され，大原家所縁の大原美術館，倉敷アイビースクエア，旧大原家住宅，新渓園，有燐荘などがある「美観地区」の伝統美観が保存の対象となった（新渓園は 1922 年，孫三郎により倉敷町に寄付された）。大原美術館分館や總一郎が創設者である倉敷国際ホテル（開業：1963 年），没後の 1974 年に倉敷紡績所の工場を改装して設立された，宿泊・文化施設の倉敷アイビースクエアは浦辺の設計である。1950 年に大原（資）の持株を譲渡した対価の 2,800 万円（2019 年の 2 億 3,364 万円に相当）を 1,000 万円は

---

11)　2021 年には 1922 年に竣工した元中国銀行の建物を改装して新児島館（仮称）が暫定開館された（1975-2017 年に児島虎次郎記念館が存在した）。

12)　民芸と関連して，戦時中，万寿航空機製作所（旧倉敷紡績万寿工場）に入所した沖縄県勤労女子挺身隊の中に平良敏子（1921- ）がいた。平良は戦後間も無く，「沖縄文化再建のために」總一郎が開始した「織物の勉強会」に参加，その後，国頭郡大宜味村に戻り，「芭蕉布作りにたずさわり」（平良 1991，①），2000 年に重要無形文化財保持者（人間国宝）に認定された。平良は總一郎に「物心両面から励ましをいただいた」（〃）と謝意を表している。

13)　總一郎は 1936-38 年に欧州・米国に滞在したが，その折にドイツの中世都市，ローテンブルクを訪問し，帰国後，浦辺に「倉敷を日本のローテンブルクにしようではないか。倉敷の町は決して引けは取らないョ」（浦辺 1978）と語り掛けた。なお，ローテンブルクは「第 2 次世界大戦では街の約 4 割が焼失したが，市民によって大切に修復作業が行われ，中世のままの街並みを今に伝えている」（NHK website）。

倉敷文化基金として，1,800 万円は困窮者救済および市立小学校・幼稚園など
への指定寄付として倉敷市に寄付，相続したものを社会に還元し尽くした[14]。
1946 年には水島港湾改修期成同盟会を結成し，初代会長に就任した。これは
ビニロン原料の将来の供給源と見込んだ石油精製工場の誘致とも多分に関連す
るために純粋な慈善事業には分類し難いが，水島臨海工業地帯の形成に重要な
役割を果たしたことは確かである。広域的な活動としては「流域全般の文化向
上に寄与するための事業を行うことを目的」とした 1954 年の高梁川流域連盟
の設立と初代名誉会長就任が挙げられる。現在，同連盟には倉敷市など 7 市 3
町が加入しており，活発な活動を展開している（三村 2021）。倉敷から離れる
と，ノーベル物理学賞受賞者である湯川秀樹の研究を後援するための，1956
年の湯川記念財団の設立に参画して理事に就任，1961 年のノートルダム女子
大学（現京都ノートルダム女子大学）の設立では，「ノートルダム女学院中学高
等学校の父母の会会長であったこともあり」（岩井 2020），設置準備委員会の委
員兼建設募金副委員長を務めた。財界活動では倉敷商工会議所会頭（1946.10-
12），関西経済同友会代表幹事（1950.4-51.3, 1960.4-61.3），関西経済連合会常
任理事（1948.10-68.7）・副会長（1961.10-65.5, 1966.11-68.7），経済団体連合会
常任理事（1964.5-68.7）などを歴任，1947 年の岡山経済同友会の設立では中
心的な役割を果たした（website）。倉敷中央病院理事長（1943.1-68.7），大原美
術館理事長（1964.8-68.7）も務めた（68.7 は逝去日）。

　謙一郎は地元，倉敷で倉敷商工会議所会頭（2001-10 年），岡山経済同友会代
表幹事（1992-96 年），大原美術館理事長（1991-2016 年）などを歴任した。現在
は有隣会評議員会会長，倉敷中央医療機構理事・会長，大原美術館名誉館長・
評議員，倉敷民藝館理事長・館長，日本民芸館理事などを務める。また，姉の
犬養麗子（1935-2020），妹の正田泰子（1945- ）と 1983 年に音楽プロモート会
社のくらしきコンサートを設立，麗子が逝去するまで「年に 2 回ほど」「倉敷
の町に優れた演奏家たちを呼び」，「コンサートを開催した」（くらしきコンサー
ト website）。2016 年に長女のあかね（1967- ）が謙一郎に代わって大原美術館

---

14)　クラレ（1980）『大原總一郎年譜』に倉敷市への寄付の約 5 か月前の 5 月 11 日に「旧大原合資会
　　社の寄付により，日本フェビアン研究所を設立」との記載があり，2,800 万円は大原（資）の持
　　株を譲渡した対価の全額ではないかもしれない。日本フェビアン研究所には後で触れる。

理事長に就任，他に有隣会代表理事，倉敷中央医療機構評議員，倉敷民藝館評議員も務める。

8.2.3　慈善の思想

　孫三郎が石井に感化されて改心したことはすでに述べた（1905 年には岡山キリスト教会で洗礼を受けた）。1902 年元日の日記に「腐敗せる宗教と而して教育と政治」を改めることが「神より与えられたる余の仕事である」（『大原孫三郎伝』p. 40），岡山で英国人伝道師，B. バックストン（Barclay Buxton）の説教を聞いた後の日記（日付は不明）には「余は全く神の御心に依って生れ，生きるものであるから，御心に依りて設立された孤児院に尽すべきは，これまた余の第二の天職であると信ずるものである」（id., p. 49）と記される。また，1907 年，当時，大原家の秘書であった柿原誠一郎に「大原家の財産というものは祖先から貰ったものだが，僕はこの財産は神から世のため，社会のためにお預かりしているものだと思っている」（id., 72）と述べ，柿原の「社会のために大原家の財産を潰そうというのが，あなたの理想なのですか」との問いに「そのとおりです」と答えている（id., p. 73）[15]。実際，没後，国税庁が税務調査を実施したが，担当した役人は孫三郎が「資産の 70% 以上を社会事業に出している」ことを確認し，「大原さんという方は真に偉い方であると分かった」と感心している（木村長三郎談；阿部 2017, p. 198）。また，柿原の「私は元来社会主義者で……」との発言を受けて，「いや僕も実を言えば社会主義に関心を持っている」と答えている（『大原孫三郎伝』p. 72）。そして，労働（労使）問題に関して，1917 年に倉敷紡績の工場長会議での講演で「職工その人の人格を認めその幸福を増進するということは，実に私の労働問題解決に対する主張の根本主義であって，同時に倉紡の職工待遇上の根本主旨である。……，この主張と会社の利益とは必ず一致するものであることを信じて実行している」（id., p. 129）と述べている。また，そうした取り組みの背景に紡績会社で働く女子工員の劣悪な労働・生活環境があり（細井 2009），講演を「この際わが社が率先してこの主張を完全に実現するに至ったならば，……実に天下の労働問題に

---

15)　ただし，「孫三郎は總一郎の誕生後，「……，子供が生れて少しその考えを変えねばならぬようになった」と述懐している」（『大原孫三郎伝』p. 82）。

対して先鞭をつけることとなる」（『大原孫三郎伝』p. 130）との言葉で締め括った。ただし，すぐ後に「温情的な考え方や恩恵的な施策」では社会問題を解決するのに限界があるとして，「社会科学によって真理を追求し，それを基として具体的な解決を図る」（*id.*, p. 156）研究所を設立することとなる。なお，8.2.1 項で触れた岡山孤児院を 1926 年に解散したが，この理由の 1 つを「経営のための寄付金募集行為などによって，社会民衆に対する社会教育乃至社会事業への認識を与えるには役立ったが，子供の為には，人は同情してくれるものだという感じを持たせた。即ち独立心を滅ぼし，自営の精神を奪ったのは最も悪かったと思う」（*id.*, p. 217）と述べる。続けて，「それ故に今後の対策としては，国家が孤児院の名を冠せない機関によって処置することが必要である」（〃）と提言する。

　地元に関しては，倉敷を「「エルサレム」たらしむる」のを自身の「聖職」とした（*id.*, pp. 55-56）。ただし，總一郎によると，「「自分は倉敷という土地にあまり執着し過ぎた，倉敷という土地から早く離れて中央に出ていたら，もっと仕事ができていたはずだ……」ということをよくいっていた」（大原總 1981a, p. 71）。これは晩年に企業経営を引退して慈善活動に専念したカーネギーやロックフェラーとは異なり，それらを両立させるなかでの孫三郎の葛藤が後悔の形で吐露されたものである。8.2.1 項でも触れたが，1933 年に倉敷紡績と倉敷絹織の本社業務を大阪出張所に移管，自らは「倉敷の本邸と住吉別荘」を「生活と事業活動の本拠」（『大原孫三郎伝』p. 273）とした[16]。大原美術館は 1919 年，虎次郎が孫三郎の勧めで再度，渡欧する際に「我が国ではまだ本格的な洋画に接する機会がほとんどないので，若い画徒のためにも，現代フランス絵画の代表的な作品数枚だけでも購入し，持ち帰りたい」（*id.*, p. 171）との要望を孫三郎が承諾したことが嚆矢となる。

　總一郎も資本主義に問題がないとはしない。1947 年の（第 3 次）日本フェビアン協会──フェビアン主義（fabianism）とは「マルクス主義に反対して漸進的に資本主義の欠陥を克服しつつ社会主義の実現をはかろうとする考え」（『ブリタニカ国際大百科事典』）のこと──の設立に参画，1950 年には「日本を

---

16)　ただし，1938 年に住吉別荘が豪雨被害に遭ったため，京阪神地方の住居を京都北白川の山荘に移した。住吉別荘は後に總一郎夫妻の住居となった。

民主化するための，社会民主的政策を研究する」（大原總 1981a, p. 73）日本フ
ェビアン研究所を設立した。1948 年の協会の総会では「生産の増大が日本経
済を復興せしむる鍵である事に異論はない。併し分配の問題はこれを第二義的
だと考えることは行き過ぎである。分配の問題を改善する事は，社会正義の為
にも，生産の力強い復興と前進の為にも，真剣に取り上げられなければならな
い」（クラレ 1980, 資料編, p. 38）と述べ，またその分配に関して「職を与えら
れるも労働のみによっては生活に必要な糧を得られない人々」の救済のために
関連機関に一定規模，一定内容以上の企業の株式を移転させ，またその株式を
議決権のない優先株式とすることを提言した。「租税の形式を通せざる利潤の
直接分配」の形式は「企業の倫理性に対する自覚の要求は遥かに多く満たされ，
努力に一定の意義と希望とを見出す事ができる」（id., pp. 39-40）とする。そも
そもそうした人々の救済は，上の引用文には「社会正義」の言葉があるが，
「国民は各々 1 人格としてその生存権を持つものでありそれは人格として尊重
さるべき」（id., p. 39）ことを理由とする。また，企業の倫理性と関連して，
1960 年に関西経済同友会代表幹事に就任すると，「日本経済の在り方と経営者
の人間像に関する研究委員会」を設置して委員長に就任，1962 年に京都経済
同友会で経営者の社会的責任を経営者の人間像という形で講演した。そこでは，
経営者の社会的責任には，①企業を通じての経済的な責任，②企業を通じての
社会的な責任，そして③社会のエリートとしてのもっと広い責任，があるとし
た。①は「株主のために利益を上げること」（大原總 1981b, p. 268），②は「技
術革新による利潤，社会的，国民経済的貢献に対する対価としての利潤」を上
げること（id., p. 272），③は「その国の経済体制，社会体制を正当に守ってい
く責任」（id., p. 283）と説明する。②・③は總一郎の他の論説（大原總 1961）の
タイトルにある「経済成長によき内容」を与える，つまり国の政策を誘導し，
あるいはそれを補完しながら経済活動を国民生活の向上に密接に関連付けるも
のとなる。なお，②に関して「国際収支が悪いというときに，輸入物質をむや
みに使ってレジャー〔関連の事業〕をやるということは，国民経済的によくな
い」（大原總 1981b, p. 279）との見解は，すでに述べたことではあるが，ビニロ
ンの事業化を断行した理念を逆説的に物語る。慈善活動は③に属するものであ
り，また倉敷でのそれの基礎には郷土愛がある。倉敷や倉敷での生活をテーマ

としたいくつかの随筆や孫三郎の「お前も，あまり地方のことに深入りすると，仕事の邪魔になるぞ」との警告に対する「私もそうとは思いながら，やはり同じことになりそうである」（大原總 1981a, p. 71）との言葉の中にそれが透けて見える。街づくりでは当時，「東京の小さな形のもの，あるいは大阪の小型のものにすることが，地方の発展」と考えているような地方都市が多数，見受けられることを危惧し（大原總 1981b, p. 293），それぞれの都市の性格に合わせた開発の方向付け，例えば「非常に高度の教育と文化の伝統をもつ」松江は「教育都市」（id., p. 303）としての開発，を主張した。それゆえ，總一郎が提唱した倉敷の街づくりはそこに残された歴史的景観を生かすものとなる。最後に，対中ビニロン・プラント輸出については，経営者として上記①の責任を意識した上で，「繊維に不足を告げている中国人大衆にとって，いささかでも日々の生活の糧となり，戦争によって物心両面に荒廃と悲惨をもたらした過去の日本人のために，何程かの償いにでもなればということ以外にはない」（id., p. 176）との心情を語っている。

　謙一郎は 2000 年に米コロラド州アスペンで開催された Aspen Inst. の 50th Anniversary Symposium, "Globalization and Culture" に参加したが，そこでの議論を踏まえ，「私たちが直面する地球規模の問題を，人類全体にとって好ましい形で解決するためには民族同士，国同士が深いところでの相互理解を実現しなければならない」（大原謙 2002, p. 27）と述べ，また「深いところ」を「思想，哲学，文学，芸術，美学，宗教，歴史，等々文化全般の次元」と説明する。明らかに美術館に美術作品の鑑賞機会の提供を超えた役割を見出しているのである。また，日本の文化に関して「この国の自然と風土の中で育ててきたものの感じ方や考え方，美術や文学，思想や宗教など」を「今の，なにかぎすぎすと尖った世界のあり方に一石を投ずるもの」（id., pp. 36-7）と評価する——これには7.5.3項で述べた出光の考えとの類似性が指摘できよう——一方で，「そうしたものを生活の中に残し，それを大切にしている」のは地方都市の住民であるとする（id., p. 37）。そして，そうであるからこそ日本の地方都市は「世界に対してアイデンティティーを主張でき」，「世界から尊いものとされることができる」，そして「日本再生のカギを握る」と主張するのである。

8.3　林原一族

8.3.1　企業家として

　林原家は「戦国時代に美濃に興った池田家に代々仕え」（林原健 2014, p. 104），後に十分を捨てて「札差という米の仲介流通を担う御用商人」（*id.*, p. 117）となり」，明治維新後の 1883 年に克太郎（1857-????）という人物が甘味料として使われていた水飴を製造する林原商店（1943 年に（株）林原に改称）を設立した（*id.*）[17]。同社の発展に大きく貢献したのは 3 代目の一郎（1908-61）で，彼は岡山県第一岡山中学校（現岡山朝日高校），大阪高商（現大阪市立大学）を卒業，1 年間，京都帝国大学で水飴の製造方法を研究してから家業に就き[18]，1932 年に社長に就任した。しかし，早々に「原料のとうもろこしの関税が上がって仕入れ値が高騰」（*id.*, p. 117）したことなどから一旦，家業を離れて満州国警務司に奉職したが，保次郎（1884-1934）の逝去により家業に戻った。そして，1935 年に原料の麦芽と燃料を大幅に節約する「酸麦二段糖化法と呼ばれる水飴製造の新技術を開発」（林原靖 2013, p. 44），戦後の 1950 年には日産約 15 万 kg，生産量日本一の水飴製造業者となった（林原健 2014）。1946 年にカバヤ食品，1953 年に大日本乳業（現オハヨー乳業）を設立（ただし，両社は一郎の没後，早々にグループから離脱した），1947 年には「GHQ の指令により解体された」理化学研究所の尾形輝太郎研究室を引き継ぐ形で日本感光色素研究所を設立（林原 website），ここで医薬品のルミンや「防腐効果のある化粧品配合剤が開発された」（林原健 2003, p. 111）。さらに，「ホテル，新聞社，製紙，運輸，印刷，倉庫，観光，不動産」（林原靖 2013, p. 45）に事業を拡大した。

　一郎が 52 歳で逝去すると，当時，慶應義塾大学生であった長男の健（1942-2020）が社長となった（卒業まで社長職は一郎の弟の次郎が代行した）。「1963 年に粗糖の輸入が自由化され」，「水飴，でんぷんメーカーの多くが姿を消していく」（林原健 2014, p. 131），また社長就任後に「社員の約半数が……辞めてい

---

17)　ただし，秋吉（1983）は「水飴製造は，御用商だった旧藩時代からやっていた」（p. 38）とする。
18)　京都帝国大学での身分は不明である。林原健は 2 代目の父，「保次郎が資金援助をしていた縁で，〔同〕大学の工学化学教室に入った」（2014, p. 117）と述べている。

く」(*id.,* p. 160) なかで健は相談に訪ねたソニー創業者の井深大から「日本独
自の技術以外に，日本が生き残る道はない」との訓示を受けて「技術に立脚し
たでんぷん化学メーカーへの転換を決断した」(*id.,* p. 172)。そして，「新しい
糖を作り出す」研究に邁進し，点滴用輸液となるマルトースと「低カロリー甘
味料の主原料」となるマルチトール，「カプセル薬のカプセルに最適」なプル
ラン，「ガンや風邪に対抗できる有用な生理活性物質の 1 つである」インター
フェロン，「夢の糖質」のトレハロースなどの製品またはその製造法の開発に
成功した (林原健 2003, ch.3)。1970 年には「研究体制を充実させるため」(*id.,*
p. 60) に研究部門を林原生物化学研究所として独立させ，1985 年には同研究
所内に「ガン研究をより深めるために」「世界最大級」(*id.,* p. 108) の細胞セン
ターを建物に約 30 億円をかけて設置した。林原の売上高は約 280 億円，グル
ープ全体のそれは約 800 億円 (林原健 2014) に達したが，不適切な会計処理と
債務超過を問題視したメインバンクである中国銀行の主導で 2011 年に会社更
生法の適用を申請，林原は大阪・東京を本社とする化学系専門商社，長瀬産業
の完全子会社となり，健と靖は林原の経営やすぐ後で触れる林原美術館の運営
から離れた。ただし，その後も林原は本社，研究・開発拠点と製造拠点を岡山
に留めている。

　企業経営に関して付記しておくと，「新たな糖の基本となる大切な素材」(林
原健 2018, p. 81) であるアミロースの製造で米 Corn Products Int'l (現 Ingredi-
on) がトウモロコシの品種改良，林原が酵素——日本では酒，醬油や味噌の製
造にも利用されてきた——によるアプローチを行い，林原が勝利したが，健は
「社長就任から 10 年ほど経った頃，「日本人の精神構造にふさわしい，自然と
共存する考え方を技術にして輸出できる，そんな産業を興したい」」「との文章
を社内報に記している」(*id.,* p. 142)。また，「多くの日本企業が欧米型に倣い，
実力主義，成果主義を取り入れている」ことに対して，それらのメリットも認
めながら，「日本の文化に馴染んだ，もっと日本人にあった企業のあり方，経
営スタイルというものが絶対にあるはず」(*id.,* pp. 151-2) と述べている。

8.3.2　慈善家として
　一郎は刀剣の蒐集家であり，美術館の設立を計画していた。そこで，1961

年に「遺志をついだ遺族・知友」（林原美術館 website）が財団を設立，1964 年に「一郎の個人的コレクションと旧岡山藩主の池田家から引き継いだ大名家の伝来品」，「刀剣・武具・甲冑・絵画・書跡・能面・能装束・彫漆・螺鈿・蒔絵・陶磁・金工等，約 9 千件を所蔵」する岡山美術館（現林原美術館）が開館した（id.）[19]。所蔵品には国宝 3 点，国指定重要文化財 26 点が含まれる。

　健は企業メセナとして 1987 年に空手道場の林原道場，1991 年に林原哲多刀剣鍛錬道場，1992 年に林原自然科学博物館，1994 年に林原桑野刀剣鍛錬道場，1995 年に研修施設の漆の館，1999 年に林原類人猿研究センターを設立し，1985 年には「地域文化，学術研究の振興を目的」に国際的な会議を開催する「「林原フォーラム」を立ち上げた」（林原健 2003, pp. 84-5）。林原自然科学博物館は「恐竜の化石を展示する」他に，「ゴビ砂漠での化石発掘調査を手掛けた」（林原健 2014, p. 181）。2002 年には松下電器産業（現パナソニック）とパナソニックセンター（現パナソニックセンター東京）内にデジタルミュージアムの林原自然科学博物館 Dinosaur FACTory を開設した（2006 年に閉館）。その他，1983 年に一郎が 400 万円で購入した岡山城の堀を岡山市に寄贈，さらに 1962 年に林原奨学寄付金により岡山大学医学部に林原賞（現岡山医学会がん研究奨励賞（林原賞・山田賞）），1986 年に林原国際癌研究フェローシップ奨学金制度，1991 年に国際芸術・文化振興奨学金制度，2001 年には小児癌で失明したピアニストの梯剛之と「林原＝梯剛之小児ガン基金」を設けた。こうした活動のいくつかは一郎が 1952 年に設立した林原共済会により実施され，1991 年に林原グループとして企業メセナ協議会の『（第 1 回）メセナ大賞 1991』のメセナ大賞を受賞した。ただし，「メセナに投じた金額は多くても年数億円程度で会社に悪影響を及ぼす額ではない」（id., pp. 180, 182）とされる。経営破綻後，林原美術館は「今後も引続き，林原から長期的な支援が得られることとなった」との声明を発表した。他方で，類人猿研究センターは京都大学に，林原自然科学博物館の恐竜標本，研究事業と研究者は岡山理科大学に承継され，2018 年に学内に恐竜学博物館が設立された。

---

19)　健によると「いずれは県に寄付して県が運営する予定になっていた」が，「やがて県が負担のある美術館の引き受けに及び腰になってきた」ために「林原グループだけの運営とし，名称もいまの林原美術館に改めた」（林原健 2003, pp. 91-2）。

8.3.3　慈善の思想

　一郎が林原共済会を設立した，あるいは美術館の設立を計画した理由は不明である。ただし，池田家から美術品，岡山城の堀や本邸を高値で買い取るなど「池田家十人の忠臣の随一」といわれる援助を行ったのは「旧藩政時代，代々札差しとして受けた主恩に報いる」（秋吉 1983, p. 379）ためとされる。

　健は積極的に企業メセナを展開したが，それを慈善事業ではなく，①「研究開発型企業にとって，最も大事なことは社員の独創性，独自性であり」，多くの研究者のさまざまなメセナへの参加と交流がそれを育む，②メセナが企業知名度を高め，「営業面で大きな力となる」との理由から「実際の企業活動に不可欠な活動」，さらには「「企業の生命線」だと位置づけていた」（林原健 2003, pp. 87-90）。さらに，社員の福利厚生と地域に関連して，③「地域の福祉，文化，スポーツにかかわる機会」を与えることで「社員一人ひとりの人格を豊かにし，実りある人生の一助となり得ると思っている」（id., p. 90）と述べる。地元に対する思いもあり，「林原がするメセナは地元岡山のためになるものか，文化振興になるもの」（林原健 2014, p. 183）に限定していた。哲多町（現新見市）と岡山市内に刀剣鍛錬道場を設立したのは備前刀，漆の館を設立したのは備中漆の文化と技術を地元に残すためである。文化の重視は 8.3.1 項で触れた企業経営の理念とも共通する。

8.4　松田一族

8.4.1　企業家として

　松田与三郎（1872-1951）は岡山県の西大寺村（現岡山市）に生まれ，地元での「多くの会社の設立にかかわった」（赤井 2007, p. 134）が，そうした会社の中に西大寺軌道（後の西大寺鉄道）が含まれた。1910 年設立のこの軽便鉄道は開業当初，業績が低迷，取締役であった与三郎は他の出資者からの要求で「やむなく」株式を買い取って「大株主」となり（id., p. 135），1919 年に社長に就任した。その後，バス事業に参入し，1935 年に同社と岡山電気軌道（岡電）のバス部門同士を合併して岡山バスを設立した。また，1936 年に下津井電鉄と山陽バスを設立，同社は翌年に両備バスに名称を変更，1952 年に「下津井

電鉄資本を分離」(*id.*, p. 137) し，1954 年に岡山バス，1955 年に西大寺鉄道を合併した。1960 年には与三郎の長男で，両備バス会長であった壮三郎 (1895-1991) が「経営が悪化した」(松田 1993, p. 23) 岡電の社長に就任，両社は「岡電は市内電車〔(路面電車)〕と市内バスを，両備バスは西大寺や玉野，倉敷への郊外線として棲み分けをした」(両備グループ (両備 G) website)。両備 G は 1960 年代に西大寺鉄道を廃業する一方で，「マイカー時代の到来を見据えて，事業の多角化を開始」(両備 G (新卒採用) website)，またグループ企業の代表に大きな権限を与える「信託経営」(この言葉は 8.4.3 項で述べる，「企業の社会的な役割」の①の意味も持つ) を採用した。壮三郎の長男で，両備 G を継承した基 (1921-98) が「そうした戦略の展開を人材供給面で容易ならしめた」(松田 1993, p. 109) とするのが幹部養成のための青年重役会である。これは基が 1959 年に「日本青年会議所チームの一員に加えられて渡米」した際に「持ち帰った」ものの 1 つで (*id.*, p. 108)，メンバーは「財務分析，労務管理，電算技術，マーケティング修得の 4 コースによる経営管理基礎講座」を修了した中堅幹部から選出される (*id.*, p. 110)[20]。基が米国から持ち帰ったものには「コンピューター導入」もあり，1965 年に電子計算センター (現両備システムズ) が設立された。近年は基の女婿で，後継の代表となった小嶋光信 (1945-) の下で，①岡山市のコンパクトシティ化と，②公設民営の形での地方公共交通の再生，に乗り出している。①では「2002 年に次世代型 LRT「MOMO」を開発・投入し，2004 年には空洞化する中心市街地……に超高層〔マンション〕を建設した」(両備 G website)。②では岡電が 2005 年に和歌山電鐵を設立して南海電気鉄道から貴志川線を引き継いだ。また，再生ではないが，同年に両備バスが津エアポートラインを設立し，公設民営の形で中部国際空港と津を結ぶ運航事業を開始した。

　両備バスは 2007 年にグループ企業の両備運輸と合併して両備 HD となった。両備 G はこの両備 HD と岡電を中核会社とし，2021 年 3 月期 (通期) には 1,493 億円の連結売上高を記録，内部取引控除前の数値によると部門別ではトランスポーテーション＆トラベルが 26.8%，ICT18.1%，くらしづくりが

---

20)　2014 年には「女性管理職・経営職を 10 年内に 10% まで引き上げるための早期養成対策」として女性幹部養成講座，翌年には特別女性版青年重役会も開設された (両備 G website)。

34.2%，まちづくりが 20.0% を占めた。

8.4.2　慈善家として

　両備 G は 1972 年に両備椿園記念財団（椿園は与三郎の号）を設立，同財団は「郷土岡山の発展の一助となるよう」（website）生物学研究助成事業・博物館（美術館）運営事業などを開始，1992 年に博物館（美術館）運営事業を新たに設立した両備文化振興財団に移管した。両備文化振興財団が運営する美術館には 1966 年開館の夢二郷土美術館本館（他に夢二生家記念館・少年山荘もある）と 1984 年開館の范曽美術館がある。夢二郷土美術館は当初，両備バス西大寺バスセンターにあったが 1984 年に後楽園の近くに移転，空いた場所に范曽美術館が開設された（バスセンターと新・夢二郷土美術館は共に浦辺鎮太郎の設計である）。夢二郷土美術館に収蔵される岡山県出身の画家，竹久夢二（1884-1934）の「約 3,000 点に及ぶ作品のコレクションは……基によって蒐集された」（夢二郷土美術館，各種企画展の案内）。范曽美術館に収蔵される中国人画家，范曽（1938- ）[21] の作品もやはり基が「范曽との深い親交のもと私財を投げ打って蒐集した」（両備 G website）ものである[22]。2021 年 3 月末時点での両備椿園記念財団の正味財産は 5.6 億円，両備文化振興財団のそれは 8.8 億円で，両財団の資産にはグループ会社の株式が，両備文化振興財団のそれには美術品（絵画・陶器 2,599 点），3.8 億円が含まれる（『財産目録』）。また，両備椿園記念財団の 2020 年度の助成は生物学研究奨励賞の 700 万円，文化・芸術・教育研究助成の 120 万円など総額で 950 万円であった（『2020 年度事業報告書』）。2013 年には「元気なまちづくりの一環として，それを支える地域の公共交通を救う一助となることを目的に」（設立趣意）地域公共交通総合研究所を設立したが，その財産などは不明である。

　松田一族は財界活動に熱心で，岡山経済同友会代表幹事を基（第 8-13 代：1959.4-1969.3），堯（第 26・27 代：1990.4-1994.3），小嶋（第 29・30 代：1996.4-

---

21)　范曽は「後楽園の名称の由来となった「先憂後楽」の言葉を遺した北宋の名臣・范仲淹の直系の子孫でもある」（夢二郷土美術館 website）。

22)　ただし，基自身は「壮三郎が公益のため私財を投じて寄付したもの」（松田 1993, p. 141）とする。また，范曽美術館は現在は「毎年 2 月第三土曜日の西大寺観音院会陽の行事にあわせて，3 日間特別開館している」（夢二郷土美術館 website）。

2000.3)，久（第38・39代：2014.5-2018.5）が務めている。基の在任中の1964年に岡山県県南地区が1962年制定の新産業都市建設促進法に基づく新産業都市に指定され，1967年には倉敷・児島・玉島の旧3市が合併して新・倉敷市が誕生したが，基は1962年に「……経済発展に相応した自治体の体系的な行政改革を成し遂げ，……集積するに足りる快適な新しい近代都市の創造に全力を傾注したい」（松田1993, p.53）と述べている。

8.4.3　慈善の思想

基の企業家・慈善家としての思想は『岡山青年会議所十年誌』（1960?）に収録された「経営とJC」（松田（1993）に再録）に端的に見られる[23]。基はその当時の「国際的には米ソの対立は愈々深刻であり，同様国内的にも資本主義と反資本主義の対立抗争は熾烈をきわめ，時に内戦，革命前夜の様相を呈し，良識の支配は今や死に絶えんとするかの如くである」（*id.*, p.48）とした社会情勢の中で企業の社会的な役割を検討するのである（「昭和20年代の末期に闘争至上主義の総評私鉄組合との，1年半にわたる争議」（*id.*, p.90）を経験したこともそれと関連しよう）。やや長くなるが，引用しよう。

①今や資本主義は変ぼうを余儀なくされ，企業の考え方にして，単純素朴な私有の領域を離れ，社会制度の一環として，経営は資本の提携者〔(株主)〕を含めた全社会から信託されたものと考えられつつある。
②言い換えるなら高度産業福祉国家の共通の社会理念，経済理念は企業の公共性，社会性を前提として成立する。
③かくの如くして初めて社会主義，共産主義理論の展開によらずして資本主義自由主義自由企業制度を存続せしめる事が可能となる。
④利潤の追求は経営良否のバロメーターであり企業存続のため必要であるが，経営の社会的責任即ち社会性，公共性を前提としてのみ最大利潤の追求は許される。
⑤〔省略〕
⑥然らば企業として以上の理念を実現する方法は内々にあっては〔労働（使）関

---

23)　基は1961年の関西経済同友会第19回大会でも同趣旨の意見発表（論題：「現代における経営者の役割」）を行っている。これも松田（1993）に収録される。

係（labor relations）〕，社会に対しては〔公共関係（public relations）〕において
ほかない。（以上，*id.*, pp. 48-9）

労働関係に関して，基は上記の争議が終結した後，地方バス・私鉄業界が斜陽
化するなかでそれが両備バス・両備Gの発展の原動力になったとする。また，
西大寺鉄道を廃業した際に経営学の常套に反して「一人も辞めさせず」，「社員
一人ひとりの得意分野を考えて仕事を作っていった」（小嶋 2014）こと，石油
危機の際に「会社経営も苦しい」が家計も逼迫しているだろうとして「特別激
励金」を支給したこと（松田 1993, p. 79），は労使の連帯感・信頼感の構築に貢
献したかもしれない。公共関係に関しては，8.4.2 項で取り上げた松田一族と
両備Gによる美術館の設立・運営はその1つであるが，基は後に企業はより
広く「市民性，郷土性をもって文化の保存，創出に携わるべきだと思う」（*id.*,
p. 168））と述べている。両備Gのサルボ両備は運営する岡山ガーデン（旧両備
ガーデン）内に約 150 年以上前に建てられた農家を我楽多堂として移設してい
る。また，米国では Rotary Club，Lions Club など各種民間団体への加入が幹
部に企業外訓練の機会を提供し，また企業の公共関係活動の一環になるとの企
業の認識があることを指摘する。基はさらに「日本の経営者は……個々の企業
の利害を超越した高い座標に立って……広範な領域に於いて，清新且魅力ある
指導性を発揮……せねばならぬ」（*id.*, p. 39）とするが，この考えはすでに述べ
た大原總一郎のそれと共通するものである。

8.5 福武一族

8.5.1 企業家として

福武哲彦（1916-86）は現在の岡山市の「教員の家」（池田 2017, p. 165）に生
まれた。岡山県師範学校を卒業し，東京商科大学附属商業教員養成所への進学
を目指したが断念，1935 年に教師となった。「〔第2次世界大戦〕中は満蒙開拓
青少年義勇軍を率いて渡満〔していた〕」（赤井 2007, p. 216）。1950 年に父の求
馬（????- 1977; 後，福武書店会長）と岡山市に富士出版社を設立し，「〔生徒〕手
帳や地図帳，学習練習帳をつくった」（池田 2017, p. 165）が4年で倒産，1955
年に新たに福武書店を設立して事業を再開，1962 年に高校生対象の関西模試

（後の進研模試），1969 年に同じく通信教育講座，通信教育セミナ（後の進研ゼミ高校講座）を開始した（ベネッセ HD website）。商業教員養成所の英語の受験勉強に通信添削を利用したが，「この体験が進研ゼミの発想につながった」（赤井 2007, p. 215）。

　哲彦の長男として 1945 年に誕生したのが總一郎（彼の名前は大原總一郎からとられた）である。1969 年に早稲田大学理工学部卒業し，産業機械商社に就職，数年で退社して日本生産性本部の経営コンサルタント指導者養成講座を受講する。1973 年に福武書店に入社，東京支社で「当時最大手の旺文社模試と比べれば，西日本だけの微々たる実績しかなかった」（福武 2003, ③）進研模試と哲彦が撤退と再挑戦を繰り返していた進研ゼミを「基幹事業へと成長」（ベネッセ HD website）させた。1969 年に高校講座から開始された通信教育は 1972 年に中学講座，1980 年に小学講座，1988 年に幼児講座（現こどもちゃれんじ）が開設された。1985 年に副社長に就任すると岡山に戻り，哲彦の逝去により社長に就任した。1990 年に「生徒の減少」を踏まえて事業領域を「教育・語学・生活・福祉」と定め，「積極的な投資を断行」（id.）した。1993 年に世界的に語学学校を展開する米 Berlitz Int'l, Inc.（現 Berlitz Corp.）の株式の 67% を 3 億 7,420 万ドル（約 460 億円）で取得，2001 年に完全子会社化した。1998 年には通訳・翻訳事業者のサイマル・インターナショナルを買収，2005 年にはパソコン教室を展開するアビバジャパン（現リンクアカデミー）を傘下に入れた（が，両社はそれぞれ 2020 年と 2010 年に売却した）。哲彦は「総合出版社への変身を目指し」（福武 2003, ⑥），一般書籍の刊行にも乗り出したが，1999 年に同事業からも撤退した。他方，1986 年には衛生看護など「3 学科からなる女子高校と看護士，歯科衛生士を育てる 2 つの専門学校」（福武 2003, ⑬）を持つ岡山城北学園（現ベル学園）の理事長職も引き継いだ。高齢化社会への移行を見越して「この学校を福祉の総合学校として改革」（id.），またそのことの検討が「介護事業への参入の芽となった」（id.）。同事業は 2003 年に設立されたベネッセスタイルケアに統合されており，同社は 2021 年 4 月時点で高齢者向けホームを全国 339 ヵ所，在宅介護事業拠点を 37 ヵ所で運営する。通信教育では 1989 年に台湾，2006 年に中国と韓国で幼児向け講座を開設，「中国では，会員数が 100 万人を超えている」（ベネッセ HD website）。さらに，

8.5.2項で述べる瀬戸内海に浮かぶ直島（香川県）の開発に関連して完全子会社の直島文化村が美術館とホテルが一体となったミュージアム（1992年），他3棟の宿泊施設，レストラン，カフェ，スパ・ショップから成るベネッセハウスを運営する。1995年に社名をベネッセコーポレーション（以下，ベネッセ）に変更したが，ベネッセ（Benesse）はラテン語の「Bene（良い，正しい）」と「esse（生きる）」を合わせた造語である。總一郎は2003年に社長を辞して会長，2009年に組織再編により誕生したベネッセHDの会長，現在は一線を退いて名誉顧問となっており，一族では養子（妹，純子（1948-2017）の長男?）の英明（1977- ）がベネッセHDの非業務執行取締役に就任している。

　なお，ベネッセHD・ベネッセは現在も本社を岡山市に留め，2022年3月期通期で4,319億円の連結売上高を記録した。また，1975年に「その発送代行会社として誕生した」グロップ（website）はやはり岡山市に本社を置き，2021年8月期通期で460億円の連結売上高を記録した。1992年に福武書店のインハウスコールセンターを分社化する形で設立されたTMJ（現在はセコムの完全子会社）は東京に本社を置くが，岡山市に全国に7ヵ所ある事業所の1つとセンターを設置している。

8.5.2　慈善家として

　總一郎は1985年，「哲彦の意思を継承するため岡山に根差した教育財団として福武教育振興財団を設立」した（財団設立趣意書）。1996年にそこから福武文化振興財団を分離，2007年に両財団を福武教育文化振興財団（本部：岡山市）として統合した。また，1985年に哲彦と直島町長であった三宅親連が約束を取り交わした直島南部の文化・教育を視点とした開発を引き継ぎ[24]，当初はこれを福武書店・ベネッセとして実施したが，2000年代初頭の事業の見直しにより「アート事業的，あるいはまちづくり的な色彩の強いもの」（秋元2018, p. 248）は2004年に設立した直島福武美術館財団に移管された。同財団

24）　直島の歴史に極く簡単に触れると，財政が「火の車」だった直島は1917年に三菱合資会社中央製錬所（銅製錬所；現三菱マテリアル直島製錬所）を誘致した。しかし，心配された通りに煙害をもたらし，「島中がはげ山」となった。「戦後は施設改良が進み，排煙は……改善され」，また1950年以降，本格的な植林も実施されるが，山に緑が完全に戻ったわけではない（四国新聞website）。

は 1985 年設立の福武学術文化振興財団，2007 年設立の文化・芸術による福武
地域振興財団と福武財団（本部：香川郡直島町）として統合した。福武財団は現
在，直島で地中美術館（開館：2004 年），李禹煥美術館（2010 年），ANDO
MUSEUM（2013 年）など，瀬戸内の豊島，犬島，女木町と小豆島でも美術施
設を運営する。地中美術館にはモネが手掛けた最晩年の「睡蓮」シリーズ 5 点
などが収蔵・展示される[25]。また，直島を会場の 1 つとして 2010 年から 3 年
毎に瀬戸内国際芸術祭（以下，瀬戸芸）が開催されるが，同財団はそれを主催
する瀬戸芸実行委員会（会長：香川県知事）の構成団体であり，總一郎は第 1
回から総合プロデューサーを務める[26]。これら財団の設立のための寄付の詳
細は不明であるが，それらの website にある『決算報告書』によると 2007-20
年度の福武財団と文化・芸術による福武地域振興財団が受け取った，絵画，作
品や株式を含む寄付の（評価）総額は 335 億円で，總一郎によるものが 145 億
円（全体の 43.3％），れい子，母・信子と純子の次男の松浦俊明（????- ）によ
るものがそれぞれ 49 億円（14.6％），31 億円（9.2％）と 56.5 億円（16.8％）
に上る[27]。「福武家の信託財産」と表記されるものも 5 億円（1.6％）だけある。
福武教育文化振興財団は福武財団に 39 億円（11.7％），その福武教育文化振興
財団には 2020 年に信子がベネッセ HD 株式 41.9 万株（当日終値で約 11 億円），
福武家が 1,320 万円，寄付している。正味財産は『決算報告書』などによると
2021 年 3 月末日時点で福武財団が 443 億円，福武教育文化振興財団が 48 億円
であった。現在，總一郎は福武財団の理事長，福武教育文化振興財団の名誉顧
問で，前者の副理事長に英明，後者の理事長に俊明が就任している。また，總
一郎は 1990 年，福武書店が収集した，岡山市出身の画家，国吉康雄の作品を
展示する国吉康雄美術館を本社ビル内に開館，2003 年にこれを閉館すると作

---

25) 「睡蓮」と，「睡蓮―柳の反映」と「睡蓮の池」の一方は妻・れい子，もう一方は總一郎が 2009
　　年度に現物寄付した（それ以前には同財団に寄託されていた）。また，同年度に「睡蓮―草の茂
　　み」（資産価値：4,188,830,475 円）が新たに収蔵されたが，年度早々に總一郎より絵画購入資金
　　を目的とした 3,565,665,000 円の寄付がなされている（『平成 21 年度事業報告書・決算報告書』）。
26) 總一郎は新潟県越後妻有地域（十日町市・津南町）でも 2000 年に第 1 回が開始された「大地の
　　芸術祭 越後妻有アートトリエンナーレ」の総合プロデューサーを第 4 回から務める。
27) 次女・美津子も 4,521 万円（0.1％）を寄付している。2 億円（0.7％）を寄付するシンガポール
　　トラストについては情報がない（シンガポールにある Fukutake Family Trust のことか?）。な
　　お，福武学術文化振興財団は当該期間に寄付を受け取っていない。

品・資料を一括購入（金額は不明）して岡山県立美術館に寄託した。

　教育に関しては，地元，岡山大学の大学院教育学研究科に2015-18年に福武教育文化振興財団と福武財団の3,925万円の寄付により「国吉康雄を中心とした美術鑑賞教育研究講座」が開設された。また，總一郎の妹で，福武教育文化振興財団第3代理事長を務めた純子の10億円の寄付により同大学に2013年にJunko Fukutake (J) Hall，2014年にJunko Fukutake (J) Terraceが建設された。地元以外ではベネッセの寄付により東京大学情報学環に2004-13年に「ベネッセ先端教育技術学講座」が開設され，2008年には總一郎の16.5億円の寄付により情報学環・福武ホールが建設された。

8.5.3　慈善の思想

　總一郎は東京では「「流行」ばかりに目が向いていた」が，直島と係わる中で「「不易」なるものについて考えるようになった」（福武2003，⑦）。また，「充実した生き方を追求する営みこそ不易の最たるもの」と捉え，企業家として「人にこだわる企業」作り（*id.*，⑨），つまり「社員1人1人が仕事の中に理想や目標をもち，自分から苦労に飛び込み，しかも喜んでそれをやり遂げる，そんな自立した人間の集まり」（*id.*）とすることに取り組んだ。1995年のベネッセと言う社名の採用，1994年の東京本部の都心の九段から郊外の多摩センターへの移転もこの一環である。また，直島のプロジェクト――『直島文化村構想』から2004年に『ベネッセアートサイト直島』に改称された――は「自然と芸術と建物の融合」を基本コンセプトとし，そこでは「よく生きるとはどういうことかをじっくり考えるための空間」（地中美術館開会式での總一郎の挨拶にある言葉；秋元2018，p.355）作りに取り組んだ。總一郎は「美術は，内省するためのもの」（〃），またベネッセのプロジェクトの主担当となった秋元雄史（現東京藝術大学大学美術館長・教授）は「なにかに行き詰まっていて，常識的な見かたとは別の見かたをしたい，違う視点で考えたいというときには，アートのもつ超越的な視点は役に立つ可能性がある」（*id.*，p.41）と述べる。直島の観光入込客数（さまざまな施設の訪問者の延べ人数）は右肩上がりで，瀬戸芸開催年での増加は極めて顕著である（直島町観光協会「直島町観光入込客数」）。それゆえ，直島のプロジェクトには地域再生（街づくり）の事例として注目さ

れており，總一郎も「それをアートで再生させたいという思いがあった」（福
武 2016, p. 36）と述べるが，それがプロジェクトの唯一の目的ではなさそうで
ある。上記の空間を人々に提供することはそこ（直島）に限定されない「地方
の自立と健全な発展」と「国の発展」をもたらすものであり，總一郎はそうし
た社会を「United Regions of Japan」（福武 2003, ①）の言葉で見事に想起させ
る。東京大学の福武ホールにも直島開発と同様の役割が期待されている。東京
大学は「日本の最高学府であり，アジア，世界に向けて有効な研究を発信して
いく義務がある」とした上で，「直島のケースのように，この国が持つ本来の
“らしさ”をしっかり見極め，自然とともに生き，ものを大切にするという 21
世紀の新しい思想や概念を，ぜひとも東京大学から発信してほしいとの思い」
（東京大学基金 website）を寄付の理由としている。

　純子は財団理事長就任時の挨拶書状に「自由で愉快なコミュニケーションか
ら新しいプロジェクトや夢が生まれ，それぞれの活動が有機的につながり，更
に新しい活動へと展開していくことが大切だと思っています。岡山がそのよう
な魅力的な未来を創造する地域であってほしいと願っています」と記しており，
J Hall は「合理的で寛容でボーダレスな出会いの場／自由で愉快なコミュニケ
ーションを誘発する場／セレンディピティを生み出す場」として設置された。

8.6　石川康晴

8.6.1　企業家として

　石川康晴は 1970 年生まれで，これまで取り上げた企業家より相当に若い。
1994 年，地元の岡山市でレディスセレクトショップを開業，翌年にクロスカ
ンパニーを設立し，2002 年に株式会社に改組，2016 年にストライプインター
ナショナル（以下，ストライプ）に改称した。1999 年に earth music & ecology
ブランドを立ち上げて同社を SPA（製造小売業）に，同時にモードからベー
シック，高価格からリーズナブルに，さらにファーストリテイリングの柳井正
に「商売は規模だ」と指南されて小型店から大型店舗に路線転換（石川 2016），
2019 年度の連結売上高は 1,325 億円に達したが，2020 年に社長兼 CEO を辞
任した。2021 年にハンズオン型ベンチャーキャピタルのイシカワ HD を設立

し，同社の投資先であるリテールベーカリーの Merci，フィットネスクラブの
Waistline Group とワイン製造・販売の tetta の会長を務める（website）。

8.6.2　慈善家として

　2014 年に「主に芸術文化の振興によって豊かな地域文化の形成と人材の育
成に資することを目的とする」石川文化振興財団（以下，石川財団；2020 年 1 月
末時点の正味財産は 29 億円）を設立，現在も理事長職にある。石川財団は 2016
年から「岡山市で 3 年ごとに開催される国際現代美術展」である岡山芸術交流
を岡山市，岡山県とその実行委員会の構成団体の形で共催し，石川は瀬戸芸で
の福武總一郎と同様に総合プロデューサーを務める。石川財団は第 2 回のため
に 2018・19 年度に合計で 1 億 2,500 万円の負担金を拠出（『岡山芸術交流 2019
開催報告書』），また同回では 311,731 人の延べ来場者数（内，有料施設来場者数
は 85,127 人）が記録された（id.）。石川は『G1 経営者会議 2016』で岡山でのコ
ンセプチュアル・アート・ミュージアムの開設や岡山市街地から直島へのフェ
リーの運航に言及している。2021 年には後楽園門前町エリアで旧福岡醤油建
物を改修し，「芸術や地域文化の発信を通して，芸術と地域を結びつけるだけ
でなく，多様な人々が集まり交流が生まれる地域のランドマークとして」福岡
醤油ギャラリーを開館した（website）。また，教育・人材育成に関して，自身
は企業経営の傍ら 2013 年に岡山大学経済学部を卒業しているが[28]，2017 年に
石川，ストライプと石川財団が岡山大学と「文化的教育的プログラムに関する
包括協定」を締結，2018 年 12 月に起業家精神養成の SiEED（STRIPE intra &
Entrepreneurship Empowerment and Development）プログラムが開始された
（ただし，「2020 年 3 月末日を以て寄附講座という形を終了した」）[29]。2010 年
には「岡山の地域活性化と若手経営者の育成を目的に」「オカヤマアワード」
を創設し（website; -2019），実行委員会会長に就任した。他に，災害支援にも
積極的に取り組んでおり，2018 年の西日本豪雨では岡山県に 1 億円を寄付し，
県はこれを含む全国からの寄付金を財源として岡山県子ども災害見舞基金を設

---

28)　2018 年には京都大学経営管理大学院（専門職大学院）を修了している。
29)　SiEED は新たに「"持続可能な開発目標 SDGs を実現できる人材育成"にフォーカスしたアント
　　レプレナーシップ教育プログラム」の -Ceed に改組された（-Ceed website）。

立した（石川 2019）。

8.6.3　慈善の思想

　まずは岡山芸術交流に関連して，石川は芸術（アート）に，①戦略的思考やクリエイティブ力を強化する，あるいはビジネス上での大局観を養う，②「VIP と呼ばれるような人たちや大企業の CEO」などの「共通言語」として「ビジネスを推し進める上での潤滑油，そして突破口になる」（石川 2019, pp. 72-3），などの効用を見出す。そして，そうした「アートがぐっと身近なものに感じられる世の中にする」ことを「岡山芸術交流を始めようと思った理由」に挙げ（*id.*, p. 92），「それを通して岡山にクリエイティブなものを評価する風土を醸成して新しいビジネスの種を生み出したい」（*id.*, p. 110）と意気込む。ただし，石川の関心は岡山の振興に限定されるものではなく，広く 20 代，30 代のビジネスパーソンに岡山に来てそれを経験し，「会社の未来，日本の未来，世界の未来を考えてもらいたい」（*id.*, p. 195）とも述べる。次に教育に関して，石川はそれを「一番大切なこと」（*id.*, p. 196）と考える。岡山大学で実施された SiEED プログラムはこの考えに沿ったものであるが，岡山芸術交流も「子どもたちに，アートに触れる機会を提供し」（*id.*, p. 192），「文化や芸術に対するリテラシー」（*id.*, p. 193）を習得させることをもう 1 つの目的（実施の理由）とする。西日本豪雨災害での寄付に当たっては県にそれが「子どもたちがいる家に優先して行き渡るよう」（*id.*, p. 215）求めたが，それには子どもたちの教育が念頭にあった。

8.7　安原真二郎と岡﨑一族

8.7.1　安原真二郎

　安原真二郎（1911-80）は広島県御調郡（現尾道市御調町）に生まれ，1948 年に岡山市に大紀産業，1950 年に富士倉庫，1965 年に岡山学園を設立した。大紀産業は岡山県が葉タバコの一大生産地であったことからその乾燥機の製造を開始，現在は食品乾燥機を主力製品としている。富士倉庫は「大紀産業の倉庫部門として創業」，現在の取扱商品は「教育教材関連の印刷物や紙，……ワー

キングウェアやその原料など」「岡山の産業そのものを表している」（RSK 山陽
放送 website）。岡山学園は予備校の岡山進研学院を運営する学校法人で，岡山
進研学院は「ベネッセによる全面バックアップ」（website）をセールスポイン
ト（特徴）としている。なお，大紀産業の社長職と岡山学園の理事長職は孫の
宗一郎（1972- ），富士倉庫の社長職は博（孫？）に継承されている。

　さて，岡山には岡山市立オリエント美術館（以下，オリエント美術館）がある
が，同美術館設立の契機は 1967 年の，「イラク国立博物館から古代メソポタミ
ア文明の重要資料が出品された」『美術の誕生 メソポタミア展』（岡山市 web-
site）の県内開催にある。安原はこの展覧会で「メソポタミアの美術にはじめ
て触れ」，「目の覚めるような感銘」を受け」，「その年の秋に〔東京大学名誉教授
の〕江上波夫が引率する「オリエントの旅」に参加し」，「江上の薦める土器数
十点を買い求めた」（id.）。さらに，「その後も 3 回，西アジアを旅行し，オリ
エントの考古美術品を猛烈な勢いで収集した」（id.）。1973 年，岡山市が展示
施設を用意する見通しとなったため，「総点数 1,947 点，時価 20 億円とも 30
億円以上ともいわれる」（『山陽新聞』1977 年 11 月 1 日，p. 11）コレクションを
同市に寄贈，1979 年に総事業費 14 億円のオリエント美術館が竣工・開館した。
また，その直前には「美術館の将来の拡充を願って，3,000 万円を寄付した」
（植田 1995, p. 96）。安原は「御調町の小・中学校に図書購入費を贈ったり」，同
郷の彫刻家，圓鍔勝三の作品を町役場や小・中・高等学校に寄贈したりもした
（id., pp. 22-3）。

8.7.2　岡﨑一族

　江戸時代の嘉永年間に「綿布の卸問屋として岡﨑商店が起業」され，1901
年にその「不動産の管理運営部門が分離独立」する形で岡﨑合資会社（現岡﨑
共同）が設立された。同社は後に燃料の製造販売に進出し，1929 年に福岡県
田川郡に石炭鉱業所を開設した（以上，岡﨑共同 website）[30]。岡﨑商店の創業
家との関係は明確ではないが，岡﨑林平（1902-80）は慶應義塾大学を卒業し
た「1927 年に中国製紙取締役に就任，……1934 年から岡崎共同取締役を兼

---

[30]　石炭鉱業所が開設されたのは石炭の高温乾留により得られる石炭ガスが都市ガスの主原料として
　　用いられていたことを理由とするかもしれない。

務」（『20 世紀日本人名事典』），1933-55 年に真岡鉱業所所長，さらに 1951-55
年に田川郡糸田町町長，1956-60 年に福岡県教育長を務めた。1960 年に岡山に
戻ると，1980 年まで岡山瓦斯（現岡山ガス），1970-80 年に岡山放送の社長，
1965-73? 年に岡山県教育委員，さらに 1968-80? 年に山陽学園理事長を務めた。
岡山瓦斯（ガス）の社長職は次男の彬（19??- ），そして彬の長男の達也
（19?? ）に継承された。彬は岡﨑共同社長（1979 年-），岡山商工会議所会頭
（1998-2019 年）なども歴任，現在は岡山ガスの会長の他に両備 HD の取締役と
両備文化振興財団の評議員を務める。

　オリエント美術館の発展には岡﨑家の果たした役割も大きい。林平は「日本
に持ち込まれた古代エジプトやギリシャの品を買い集めた熱心な収集家」（岡
山放送 2020）であり，2005 年に岡﨑家の蔵から 600 点以上の美術品が発見さ
れ，長男の重樹により同美術館に寄贈された。2020 年にも「蔵から新たに見
つかった美術品 22 点と染織品など」（id.）が岡崎家から寄贈された。また，オ
リエント美術館が 2004 年に開館 25 周年記念事業の一環としてアッシリア・レ
リーフ「有翼鷲頭精霊像」を総額 1 億 2,600 万円で購入した際には彬が購入準
備基金募金委員会会長を務め，「約 4,400 万円の岡山市民の寄付」（『朝日新聞』
2020 年 9 月 19 日，p. 27）を集めた。

8.8　おわりに

　大原一族，林原一族や福武一族が設立した企業の多くは現在でも岡山・倉敷
に拠点を置き，地域経済を支える。それら企業（・機関）と地域の企業の間に
は倉敷紡績が染色・織布・整理加工（・縫製）業者とデニム（ジーンズ）の生
産ネットワーク（広島県福山市に及ぶ）を形成し，福武書店・ベネッセが業務
請負，倉庫（物流）などの事業を社外に創出し，倉敷中央病院が岡山大学病院
などと医療機器関連企業の発展を促すなどの協力・相互依存関係も存在する。
岡山の起業家一族は経済団体の活動などを通じて密接な関係も築いており，あ
る一族の者が他の一族が設立した企業の社外取締役を務める事例もある。他方
で，彼らは岡山県・瀬戸内地方で主に芸術・文化振興，またはそれを手段とす
る，人材の育成を含めた広義の地域振興を展開してきた。中でも大原一族は孫

三郎から4代にわたりそうした活動——ただし，孫三郎と總一郎の慈善活動は
とうてい，その枠に収まらない——を継続する。また，彼らには慈善事業での
交流や相互理解もある。例えば，2014年の就実学園創立110周年記念イベン
トで大原謙一郎と福武總一郎がそれぞれ「美術館は地域と共に生きて働く」，
「現代美術による過疎地の再生——直島メソッドとは」のテーマで講演し，「瀬戸
内文化圏の創造育成と情報発信」をテーマとした座談会のパネリストを務め
た[31]。林原健は自著（林原健2003）で地域の過疎化を防ぐために独自産業の育
成の重要性を指摘した後に，「そのために，私の尊敬する先輩方は奮闘してい
る」とし，大原謙一郎が「倉敷の文化，経済を引っ張りながら」，地元の倉敷
芸術科学大学で「美術館や博物館の運営に大切な」非営利事業経営論を担当
（1999年4月〜2017年3月）していることを例に挙げる（p.195）。起業家一族が
設立した財団の間にも僅かながら協力関係が確認される。大原美術館はオリエ
ント美術館の「特別展 児島虎次郎は見た！——オリエント文化 東西の架け橋
—」（開催期間：2014年11月28日〜15年1月25日）を「特別協力」，福武教育
文化振興財団は同じく「企画展 街のにぎわい〜オリエント美術が紹介された
頃〜」（2015年11月17日〜12月27日）を「助成」している。大原美術館と直
島を実体験するとの「ラッキーな環境にいた」（本人談：『G1経営者会議2016』）
石川康晴は岡山芸術交流——岡山市立オリエント美術館と林原美術館が展示会
場に含まれる——の開催に留まらず，それと瀬戸芸との連携に乗り出している。
さらに，ある機関への異なる起業家または彼ら一族の支援の事例がオリエント
美術館と岡山大学に僅かながら見出される。岡山大学の施設にはJ Hall，J
Terraceの他に卒業生で，記念事業に「多大な寄付」（『いちょう並木』vol.90,
pp.11）を行った金光富男の名前が付いた創立五十周年記念館金光ホールもあ
る。また，小嶋が2005年6月14日から2008年3月末まで同大学の理事（経

31）　他にも多くの例がある。2019年に岡山大学のJ Hallで開催された「瀬戸内を語るシンポジウム
2019」（主催：岡山放送）では第一部で福武總一郎が「幸せをつくる直島メソッド〜幸せなコミ
ュニティとは」の論題で基調講演し，第二部のパネルディスカッション「新時代のコミュニティ
づくり〜瀬戸内の未来を創る〜」で總一郎と石川がパネリストを務めた（岡山芸術交流web-
site）。同年に岡山駅前の「ももたろう・スタートアップカフェ」で「トークイベント：石川康
晴氏×福武英明氏　瀬戸内，岡山を盛り上げる。アートと起業の可能性！」が開催された。『G1
経営者会議2016』第6部分科会D「企業と文化〜企業が果たすべき文化への貢献〜」には石川
とともに大原あかねが登壇した（グロービスwebsite）。

営管理担当），その後，2011 年 3 月末まで学長補佐・相談役，大原あかねが
2020 年 9 月 1 日から監事（非常勤）を務めている。

第3部　寄付活動を活かす政策

第9章　社会に果たす寄付の役割

9.1　はじめに

　ここまで起業家の寄付活動を中心とした慈善活動を，第5章〜第8章は都市の発展と関連付けて，概観してきた。しかし，富裕層である彼らが寄付活動により社会的な役割を果たすとして，個人の所得や遺産に対する税率の累進性を高め，または寄付金税額控除額を引き下げ，政府が増大した税収から教育・文化・医療機関などを設立・拡充したり，都市（再）開発を推進したりすることも当然ながら可能である。それでは寄付や財団を社会システムに組み入れる利点はどこにあるのだろうか。その解答は本質的には社会システムを多元化することにあるが，本章では前章までに述べたものを含むさまざまな事例を踏まえてその利点を序論で述べたように迅速性・柔軟性，起業家精神の活用，善意の連鎖反応の観点から検討したい[1]。ただし，社会的に望ましい税体系や寄付活動の規模に踏み込むことはできない。

9.2　政府の失敗

　政府には予算配分上および予算執行上の批判がある。前者に関連して，2007年に米ミネソタ州のミネアポリスとセントポールを繋ぐ橋が崩落，13人が死亡する大惨事が発生したが，後に米国土木学会（American Society of Civil Engineers）会長の A. ハーマン（Andrew Herrmann）は「連邦政府はインフラを更

---

1)　第6章で稲盛が認める寄付活動の2つの役割に触れたが，ここで改めて取り上げることはしない。

新・維持するのに十分な支出をしていない」と述べ，またその理由を「政治家は全く新しい（brand new）橋の開通式に現れ，テープカットをするのは好きだが，橋の寿命を延ばす新たな塗装作業に現れ，拍手を送ることは好きではない」（Aesch 2016, p. 2）と説明した[2]。予算執行上の問題はわが国の新型コロナ対策事業，つまり受託者による業務の委託・外注が繰り返された持続化給付金事業，8,200万枚が配布されずに倉庫に保管されることとなったマスク配布事業，一部を，クーポンでの給付を「基本」としたことで事務費が（原案では967億円）上積みされた「コロナ克服・新時代開拓のための経済対策」の1つの「こども・子育て支援」などで露呈した感がある。井堀利宏は「政府はなぜ無駄遣いをするのか」との副題の付いた著書（井堀 2001）の中でその理由の1つとして国（増税や公債の発行により）と自治体（国からの交付金の交付により）の予算制約が「ソフト」となりうることを挙げるが，第1章・第2章に登場したE.マスクはこのことを "Eventually, they run out of other people's money and then they come for you" と表現した。これは民間財団には基本的に共有されない。上記の経済対策の財源も国債である。

　予算の配分・執行に関連して，経済学の1分野である公共選択学では「政治家は選挙での当選または再選を求め」，「官僚はキャリアの向上のために努力する」ものとしてモデル化される（Shughart undated）。そうした利己的な行動を抑制するには計画された事業を厳格に評価し，それを予算に反映させる仕組みが必要となる。わが国には財務省の予算の査定（予算編成），会計検査院の検査[3]と行政事業レビューなどがある。会計検査院は会計検査による会計経理の監督と決算の確認を目的とする国の機関であり，上記のマスク配布事業の実態は同院の検査で明らかとされた。しかし，西川（2003）は会計検査院の官官接待，職員の天下り，権限（強制捜査権の欠如）といった問題を浮き彫りにしている（ただし，週刊現代（2017）によると「会計検査院への過度なもてなしは，今は根絶された」）。行政事業レビューは民主党政権の「事業仕分け」に代わっ

---

2)　予算配分上の批判は個人や民間財団の寄付に対してなされることもある。
3)　会計検査院は「1869年，太政官（内閣の前身）のうちの会計官（財務省の前身）の一部局として設けられた監督司」に起源を遡る（会計検査院 website）。米国では1921年に予算・会計法（Budget and Accounting Act of 1921）に基づき General Accounting Office が設置され，これは2004年に Government Accountability Office に改称された。

て 2013 年に導入されたもので，事業の必要性，効率性，有効性の観点を踏まえた，①各府省による全事業の自己点検，②外部有識者による点検，③外部有識者による公開の場での点検（公開プロセス），④行政改革推進会議による点検の妥当性の検証（秋のレビュー），そして⑤点検結果の翌年度予算や事業の執行への反映，から構成される。②の外部有識者は各府省が，③のそれは各府省と行政改革推進会議が半数ずつ選出し，④には行政改革推進会議が選出した外部有識者のみが参加する。ただし，各府省の事業のすべてが外部有識者の点検対象となるわけでなく（以上，『行政事業レビュー実施要領』），さらに秋のレビューの対象となったのは国の約 5,000 の事業の内，2017 年度は 16 事業，18 年度は 37 事業，2019 年度は 41 事業，2020 年度は「複数の役所や部署にまたがる」（『毎日新聞』2020 年 11 月 16 日，東京朝刊，p.2）13 分野，2021 年度は 3 テーマ・7 分野に過ぎない。また，全事業の，概要，成果目標，活動指標などが記載されたレビューシートをチェックする行政改革推進本部事務局の担当職員が 15 人と少なく（『毎日新聞』2020 年 11 月 1 日，東京朝刊，p.3），2016-19 年度の 1,672 件分のレビューシートに支出先の法人番号の誤りがあった（*id.*, p.3）。また，そもそも，事業終了時の成果目標が設定されていない事業が少なくない（『日本経済新聞』電子版，2022 年 3 月 22 日）。さらに，「無駄を指摘されて廃止しても，次の年には看板を変えて復活する予算さえある」（『日本経済新聞』2018 年 2 月 24 日，p.5）。例えば，スポーツ庁が 2017 年 10 度に開始した「スポーツ人口拡大に向けた官民連携プロジェクト」は 2019 年 6 月の公開プロセスで廃止が決定されたが（政府の行政改革 website），その一部である『FUN + WALK PROJECT』は現在でも活動を継続している。

9.3　迅速性・柔軟性

　民間財団は社会情勢の変化に迅速・柔軟に対応しうるとされる。そのことは新型コロナウイルスの世界的な蔓延に対する米国の多数の民間財団の対応，つまり助成の対象の変更，申請手続きの簡素化や金額の増額に認められる。例えば，Gates Fdn の 2020 年の，4 月 30 日までになされた助成の 94.3% に当たる 2.5 億ドルが新型コロナウイルス関連のものであり，他にはオンライン学習を

促進する手法の開発が含まれた。大規模財団では Otto Bremer Trust（99.4%;
5,000 万ドル），Rockefeller Fdn（74.6%; 2,000 万ドル），Robert W. Woodruff
Fdn（66.4%; 1,600 万ドル）も当該助成金の割合が 5 割を超えた（以上，Theis
and Daniels 2020）。受給団体の経営の悪化から助成金の支払い時期を早めた民
間財団もあった（A. Daniels 2020）。他方で，米連邦政府の初期対応に遅れがあ
ったとの指摘があり，当時のトランプ大統領が新型コロナウイルスの脅威を軽
視したこと，大統領選挙を前にしてその対策が経済に及ぼす負の影響を心配し
たことなどが原因に挙げられている（Lipton *et al.* 2020）。

　研究助成では米連邦政府のそれが「すでに実績のある研究者に強く偏ってい
る」（Philanthropy Roundtable undated）ことがデータにより裏付けられる。そ
れゆえ，国立衛生研究所の助成（2020 年度は 50,046 件，総額 293 億ドル）に
関して，ジョンズ・ホプキンス大学学長の R. ダニエルズ（Ronald Daniels）は
「若い研究者は自身で資金を獲得できなければ，自身の研究室を開設し，自身
の研究を進め，アカデミックな世界で自身のキャリアを積むことができない。
〔もし〕若い科学者がアカデミックな生体医学の研究から離れること〔になるな
らば，そのことは〕科学の将来に重大な危険をもたらす」（R. Daniels 2015,
p. 313）と警鐘を鳴らす。また，そうなる理由として工学者で，1941 年に設立
された米科学研究開発局（Office of Scientific Research and Development）の局長
などを務めた V. ブッシュ（Vannevar Bush）の「助成の実力主義の配分という
構想」に基づく「膨大な申請手続き」，「明確な科学的根拠の要求」と「専門家
による査読」（*id.*, p. 315）を挙げる[4]。Genetic Engineering & Biotechnology
News（Philippidis 2015）はそれに代わる資金源として「若手研究者のための
35 の助成」プログラムを発表するが，その中に Boettcher Fdn（設立者：C. ブ
ッチャー（Charles Boettcher））, Klingenstein Philanthropies（ジョセフ・クリン
ゲンシュタイン（Joseph Klingenstein））, Simons Fdn（J. シモンズ（Jim Simons）），
Alfred Sloan Fdn（A. スローン（Alfred Sloan, Jr.）），Sontag Fdn（R. ソンタグ
（Rick Sontag））といった起業家により設立された財団のものが含まれる。また，

---

4)　ただし，そうした批判を受けて国立衛生研究所は「学部生・大学院生・博士課程修了者レベルの
　　研修生に研究訓練機会を提供する」（website）Research Career Development Awards（K se-
　　ries）を開設している。

連邦政府の助成は「機械の購入，建物の建設や補助技術者（technology aide）の雇用」といった基盤整備には適用されない（Philanthropy Roundtable undated）。2020 年度に国立衛生研究所の助成金の 48.1% を占めた Research Project Grant Program（R01）は「「研究主宰者」（"Principal Investigator"），"key personnel" と "other essential personnel" への給与と付加給付の支払い」を認めるが，助成期間は最長 5 年であり，多くの研究所は「長期にわたって優秀な人材を雇用する」ために「寄付金で創設した基金を運用している」（山中 2018，p. 30）。

　日本では 2004 年 4 月に国立大学を「高い自主性・自律性を持ち，競争的環境の中で，活力に富み，個性豊かな大学として自ら変革し続けられる」ように法人化した。「国立大学法人が安定的・持続的に教育研究活動を行うために」（文部科学省資料）交付される運営費交付金は同年度の 1 兆 2,415 億円から継続的に削減されて 2013 年度には 1 兆 792 億円，それ以降はほぼ横這いとなっており（2021 年度は 1 兆 790 億円）[5]，他方で競争的研究費の最も代表的な科学研究費補助金（科研費）は 2004 年度の 1,830 億円から 2011 年度の 2,633 億円まで逓増し，2021 年度には 2,377 億円となっている。しかし，こうした動きが基礎研究と若手研究者を取り巻く環境を悪化させたとの批判が強い。例えば，2012 年にノーベル生理学・医学賞を受賞した山中伸弥によると彼が所長を務めた京都大学 iPS 細胞研究所（設立：2010 年）では国から獲得する研究資金の「9 割は〔期限付きの〕競争的資金」（稲盛・山中 2017，p. 178）であるために「ある程度キャリアを重ねた研究者や研究支援者であっても，ほとんどが非正規雇用」で，このことが「研究を継続していくために不利」となっている（山中 2018，p. 31）[6]。経済産業省も「基盤的経費の減少により，基礎研究が弱体化し，比較的短期間で成果が出やすく，資金も確保しやすい応用研究へのシフトが進み，基礎研究の担い手が減少すること」を懸念する（経産省資料「官民による若手研究者発掘支援事業」）[7]。しかし，運営費交付金にも 2016 年度から重点支援

---

5)　私立大学（短期大学，高等専門学校を除く）に対する経常費補助金は 2004 年度の 2,898 億円からほぼ横這いで推移し，日本大学が全額不交付となった 2021 年度は 2,769 億円であった。

6)　恐らくはそのために補論 3 で触れた京都大学基金のプロジェクト支援基金の中に iPS 細胞研究基金が設定されており，「研究活動への資金援助や優秀な人材の確保など」に活用されている（京都大学基金 website）。

評価に基づく配分，2019 年度から成果を中心とする実績状況に基づく配分が盛り込まれた。稲盛財団は 2019 年，「「応用偏重の研究予算のあり方に一石を投じ，基礎研究を長期にわたって力強く支援することで基礎科学の社会的意義が尊重される文化の醸成に貢献したい」という考えのもと」，フェローに「研究費として毎年 1,000 万円を 10 年間にわたり助成」する稲盛科学研究機構フェローシップを設置した（website）。1946 年に壽屋（現サントリー HD）により食品化学研究所として設立されたサントリー生命科学財団は 2020 年に「次世代の若手研究者が，自由な発想のもとに研究を展開できる環境にあるか，心もとない」「日本の基礎研究における危機的状況に一石を投じるため」（設立趣意書），「生命科学分野における若手研究者 10 人に対し，1 人あたり 5,000 万円（年間 1,000 万円 × 5 年間）を支援」するサントリー SunRiSE 生命科学研究者支援プログラムを創設した（サントリー HD website）。基礎研究（のみ）を対象とした民間財団の助成には住友財団基礎科学研究助成（総額：1 億 5,000 万円，件数：90 件程度，1 件最大 500 万円），山田科学振興財団研究助成事業（総額：4,000 万円，件数：19 件，1 件 100-500 万円）[8] などもある（いずれも 2021 年助成内容）。

9.4　起業家精神の活用

「現代経営学の父」（"Father of Modern Mgmt."）とされる P. ドラッカー（Peter Drucker）は起業家の本質（起業家精神）を「すでに行っていることを上手に行うことよりも，まったく新しいことを行うことに価値を見出すこと」（Drucker 1985, p. 3）に求めるが，起業家は慈善家としても社会的インパクトを達成する革新的な取り組みを構想したり，支援したりする[9]。ここでは教育・

---

7)　基礎研究の重要性を示す事例として例えば山中は「〔J.〕ガードン〔(John Gurdon)〕のカエルを使って……クローン動物を作り出した基礎研究」が自身の iPS 細胞の開発に不可欠であったこと（山中 2018, p. 29），また数学者・作家の藤原正彦は A. チューリング（Alan Turing）が「「計算可能数とヒルベルトの決定問題への応用」という〔数学基礎論の〕論文で，「計算」とか「アルゴリズム」の概念を定式化し，コンピュータの生みの親となった」（藤原正 2015, p. 129）ことを挙げる。

8)　山田科学振興財団はロート製薬創業者である山田安民（1868-1943）の長男で，同社の社長を務めた輝郎（1894-1982）により 1977 年に設立された。

研究分野の事例のみを取り上げよう。ホプキンスが病院と医科大学院が接続された新たな医療体制を構想し，莫大な財産の遺贈によりこれを実現したこと，ロックフェラーが米国初の医学研究所を設立したことはすでに述べた。ロックフェラーはアトランタ・バプテスト神学校を支援したが，それは「黒人の高等教育も女性の高等教育も疑問視されていた時代」（Chernow 2004, 上, p. 422）のことである。フランクリンは 1740 年のペンシルベニア大学の設立に中心的な役割を果たし，1755 年まで学長を務め，「他の植民地時代のアメリカの大学が若者をキリスト教聖職者となるよう教育していた」なかで，「若者を企業，政府と公共サービスでの指導者となるよう訓練すること」（Univ. of Pennsylvania website）を教育目標とした。フランクリンの革新は彼から同校の実権を継いだ「〔W.〕スミス（William Smith）がカリキュラムを伝統的なものに戻した」（id.）ことで終焉したとされるが，1881 年には実業家で，後に Bethlehem Steel Corp. を共同創業する J. ウォートン（Joseph Wharton）の 10 万ドルの寄付により「多くの人々がビジネス教育の価値を知らなかった時代」（Leong 2012）に大学付属の最初のビジネススクールとして Wharton Sch. of Finance and Economy（現 Wharton Sch.）が設置された。また，ウォートンは寄付をするに留まらず，「実践的な知識を伝統的な教育と結合する形で自らカリキュラムを作成した」（id.）。前出のクリンゲンシュタインの息子で，1989 年に現在の Klingenstein Fields Advisors となる富裕層向け投資助言会社を設立したジョンは 1977 年にコロンビア大学 Teachers Col. 内に後に Klingenstein Ctr. となる，また大学では最初の私立学校教職員のための指導者養成プログラムを，両親が設立した Estée Lauder Cos の CEO を務めた L. ローダー（Leonard Lauder）はコロナ禍の中にある 2022 年にペンシルベニア大学に 1.25 億ドルを寄付し，「米国中の，そのサービスが十分でないコミュニティで初期診療（primary care）を提供するための，授業料が無料の診療看護師（nurse practitioner）養成プログラムを設置した。さらに，オンラインフォトサービスの

---

9)　補論 2 で取り上げた基金と財団の選択に関して，Odyssey Group Wealth Advisors（2020）は「もしあなたが財産（fund）を使って国境なき医師団を支援したいのであれば，寄付者助言基金を通じてそうするのがより容易で，より費用がかからないものとなろう。しかしながら，もし医師の独立した一団を編成し，彼らの世界中に医療援助を届けるとのミッションに資金を提供したいのなら，財団がそれを遂行するより良い方策となろう」と解説している。

Snapfish の CEO を務めた B. ネルソン（Ben Nelson）が 2012 年，少人数・セミナー形式・オンライン授業と全寮制を採用するミネルバ大学（Minerva Schs. at KGI）を開学した。学生は大学の本部が置かれるサンフランシスコを含めた 7 都市に滞在し，各都市でインターンシップに参加する。入学審査では GRE など標準的な試験の成績は考慮せず，志願者が「どういう人間で（who you are），どう考え，何をして来たかに焦点を当てている」（Minerva Schs. website）。他方で，「学生の教育経験に直接，寄与しないものは何でも排除し」，14,450 ドル（2021-22 年度）という「他の一流大学のそれの約 1/4 の授業料」を実現している（*id.*）。英国では Dyson Ltd. 創業者の J. ダイソン（James Dyson）がブリテンでの深刻な技術者不足に対処するために 2017 年にダイソン大学（Dyson Inst. of Engineering and Technology）を設立した。授業料は無料，またキャンパスはウィルトシャー州の Dyson UK Technology campus 内にあり，学生は週に 3 日，Dyson で就業して給料（1 年目は 18,000 ポンドで，2 年目以降は昇給する）を稼ぐために「借金をしないで卒業することができる」（website）。

　次はわが国の起業家による大学の設立である。安川敬一郎が 1909 年に「普通の専門学校より 1 年多い 4 年制」の明治専門学校を設立したことは第 6 章で述べた。大倉喜八郎はそれより早く大倉商業学校を設立したが，当時は 1858 年に締結された所謂「安政五ヵ国条約」が改正され，外国人に国内での居住，旅行や営業の自由を認める内地雑居（内地解放）が早々に実施される状況にあり，「我国商業者の知識は依然として昔日に異ならず，若しいつ迄も斯の如き状態に置かるゝならば」，「我が商業界の利益を外国人の手に占め尽くさるゝのみであろう」（鶴友会 1924, p. 342）との懸念があった。藤原銀次郎の工業大学の設立は①「日本在来の工科大学はともすれば学理に偏して実際に欠ける。それに常識の涵養面が頗るとぼしい」，②「今までの工業教育には語学は二の次になっていて，英米独等の海外技術者と自由に意思が通じあえない，したがって向こうのものの摂取もおっくうになる」，③「技術家には数学ほど大切なものはないが，数学はどこの学生も概して好まない」，との問題意識とそれらを改善するとの意欲に基づく（藤原銀 1960, pp. 164-5）。そのため，藤原は単に大学設立の資金を提供したのみでなく，「財界引退後の余生の全部を捧げて工業教育に専心」（*id., p. 166*）すべく理事長に就任した。大学設立前後にはスタン

フォード大学，MIT を含む日米のいくつかの大学の工学部を視察，スタンフォード大学では理事で，元大統領の H. フーヴァー（Herbert Hoover），MIT では学長の K. コンプトン（Karl Compton）と面談している。永守重信が理事長を務める京都先端科学大学に約 100 億円を寄付して工学部を設立した背景には電気自動車やロボットの普及により「モータの需要がすごく高まる」ことが見込まれながら，日本の大学には「研究者を育てるところがなく」，そのためモータの開発・製造業者は「違う専攻の学生を採用」し，「社内で再教育」せざるをえない状況があった（永守 2018, p. 9）。孫正義のソフトバンクの子会社は 2007 年，構造改革特区制度を活用して福岡市に株式会社立の，また日本初のフルオンライン大学であるサイバー大学を設立した[10]。オンライン大学には北尾義孝の SBI グループが 2008 年に設立した経営管理研究科のみの SBI 大学院大学もある。同大学には，①「『論語』や『兵法書』などに代表される中国古典などの授業を通じた幅の広い徳育の推進」，②成績優秀な修了者による起業や業容の拡大に対する「SBI グループの全面的な支援」（SBI HD website）という特徴もあり，①に関しては学長・理事長の北尾自身が「中国古典から学ぶ経営理論」を担当する。起業という点では「「光技術を使った日本発の新しい産業を創成するための人材を養成する」という晝馬輝夫〔（浜松ホトニクス創業者）〕の思いから 2004 年に設立された」（晝馬明；大学 website），博士後期課程のみの光産業創成大学院大学に言及すべきであろう。入学者選抜の第 1 次選考に事業計画書の書類審査，第 2 次選考にそれに関する質疑応答があり，入学後に当該事業計画が実践されることとなる。開学「以降，在学生・同窓生・教員が設立した会社は 30 社を超える」（*id.*）。

　革新的な取り組みにはリスク（risk）が伴うが，ブルームバーグは，①政治家が選挙のために失敗を恐れること，②高官には善管注意義務（fiduciary duty）があり，「とりわけ財政がすでに逼迫したしている場合に試されていないアイデアに公的資金を費やすことを正当化するのが困難なこと」（Bloomberg 2019, p. 221）から公共部門がリスクを回避仕勝ちなことを指摘する。他方で，ヘンリー・ヒルマンの考えに依拠した一族の財団の活動指針の 1 つは「リスク

---

10)　株式会社立のフルオンライン大学院は 2005 年に McKinsey & Co. の Senior Partner などを務めた大前研一によりビジネス・ブレークスルー大学院大学として設立された。

は取る価値があり，財団はそれらを取るのに打って付けである」であった。た
だし，リスクをとって良いのは「卓越した指導力，計画（planning）と実践と
いう必要な要素が全て準備万端に整っている場合」との注釈が付けられていた。
また，第 2 章の脚注 6 で George Gund Fdn の寄付により実施された調査に言
及したが，Cleveland Tomorrow の理事長であった W. シールバック（William
Seelbach）は 1983 年の米下院歳入委員会監視小委員会（House of Representa-
tive, Committee of Ways and Means, Subcommittee on Oversight）の "Tax Rules
Governing Private Foundation" と題した公聴会に提出した文書の中でその実
施経験から民間財団の機能の基礎にある特徴の 1 つとしてリスクに対する態度
を指摘し，「真に抜本的な調査を開始するのに必要とされる金額と計画が何か
重要なものに繋がることの不確実性を考慮すると，こうしたリスクを進んで受
け入れたであろう他の主体を思い付くことができない。民間財団はコミュニテ
ィの健全性を改善するための新たな仕組み（mechanism）やプログラムが開発
されうる機会に比類がないほどリスクを受け入れる用意があるように思われ
る」と述べている。なお，財団のそうした態度を反映した具体的な活動は
J. ロックフェラー 3 世により "venture philanthropy" と命名された。

（モデル）

　起業家または民間財団の革新的な取組みはそれが成果を上げると後に政府が
踏襲する活動のモデルとなりうる[11]。Parker（1995）はピーボディの図書館が
「税金で賄われる公共図書館の着想を全米に普及させるのに重要な影響を及ぼ
した」（pp. 196-7）と述べる。また，Philanthropy Roundtable（undated）は
「現代の生物医学研究を創造したロックフェラー，ハートフォードとマーキ
ー」のそれを例として挙げる。J. ハートフォード（John Hartford）は父親が買
収した Great Atlantic & Pacific Tea Co.（A&P）を兄と引き継ぎ，1929 年に
John Hartford Fdn を設立した。同財団は「彼（女）らの必要をより良く満た
し，また彼（女）らの独立と尊厳をより良く維持する」「高齢者介護の改善」

11）　教育・研究以外の事例も挙げておく。YKK・YKK AP の社長・会長を務め，黒部の街づくりに
　　積極的に関わった吉田忠裕は YKK が 2016 年に黒部市の黒部事業所に本社機能の一部を移転し
　　た際に市内に風や地下水を活用してエネルギー消費量を節約する住宅街の開発などに乗り出した
　　が（吉田忠裕 2017, ch.1），そこでのエネルギー消費量のデータを「今後の建築モデルの参考」
　　（*id.*, p. 61）となるよう公表すると公言している。

をミッションとし，「1982 年以降，〔そのために〕6.25 億ドル以上の助成金を提供している」（website ）。L. マーキー（Lucille Markey; マーキーは後夫の姓）は 1950 年に先夫から名門牧場の Calumet Farm や油田を相続，後に「自身と後夫の病気から人間の健康に影響を及ぼしうる研究に関心を持ち」，RWJ Fdn とロックフェラー大学へのヒアリングにより「医療の臨床面は他機関により対処されており，自身の財産は生物医学研究の推進に捧げられるべきと決断」，地元のケンタッキー大学（Univ. of Kentucky）の癌センター（ビル）の建設に合計で 525 万ドルを寄付した（1983 年に設立された癌センター（機関）は Lucille Markey Cancer Ctr. と命名された）。やはり 1983 年に彼女の遺志で設立された「〔Lucille〕Markey〔Charitable〕Trust は 15 年の存続期間に合計で 5 億ドル超を基礎医学研究と研究訓練に寄付した」（以上，National Research Council 2004）。

（官民連携）

　民間財団は財政的な制約から大規模なプロジェクトの単独での遂行が困難となる場合，政府との官民連携（public-private partnership）が選択肢の 1 つとなる。例えば，ロックフェラー親子は General Education Board の設立に強く関与し，多額の活動資金を提供したが（3.3 節を参照のこと），それでも「財源が不足していたため」「自己資金で何もかも完成させるのではなく，世論を喚起し，行政を動かすというかたちをとった」（Chernow 2004，下，p. 246）。また，Chernow（2004）によればそれが「その後のロックフェラーの慈善事業が踏襲することになる活動パターン」（〃）となった。カーネギーは多数の公共図書館を建設したが，運営・維持費の自治体負担をその条件とした。ただし，その理由は Carnegie Library of Pittsburgh によれば財政的なものではなく，「彼が住民からの財政支援がコミュニティと図書館の強力な関係を維持する最も効果的な方法であると強く信じていた」（website）からとされる。この関係とは「幼児教育，校外学習，就業支援やコンピュータ／インターネット・アクセスといった重要なサービスを通じて図書館が生涯学習を促し，地域の労働力，経済発展と活力を支える」（*id.*）といったものである。

　反対に民間財団が政府のプロジェクトを財政的に支援する場合もある。ニューヨーク市は 2011 年に若いアフリカ系・ラテン系アメリカ人男性を支援するための Young Men's Initiative を開始したが，そのためにソロスと当時の市長

であるブルームバーグの財団がそれぞれ 3,000 万ドルの資金を提供，また両財団は Advisory Board に担当者を入れる形で運営にも関与している（City of New York website）。同 Initiative の成果は連邦政府が 2014 年に "My Brother's Keeper" Initiative を開始した 1 つの契機となっている（Obama 2014）。また，New York City Public Schools と Chicago Public Schools はそれぞれ非営利団体の Saga Education と提携して数学の個別指導プログラムを提供してきたが，2020 年に前者のプログラムが Gates Fdn，後者のそれが第 1 章に登場したグリフィンの，合計で 600 万ドル近い資金提供により拡充されることが公表されている（Saga Education 2020）。

9.5　善意の連鎖

　寄付活動を含む慈善活動はそれに対する感謝や共感からしばしば新たな慈善活動を惹起する[12]。ピッツバーグを扱った第 5 章ではそうした事例に触れているが，ここではピーボディ，カーネギーとロックフェラー，日本人では渋沢，大原總一郎と稲盛を起点または中継点とした善意の連鎖を概観しよう。

　「近代慈善活動の父」と呼ばれるピーボディの寄付活動はボルチモアではホプキンスの大学と病院の設立，H. ウォルターズ（Henry Walters）の Walters Art Gallery（現 Walters Art Museum），E. プラット（Enoch Pratt）の現在では Enoch Pratt Free Library（system）と呼ばれる公共図書館（当初は中央図書館と 4 つの分館）の市への寄贈，さらにはルイジアナ州ニューオーリンズでの P. テュレーン（Paul Tulane）のテュレーン大学（Tulane Univ.）[13]，フィラデルフィアでの A. ドレクセル（Anthony Drexel）の Drexel Inst. of Art, Science

---

12）　感謝が寄付の理由となる，やや類似した事例を挙げておく。後で本文に登場する C. カールソン（Curt Carlson）は母校のミネソタ大学（Univ. of Minnesota）に最初の寄付を行った際に「ほぼ無料の教育を提供してくれ，それにより事業を始める手段を持つこととなったこと」を全ミネソタ州民に感謝して「このお金をミネソタ州にお返しする」（Carlson Family Fdn website）と述べている。また，ブルームバーグによればジョンズ・ホプキンス大学に入学できたのは同大学が『1958 年国家防衛教育法』（National Defense Education Act of 1958）により創設された National Defense Student Loan（NDSL）Program に参加したからであり，彼はそのことに感謝して卒業後，直ちに同大学への寄付を開始，その合計は 2018 年の「低中所得層の学生への学資援助（financial aid）のための」18 億ドルの寄付で 35 億ドル（!）となった（Bloomberg 2018）。

and Industry（現ドレクセル大学 Drexel Univ.）の設立に多大な影響を与えた
（Curry 1898, Parker 1995, Johns Hopkins Univ., Peabody Inst. website）。ホプキン
スは 1856 年，ボルチモアに滞在中のピーボディを訪ね，そこで「ピーボディ
の人柄と彼の教育に対する関心に心を奪われて，正にその翌日に遺言書を作成
している」（Parker 1995, p. 166）。カーネギーは 1850 年に電報配達人となって
間もなく，近辺に住むある個人が図書館を設立して働く少年達に開放したため
にそこから「計り知れない恩恵」（"invaluable privilege"; Carnegie 1920, 原文）を
受けた。彼が事業で成功した後に英語圏で 2,509，米国だけで 1,679 の公共図
書館の設置を支援したのは正にこの経験による。また，カーネギーの慈善の活
動と思想は現在まで多くの起業家を感化しているが，その中にはロックフェラ
ーも含まれる。彼は「1896 年，ピッツバーグに Carnegie Library が開館する
と，「あなたと同じように財産を処分する財産家が増えればと思います。けれ
どもきっと，あなたのお手本が実を結び，もっと多くの財産家が人のために自
分の財産を使おうとする日が来ることでしょう」」と「祝辞を送った」。また，
「後に，フィールドやアーマーといったシカゴの有力者たちに慈善事業を勧め，
カーネギーの言葉にならって，死ぬ前に寄付をしようと呼びかけた」（Cher-
now 2004, 上, pp. 556-7）。Marshall Field & Co.（百貨店）の創業者である M. フ
ィールド（Marshall Field）はシカゴ大学の設立に際して土地を提供し，Ar-
mour & Co.（食肉加工業者）の共同創業者である P. アーマー（Philip Armour）
は「100 万ドルを寄付して」イリノイ工科大学（Illinois Inst. of Technology/Illi-
nois Tech）の前身の 1 つとなる工科大学（Armour Inst. of Technology）を設立
した（Illinois Tech website）。より最近の起業家では 1960 年に Duty Free
Shoppers（DFS）Group（本社 : 香港）を共同創業した C. フィーニー（Chuck
Feeney）がいる。彼は「推定資産が 2.5 億ドルに近づいた 1970 年代後半に」，
付き合いのある弁護士兼大学教授の「H. デイル（Harvey Dale）と真剣（seri-
ous）な慈善活動に関する議論を始め」（O'Clery 2007, p. 98），カーネギーの著作

---

13)　正確にはテュレーンは「ニューオーリンズ市の白人の若者の知識・道徳・産業教育の推進と奨励
　　　のために」ルイジアナ州に 288,700 ドル相当の資産を寄贈し，それを基に Tulane Educational
　　　Fund が設置され，同 Fund が「深刻な財政難」にあった公立のルイジアナ大学の運営を引き継
　　　ぐこととなった（New Orleans Historical, "The Founding of Tulane Univ."）。

もその教材とされた。1982 年に匿名性の確保を理由として英領バミューダ諸島に Atlantic Fdn を設立，主に同地を含む 8 つの国・地域で寄付活動を展開した。1986 年には米国を担当する Atlantic Trust が設立され，後に両者は Atlantic Philanthropies を構成することとなる。フィーニーは 1988 年の *Forbes 400* の 23 位に資産 13 億ドルでランクインしたが，1997 年にすでに DFS の 38.75% の株式や他の資産を 2 つの財団に寄付しており，資産は 200 万ドル未満であることを公表した。また，2000 年頃に組織の硬直化を Ford Fdn の戦後のベトナムでの対応に見て取ったこと（*id.*, ch.33）と「今日，価値のある目的への支援を通じて大善が成されうるのであれば寄付を遅らせることに理由を見出せない」（Atlantic Philanthropies website）との考えから財団の存続期間を限定，財団は 37 年間に 80 億ドル以上の助成を実施して 2020 年に解散した。フィーニーの "Giving while Living" の思想——彼に 5 人の子供がいることは付記されるべきであろう——はバフェットが彼を自身とゲイツの「ヒーロー」（*id.*）と呼ぶほどに両者を感化して Gates Fdn と第 1 章で触れた Giving Pledge の開設をもたらした（Bertoni 2012）。また，Gates Fdn は創設者であるゲイツと元妻のメリンダ（Melinda French Gates）の死から 50 年以内に解散することとなっている。日本では若き佐藤慶太郎が菅学應の記した伝記を通じてカーネギーの慈善活動から影響を受けた。渋沢はカーネギーの没後に夫人の家を訪問して *Autobiography of Andrew Carnegie* を譲り受け，「社会奉仕の一端」としてこれを小畑久五郎に翻訳させ，1922 年に『アンドルー・カーネギー自叙伝』として出版した。また，同書に寄せた序に「其蓄積せる鉅億の資材を以て子孫の為めに美田を買はず，一家の福利を犠牲として世界人類に貢献せしは，千古に渉りて史乗の載する所，口碑の伝ふるところ，未だ嘗て此の如き壮挙あるをきかさるなり」などと認め，カーネギーの慈善の活動と思想を絶賛した（ただし，渋沢はカーネギーの影響で慈善活動を開始したわけではない）[14]。根津は 1909 年の，渋沢を団長とする渡米実業団の一員として渡米した際にロ

---

14) 吉田忠裕の父で，YKK・YKK AP の創業者である忠雄は小学校時代に読んだカーネギーの伝記にあった「他人の利益をはからずして，自らの繁栄はありえない」との「体験から得た成功の秘密」を「自らの信念とした」（吉田忠雄 1982, pp. 170-1）と述べる（ただし，Carnegie（1920）にはそのような記述は確認できない）。忠雄の慈善活動としては，1967 年の吉田育英会の設立が挙げられる。森村の著書（森村 1912）にもカーネギーの富の管理方法に触れた個所がある。

ックフェラーと会い，「同氏が多額の金を儲けて，其の多くを世の中のために散ずる主義を知って，大いに啓発された」（根津 1938, p. 179）と述べている。

　日本人では渋沢が多くの起業家を慈善活動に勧誘した。その一人は服部時計店（現セイコー HD）創業者の服部金太郎で，渋沢の四男の秀雄によると「まいまい〔渋沢〕の勧誘に応じて，よく寄附金を出した」（渋沢秀 2019, p. 38）。1930 年には「国家，社会の恩に報ずるの念をもって，私財 300 万円を投じて」服部報公会を設立した（website）。日本女子大学（校）の設立に際してはその創立者・初代校長となる成瀬仁蔵の依頼で森村の説得に当たっている（白石 2021）。大原總一郎は関西経済同友会に関連する研究委員会を設置して慈善活動をその一部とする経営者の社会的責任の認識を促した。富士ゼロックス（現富士フイルムビジネスイノベーション）の社長・会長を務めた小林陽太郎は總一郎の思想に共感した一人であり（テレビせとうち他 2009），経済同友会代表幹事在任時（1999.4.-2003.4）に「企業の社会的責任」を改めて検討する『「市場の進化」と社会的経営責任』をとりまとめている。地元・岡山では松田基が總一郎に「〔岡山〕経済同友会創立を慫慂し，その後も本会の育成指導に当たって来られた」（松田基 1993, p. 45）と謝意を表し，自身も経営者の社会的責任に関して発言を重ねている。稲盛は 1984 年に稲盛財団を設立して京都賞を創設したが，それ，そして稲盛の慈善活動は 1981 年の，「教育者・研究開発者」である「伴五紀が個人財産を拠出し運営・開催していた」（伴五紀科学振興財団 website）伴記念賞の名誉賞の受賞を契機とする。また，京都賞の受賞者には波映画監督の A. ワイダ（Andrzej Wajda），米生物学者の D. ジャンセン（Daniel Janzen），米海洋学者の W. ムンク（Walter Munk），米コンピュータ科学者の D. クヌース（Donald Knuth），宇宙物理学者の林忠四郎，半導体科学者の赤﨑勇のように賞金（当初は 4,500 万円で，1995 年度に 5,000 万円，2018 年度に 1 億円に増額された）を寄付する者が少なくない（稲盛 2004）。林の「後進の天文学研究を奨励するため」になされた日本天文学会への寄付で同学会林忠四郎賞が，京都賞の後にノーベル物理学賞を受賞する赤﨑の応用物理学会への寄付で化合物半導体エレクトロニクス業績賞（赤﨑勇賞）が創設された。稲盛はこうした関係を「意図していなかった善意の連鎖反応」（id., pp. 181-2）と表現する[15]。なお，同様の行為はノーベル賞受賞者である小柴昌俊（物理学賞：2002 年），中

村修二（物理学賞；2014年），大村智（生理学・医学賞；2015年），大隅良典（生理学・医学賞；2016年），本庶佑（生理学・医学賞；2018年），吉野彰（化学賞；2019年）などにも見られる[16]。

（一族での継承）

起業家の慈善の活動・思想が一族内で継承され，財産が世代を通じて地域や社会全体に還元されることもある。例えば，ロックフェラーの息子のジョン，Jr.（1874-1960）は3.3節で述べた父親の医学研究所，財団，General Education Board の設立などに参画，財団では初代の理事長に就任するなど慈善活動に専念した。彼は巨額の資産も受け継ぎ，生涯に父親とほぼ同額の5億3,700万ドルを寄付したとされる（Philanthropy Roundtable website）。ジョン，Jr. の5人の息子，ジョン3世（John, III: 1906-78），ネルソン（Nelson: 1908-79），ローレンス（Laurance: 1910-2004），ウィンスロップ（Winthrop: 1912-73）とデイヴィッド（David: 1915-2017）は1940年に Rockefeller Brothers Fund（RBF；財団）を，ジョン，Jr. の後妻のマーサ（Martha）とウィンスロップを除く4兄弟が1967年に Rockefeller Family Fund（RFF；財団）を設立した[17]。また，ジョン3世は生前，1963年に設立した John Rockefeller III Fund（財団）への2,000万ドル，Lincoln Ctr. for the Performing Arts への1,220万ドル，Population Council への1,050万ドルをはじめとした9,400万ドルの寄付を実施し[18]，デイヴィッドは1989年に David Rockefeller Fund（財団）を設立，「彼

---

15) 政府の支援が新たな慈善を惹起しないことは H. スペンサーによりイングランド救貧法（English Poor Laws）に関連して主張されている；「強制的な寄付が親切な感情に訴えかけることはめったにない。税金を支払うよう命じられる人は，純粋な共感から自分のポケットに手を入れるわけではない。彼はこの要求をまた別の税金とみなして，その支払いに喜びではなく迷惑を感ずる。……自分の自主独立を獲得しようと奮闘している貧しい労働者や職人は何ら同情をかきたてなくなる。──このようなものが，国家的チャリティの奨励する精神状態だ。……国民の性格の低下が最終的な結果となる」（Spencer 1843, p. 28）。

16) 大隅は2018年にノーベル賞や生命科学ブレークスルー賞（Breakthrough Prize in Life Sciences）の賞金から1億円を寄付して大隅基礎科学創成財団を設立した。大村は山梨大学大村智記念基金が設置されると，いの一番に1,100万円を寄付した。本庶に関しては，小野薬品工業とのがん免疫治療薬「オプジーボ」の特許を巡る訴訟での和解に基づき，2021年に同社からの230億円の寄付で京都大学に小野薬品・本庶記念研究基金が設立された。

17) ネルソンはニューヨーク州知事（1959-73年）と副大統領（1974-77年），ウィンスロップはアーカンソー州知事（1967-71年），デイヴィッドは Chase Manhattan Bank CEO（1969-80年）を務めた。

の長い人生の最後の 10 年間，年に 2,000 万ドルから 3,000 万ドルを寄付し」
(Barron 2017)，2010 年には上記の Giving Pledge に参加した（Forbes によると
2017 年 3 月 20 日時点での財産は 33 億ドル）[19]。ピッツバーグのメロン一族では
A. W., R. B. と W. L. の家系の設立した財団が 1977 年 1 月 1 日時点で少なく
とも 15──大半がピッツバーグに本部を置いていた──あり，それらの資産
の合計が 10.6 億ドル（2021 年の 47.5 億ドルに相当）に上っていた。1983 年に
はサラの子の R. スカイフ（Richard Scaife: 1932-2014）[20]により Scaife Family
Fdn が，1996 年には同じく C. メイ（Cordelia May）により Colcom Fdn が，さ
らに 2000 年にはスカイフの息子のデイヴィッドにより DSF Charitable Fdn
が設立された（これらの財団のいくつかは統合または解散している）。また，CMU
GSIA は W. L. の寄付により設置され，その後も彼の娘である R. ウォルトンの
家族により寄付が続けられた（Zlatos 2006）。米国の教育機関などではしばし
ば支援者の名前が組織や建物の名称に入れられるが，ミネソタ大学に彼の名前
を冠した Sch. of Mgmt. などがある，Carlson Companies 創業者のカールソン
（Sch. の改称は彼が 1986 年に 2,500 万ドルを寄付したことによる）はそれを「ある
団体を私たちの家族が長きにわたって支援することを担保する」（Benioff and
Adler 2006, p. 273）ためと述べている。彼が 1959 年に設立し，一族が理事を占
める Carlson Family Fdn は 2018 年に 1,500 万ドルを同大学（内，1,000 万ドル
を Carlson School）に寄付，これにより一族の同大学への寄付の総額は 6,800

---

18)　日本との関係では「1950 年代初旬に瀕死の Japan Society を再生」，さらに 1956 年に Asia Soci-
　　ety を設立し，「東西の文化・教育面での交流の発展」に尽力した（Rockefeller Archive Ctr.
　　website）。生前，Asia Society に 800 万ドル，Japan Society に 400 万ドルを寄付し，Asia Soci-
　　ety には 400 万ドルの遺贈も行った。

19)　遺志により遺産の内の 2 億 5000 万ドルで RBF 内に David Rockefeller Global Development
　　Fund（基金）が組成された。他の主要な遺贈先は Museum of Modern Art（MoMA; 1 億 2,500
　　万ドル），ハーバード大学学長・評議員（fellow; 1 億 900 億ドル），ロックフェラー大学（1 億ド
　　ル）などである。因みに，MoMA は母，アビー（Abby）が設立者の 1 人となって 1929 年にニ
　　ューヨークに設立され，デイヴィッド（とネルソン）はその理事長などを務めた。

20)　スカイフは 1970 年に Tribune Review Publishing Co. を買収，同社は 2008 年に Westminster
　　Holdings と合併して Trib Total Media となった。また，彼は 1953 年に Allegheny Fdn，1964
　　年に Carthage Fdn を設立，また Allegheny, Sarah Scaife と Scaife Family の 3 財団から構成さ
　　れる Scaife Fdns の会長を務めた。遺志により Allegheny Fdn と Sarah Scaife Fdn にそれぞれ
　　3.675 億ドルとも 3,964 億ドルともされる遺産が贈られた。

万ドルに上る。

　大倉喜七郎は「父〔，喜八郎〕の遺志を継いで，〔大倉集古〕館の維持運営を支援し」，多数の近代絵画を寄贈した（website）。1930 年の羅馬日本美術展覧会には横山大観をはじめ 80 名の日本画家が約 200 点を出品したが，企画者となった喜七郎は「画家の渡航費用や作品の輸送費，会場設営費など」100 万円を負担した（佐々木 2018）。喜八郎の旧友に安田財閥の創始者である安田善次郎がいるが，長男の善之助（2 代目善次郎）は父が暴漢に殺害された後に東京大学大講堂建設への 100 万円，後藤新平の東京市政調査会（現後藤・安田記念東京都市研究所）設立構想への 350 万円と本所横網町の安田本邸の土地・建物の寄付・寄贈の約束を引き継いだ。1929 年の同愛記念病院の設立に際しては善次郎の別邸の「敷地〔（の一部）〕を譲渡し，その代価の一部約 12 万円を建設費用として寄付した」（安田不動産 website）。また，善次郎は 1918 年に東京府教育会付属東京植民貿易語学校に 6 万円を寄付したが，善之助は「1925 年の東京保善商業学校の併設も応援し，関東大震災で校舎が焼失すると，〔やはり善次郎の別邸の敷地の一部〕を提供して再興を後押しした」（id.）。石橋幹一郎は父，正二郎が久留米市に寄贈した石橋文化センター内のプール跡地に石橋美術館別館を建設・寄贈し，石橋財団や正二郎が深く関与した久留米大学に寄付や支援を行なった。大原總一郎も父，孫三郎の慈善事業を継承し，大原美術館に近代日本洋画を展示する分館と現在の工芸・東洋館となる幾つかの建物を設立，また孫三郎のそれとは異なる，歴史的景観を生かす形での倉敷の街づくりを提唱・実践した。上記の服部報公会には服部一族――金太郎の長男の玄三，十女の（吉田）好子，玄三の長男の謙太郎の遺族，次男の禮次郎の遺族――から寄付・遺贈がなされた（website）。2017 年には謙太郎の二男（禮次郎の養子）で，セイコー HD 会長兼グループ CEO の真二（1953- ）が 3 億円を拠出して服部真二 文化・スポーツ財団を設立している。

9.6　まとめ

　起業家と起業家が設立した財団は教育・研究・医療を振興したり，都市・人種問題を是正したり，あるいはそれらに従事する機関を財政的に支援したりす

る。とりわけ重要なのは活動のあり方であり，民間財団が政府との対比でより
リスクを負担して，あるいはより斬新な発想で上記の活動を実践した事例が多
数，見出される。リスクの負担を活動指針とする民間財団も少なくない。それ
ゆえ，起業家の直接的，または財団を通じた間接的な寄付活動は所得格差の是
正のみでなく，さまざまな社会問題への斬新なアプローチを許容するとの社会
的役割を担うこととなる。また，慈善の活動は共感に基づく連鎖によりその社
会的機能を増幅することとなるが，カーネギーを起点または中継点とした連鎖
は米国の同時代の起業家に留まらず，ゲイツとバフェットをはじめとした現代
の起業家，あるいはわが国の起業家にまで及んでいる。起業家の財産と慈善活
動・思想が一族内で継承され，その財産が数世代をかけて地域や社会全体に還
元されることも稀ではない。それはカーネギーやフィーニーには positive に評
価されないが，それでも好景気時に繰り返されてきた，そして日清戦争後の九
州の坑業家のそれが森林太郎を憤慨させた起業家による浪費よりは社会にとっ
て遥かに有意義となる。

第 10 章　公共心の涵養──結論に代えて

　米国では国全体として起業家や財団の慈善活動が活発であり，寄付活動ではピーボディ，カーネギー，ロックフェラーやフィーニーなど現在までの起業家のモデルとなる人物も登場している。地域ではカーネギーが起業家・慈善家として活躍した，また 1980 年代に中核産業である鉄鋼業が崩壊したピッツバーグでは起業家や財団による教育・医療機関への継続的な寄付，そしてベンチャー・キャピタルの設立，大学発スタートアップ企業が入居するビジネスパークの開発や住環境の整備が有機的に作用して地域の産業構造の転換，つまりコンピュータ科学／ロボット工学と医療の分野での産業の育成に重要な役割を果たしてきた。そこでの代表的な財団である R. K. Mellon Fdn は 2021 年にも CMU への 1.5 億ドルの寄付を公表，その半分はヘイゼルウッドグリーンでの Robotics Innovation Center（ビル）の建設に充当される。同財団のディレクタである S. ライマン（Sam Reiman）は「この歴史的投資は高度・付加製造（advanced and additive manufacturing），ロボット工学とコミュニティ全体にアクセス可能な技術職の創出の点でピッツバーグを世界的リーダーにするとのわれわれのヴィジョンを達成するための多くの歩みの最初である」（CMU 2021）と述べる。また，Pitt の同地でのバイオ製品製造施設（"BioForge"）の建設への 1 億ドルの寄付も公表した。ライマンはこの寄付を「ピッツバーグが生命科学で全米の先頭に立つことへの歴史的な賭け」（Pittwire 2021）と表現するが，もちろん，闇雲な賭けではなく，「この施設は Pitt で実施される最先端の生物医学研究と UPMC で提供される世界レベルの医療（clinical care）を活用するものとなる」（id.）。第 6 章～第 8 章で取り上げたわが国の都市・地域でもそこで大々的に慈善活動を展開した（している）起業家がいるが，地域産業の直接的な礎となる教育機関または医療機関への起業家・財団による繰り返しの寄付が

あまり見られないなど，とりわけ産業の育成の点で見劣り感は拭えない。

　わが国では米国と比較して寄付がし難い仕組みになっていたか，あるいはそもそもそれに依存しない国全体（国・地方公共団体）の財政の仕組みが採用されてきたかもしれない[1]。しかし，そうだとしてもすでにわが国はそれを改める方向に舵を切っており，小泉純一郎政権時の 2002 年 3 月に「最近の社会・経済情勢の進展を踏まえ，民間非営利活動を社会・経済システムの中で積極的に位置付けるとともに，……，公益法人制度について，関連制度（NPO，中間法人，公益信託，税制等）を含め抜本的かつ体系的な見直しを行う」ことを内容とした『公益法人制度の抜本的改革に向けた取組みについて』が閣議決定された。寄付金の所得控除制度に関しては 2005 年度税制改正により控除可能限度額が総所得金額の 25％ から 30％，2007 年度改正によりさらに 40％ に引上げられた[2]。「最近の社会・経済情勢の進展を踏まえ，……位置付ける」は 2004 年 12 月に閣議決定された『今後の行政改革の方針』の中の「公益法人制度改革の基本的枠組み」では「我が国において，個人の価値観が多様化し，社会のニーズが多岐にわたってきている中，行政部門や民間営利部門では満たすことのできない社会のニーズに対応する多様なサービスを提供し得る民間非営利部門を，社会経済システムの中に積極的に位置付けることが重要である」と敷衍された。また，2009 年に総理大臣に就任した民主党の鳩山由紀夫が所信表明演説で「新しい公共」の考え方を提唱，これは次の菅直人政権に踏襲され，2011 年度改正により所得控除か税額控除かの選択的な税額控除制度が導入された。第 6 章に登場した佐藤研一郎は財団が「お役所〔（主務官庁）〕の認可を受けるために助成事業の間口を広げたので，今のところは総花的で，個性がない」（『日本経済新聞』1991 年 12 月 7 日，p. 41）と不満を口にしたが，2006 年に公益法人制度改革関連 3 法の 1 つである『公益社団法人及び公益財団法人の認

---

1)　財政の仕組みは複雑である。個人所得税，配当課税，株式譲渡益課税などの税制に関する日・米・英・独・仏の 5 ヵ国のデータは財務省の website に見られる。政府の規模は一般には GDP に占める一般政府支出（general government spending）の割合で補足される。OECD のデータによると日米のこの値は 2012-19 年には米国の方が小さいが（2019 年は米国が 38.1％，日本が 38.7％），2005-11 年には逆転する。

2)　2006 年度改正により適用下限額が 10,000 円から 5,000 円，2010 年度改正によりさらに 2,000 円に引き下げられた。

定等に関する法律』が制定され（施行は 2008 年），「内閣総理大臣又は都道府県知事が，民間有識者による委員会の意見に基づき，一般社団法人又は一般財団法人の公益性を認定するとともに，認定を受けた法人の監督を行う制度が創設された」（内閣官房行政改革推進室 website）。

その上で，Charities Aid Fdn, *Caf World Giving Index 2021* によると，2020 年に慈善団体に寄付を行った大人の割合が 12% で，114 の調査対象国の中で 107 位(!)，米国は 45% で 24 位であった。より重要な原因が関連する仕組み以外にありそうである。ここで思い起こされるのが 2008 年 5 月に「税制を通じてふるさとへ貢献する仕組み」として導入された所謂「ふるさと納税」（正確には寄附）である。この制度の下で「自治体にふるさと納税を行った場合に，寄附額のうち 2,000 円を越える部分について，所得税と住民税から原則として全額（ただし，上限あり）が控除される」こととなった。「自治体には納税者の「志」に応えられる施策」を実施することを，「納税者には地方行政への関心と参加意識を高める」ことが期待された（総務省 website）。しかし，自治体の側では返礼品競争が過熱し，返礼割合――寄附金の額に対する返礼品の調達価格の割合――が 100% を超えるものさえ登場した[3]。他方，（株）クロス・マーケティングが 2018 年 8 月 11 日～15 日に実施したインターネット調査によると，ふるさと納税の実施経験者は全体の 15.7%，実施理由の 1 位は「返礼品が魅力的」で 83.5%，次が「節税になる」で 55.8%，本来の趣旨である「地方活性化になる」は 29.1% に過ぎなかった。ふるさと納税に寄付に対する誤った意識が垣間見られ，さらにそれが日本の寄付文化を後退させないか懸念されるのである[4]。そこで，慈善活動の促進には，主に税制の仕組みの慎重な検討とともに，道徳心を向上させる道徳教育が必要となろう[5]。『教育基本法』第 2 条には 5 つの教育の目標が掲げられており，その 1 つは「正義と責任，……，自他の敬愛と協力を重んずるとともに，公共の精神に基づき，主体的に社会の形成に参画し，その発展に寄与する態度を養うこと」とされる。

---

3) 2019 年の法改正によりふるさと納税に係る指定制度が創設され，返礼品に関して，①返礼品の返礼割合を 3 割以下とすること，②返礼品を地場産品とすること，が総務大臣が地方団体をふるさと納税の対象として指定する条件とされた。なお，東京都は「受益と負担という地方税の原則と大きく違っている」（小池百合子知事談；『日本経済新聞』2019 年 4 月 12 日，p.5）との理由で新制度に参加していない。

1958 年改訂の学習指導要領により小・中学校に教科外活動である「道徳の時間」が設置され，小学校では 2018 年度，中学校ではその翌年度から「特別の教科 道徳」（道徳科）となった。道徳の教科化または教育内容には様々な意見があるが，以下では学校教育の場に必ずしも限定されない道徳教育の教材に関して慈善活動の観点で簡単に私見を述べることとする。

　日本では義，勇，仁などの徳目から成る武士道が武士の子弟に掟として，江戸時代には藩校や幕府直轄の昌平坂学問所（昌平黌）で教え込まれた。武士道を *Bushido: The Soul of Japan*（Nitobe 1900）により欧米に紹介した新渡戸稲造は，①それが「国民全体の精神となった」(p. 169)，②「愛，寛容，他者への愛情，哀れみの心，すなわち仁が，常にその至高の徳として……認められてきた」(p. 50)，さらに③「その道徳的な教義に関しては，孔子の教えがもっとも豊かな源泉となった」(p. 30) と述べる。②に関して，明治期またはそれ以前に訪日した外国人で日本人の道徳心を賞賛した者が少なくない。彼らが残した著作を渉猟した渡辺京二は「……在りし日のこの国の文明が，人間の生存をできうるかぎり気持ちのよいものにしようとする合意と，それにもとづく工夫によって成り立っていた」（渡辺 2005, p. 183）とまとめている。③に関して，「孔子の教え」とはいうまでもなく儒教であり，それは『論語』を含む四書五経[6] を主な経典とする。武士道に関しては，東京帝国大学総長，明治専門学校総裁，旧制武蔵高校校長などを歴任した山川健次郎の「武士道に就て」と題し

4）「寄付」に見返りを求める，またはそれがあることは他人の寄付を偽善・売名行為と捉えることに結び付くかもしれない。プラン・インターナショナル・ジャパンが 2016 年 12 月 2 日〜2017 年 1 月 27 日に 15 歳〜24 歳の若者を対象として実施した調査によると，約 20% が寄付を「偽善的」と回答している（https://godabu.jp/forcus/2647）。ただし，ふるさと納税が災害支援など返礼品のない事業に活用され始めていることも事実である。

5）日本人の道徳心の低下がしばしば指摘される。中でもコロナ禍での各種給付金・助成金の大量の不正受給はそのことをまざまざと実感させる。事業者の事業継続を支えるために持続化給付金と家賃支援給付金（申請期間は前者が 2020 年 5 月 1 日〜21 年 2 月 15 日，後者が 20 年 7 月 14 日〜21 年 2 月 15 日）に関して，中小企業庁は 22 年 3 月 10 日時点で持続化給付金の不正受給，1,073 件（不正受給総額：10 億 7,957 万円），同年 3 月 3 日時点で家賃支援給付金の不正受給，36 件（9,696 万円）を認定した。この他に 22 年 3 月 10 日時点で持続化給付金の返還申出件数が 21,305 件，返還済み件数が 15,172 件，返還済み金額が 163.0 億円，家賃支援給付金の 返還申出件数が 1,099 件，返還済み件数が 1,089 件，返還済み金額が 8.5 億円となっている（経済産業省 website）。返還申出の要因の 1 つに「不正の内容が悪質な場合には刑事告発」（経済産業省パンフレット）がなされることの認識の高まりがある。

た論説（山川 1929）などもある[7]。山川はそこで武士道における 8 つの徳目として忠・孝・勇・義・礼・信・恕・清の 8 つを取り上げ，義を「己の利害を顧ずして世の益，君の益，人の益を諮る」（山川 1937, p.564）こと，恕を「弱い者をいたわる」（p.572）こと，清を「苟も利の為に己の徳を汚すということをせぬ」（p.573）ことであり，「清は官吏其他公職に在る者に，欠く可からざるもの」（〃）と解説している。起業家では渋沢が，ⓐ「真正の利殖は仁義道徳〔（＝道徳）〕に基づかなければ，決して永続するものではない」（渋沢栄 2008, p.124; 論語に「富と貴きとは，是れ人の欲する所なり。其の道を以て之を得ざれば，処らざるなり」の一節がある），ⓑ富豪は「富を造るという一面には，常に社会的恩誼があるを思い，道徳上の義務として社会に尽くすことを忘れてはならぬ」（p.147），として商工業者の道徳の重要性を説き，自身は「論語の教訓に従って」（p.32），あるいは「論語と算盤」によりさまざまな事業を展開した（4.1 節を参照のこと）[8]。ただし，主張のⓑは社会主義やストライキを招来するのを懸念してのもので，その点ではカーネギーの思想と重なる（3.2 節を参照のこと）。渋沢と事業（筑豊鉱業鉄道，若松築港会社と九州製鋼）での親交のあった「安川の生家徳永家は，世々〔亀井南冥（1743-1814）を祖とする〕亀井学の儒家」であり（松本健次郎「序に代えて」（安川 1935）），安川は少年時代には「書籍を懐にして剣槍の師家に往来するに，同儕皆青表紙とか學者とか號して誹謗するを常とせり」（id.）と述懐している[9]。明治維新の立役者の 1 人である西郷隆盛（南洲; 1828-77）は政治家の道徳の重要性を説き，また彼らの必読書として五経の 1 つ，『春秋』の解説書である『春秋左氏伝』と『孫子』を挙

---

6)　四書とは『大学』，『中庸』，『論語』，『孟子』，五経とは『易経』（『周易』），『書経』（『尚書』），『詩経』（『毛詩』），『春秋』，『礼記』）をいう。

7)　山川は会津藩士の家に生まれたが，会津藩では藩校，日新館に入学する前の 6 ～ 9 歳の藩士の子弟に「什」または「遊び」と称される集団の中で，①年長者の言うことに背くこと，②年長者にお辞儀をしないこと，③嘘言を言うこと，④卑怯な振舞をすること，⑤弱い者をいじめること，などを理屈抜きに禁じた「什の掟」が教え込まれた。

8)　渋沢より早く商人の役割と利益を積極的に認め，他方で商人の道徳を説いた思想家に石田梅岩（1685-1744）がいる。石田の言う商人の道徳の概要は「相手を大切にして正直にする」（石田 2021, p.92）ことと倹約により費用を削減し，価格を下げることとなる。神儒仏を学んだ石田の思想は石門心学と称される。ついでながら，Ford Motor 創業者の H. フォード（Henry Ford）も起業家が利潤を価格の引き下げに繋げることを提唱し，それを実践した。それにより大衆のみならず，起業家と労働者も取引量の増加による恩恵が施されると考えるのである（Ford 1926）。

げている（西郷 2008）。その母体の封建制の崩壊により武士道は終焉したが（Nitobe 1900），それ，または中国古典に関連した書物を道徳の教材として活用することは大いにあってよい。

　先人の慈善の活動と思想を伝える書物も道徳の教材となる。本書は起業家に焦点を合わせており（彼らによる／に関する書物は参考文献を参照のこと），彼ら以外による／に関する書物では山田（2021; 第4章）や森林太郎の「我をして九州の富人たらしめば」（第7章）に触れたに過ぎない[10]。ここではそうした先人として余りにも著名な二宮尊徳（金次郎）と福沢諭吉に言及しよう。現在の神奈川県小田原市に生まれた二宮（1787-1856）は小田原藩主大久保忠真や幕府の要請を受けて衰退した農村の復興事業を指揮，至誠，勤労，倹約（分度）と推譲を基本理念，財政健全化（概ね過去10年の歳入の平均が歳出の上限（分限）とされた），社会インフラ（道路，橋，用水路など）の整備，農民に対する生活・就労支援などを手段とする「報徳仕法」により「伊豆，駿河，相模，甲州，遠江，武蔵，下總，上野，下野，常陸，陸奥，惣じて11ヶ国」（富田 1933, p. 233; 読点は引用者による）でその成果を上げた[11]。第8章で大きく取り上げた大原孫三郎はキリスト教（旧約聖書）の他に，二宮の高弟である富田高慶が著した尊徳の伝記，『報徳記』（富田 1933）からも影響を受けたとされる。なお，二宮はその『報徳記』に少年期，「採薪の往返にも大学の書を懐にして

---

9)　南冥の長男，昭陽の『(論語) 語由述志』を渋沢が1922年に出版，同年に渋沢邸を訪問した際に安川はそれを謝している（安川 1935）。なお，安川は晩年，『筑紫史雑誌』に「論語漫談」を連載した（「論語漫談」は安川（1935）に収録される）。

10)　筆者の手元にある本では磯田（2015）が陸奥国今村（現宮城県黒川郡大和町）の穀田屋十三郎（酒造業），大塩（2012）が越前国三国湊（現福井県坂井市三国町）の六代目内田惣右衛門（廻船問屋），村井（1917）が出羽国五十目村（現秋田県南秋田郡五城目町）の二代目渡邊彦太郎（酒造業・肝煎），鈴木（1979）と三戸岡（2007）が遠江国安間村（現浜松市東区安間町）の金原明善（名主）の慈善事業を紹介している；磯田道史（2015）[2012]『無私の日本人』文藝春秋（文春文庫），大塩まゆみ（2012）『「陰徳の豪商」の救貧思想——江戸時代のフィランソロピー——』ミネルヴァ書房，村井良八（1917）『渡辺彦太郎翁伝』那須宗七，鈴木要太郎（1979）『金原明善——その足跡と郷土——』浜松史跡調査顕彰会，三戸岡道夫（2007）『金原明善の一生』栄光出版社。第4章脚注1も参照のこと。

11)　また，「二宮の報徳思想・報徳仕法は安居院義道により浜松地域〔の商人の間〕に持ち込まれ〔，〕第6代中村吉（小間物商），鈴木藤三郎（日本精製糖（現大日本明治製糖）創業者），豊田佐吉（豊田自動織機製作所（現豊田自動織機）創業者），中村陸平（酒造業者（現浜松酒造）），松島保平（三立製菓創業者）などの実業家がその信奉者となった」（太田 2016, pp. 144-5）。

途中歩みながら之を誦し少しも怠らず」（p. 18）との記載があり，また長じて後に儒教の経典の1つである『孝経』，四書，七書（『孫子』，『呉子』，『司馬法』，『尉繚子』，『三略』，『六韜』と『李衛公問対』）などを購入した記録が残されている（二宮康 2010）。渋沢はカーネギーの慈善の活動と思想を絶賛したが，院長を務める東京市養育院で自主的に組織された報徳会での「二宮先生の遺法」と題した講話で「会員諸君と共に飽くまでも先生の遺されたる四ケ条の美徳〔（基本理念）〕の励行を期せんことを希ふ」（渋沢 1911，第3巻，p. 654）と述べている。

　福沢（1835-1901）は中津藩士の家に生まれ，漢学，蘭学（蘭語）と英学（英語）を学び，幕府使節団の一員として 1860 年と 1867 年に米国，1862 年に欧州6ヵ国を訪問した。また，1858 年に藩命により築地鉄砲洲の中津藩中屋敷内に蘭学塾を開設，1868 年にこれを芝新銭座に移転して慶應義塾と命名した。福沢は東洋には西洋と比較して「有形に於いて数理学と，無形に於いて独立心」（福澤 2003，p. 259）が欠如しているとの認識の下に慶應義塾の教育方針を定め，また儒教をその原因として厳しく批判した。それでも，「苟も同類群れを為して浮世の衣食住を共にする上は，我一身一家を維持すると共に同類に対するの義務も免かるべからず。……。社会雑居の一人たることを知る者は，体力を強壮にして精神を活発にし，以て先ず一身一家の生計を営み，身を粉にしても直接に他人の厄介たることなきを諮り，孜々勉強すると共に，常にその見る所を広くして社会公共の利害に注意し，等しく事業を営むにも間接に世を利するものを択ぶこそ本意なれ」（福澤 2009，p. 49）との教えは渋沢のそれと何ら背反するものではなく――渋沢は「忠孝に対する観念が聊か先生と余と相違しているが，その他の点に就いては皆々敬服すべきことばかりである」（渋沢 1917，p. 428）と述べている――，それにより本書に登場した森村市左衛門，服部金太郎，藤原銀次郎などの起業家兼慈善家を育成した[12]。

　新渡戸が *Bushido* を執筆したのはベルギーの法学者，E. ラヴェレエ（Émile

---

12)　慶應義塾出身の著名な起業家として藤山雷太（藤山コンツェルン創設者），久原房之助（久原財閥創設者），小林一三（阪急東宝 G（現阪急阪神東宝 G）創設者），松永安左衛門（中退・名誉博士；九州電気（後の東邦電力）創業者）などもいる。鐘淵紡績で paternalism を実践した武藤山治も慶應義塾出身である。森村は慶應義塾と直接には関係しないが，福沢とは「友人の様な関係」（森村 1912，p. 299）で，事業に関してさまざまな指導を受けている。

de Laveleye) から日本では学校での「宗教教育がなくてどのようにして道徳教育を授けるのか」(Nitobe 1900, p. 3) との質問を受けたことが契機の1つとなった。宗教教育は道徳教育となるのである[13]。ロックフェラーは自身の慈善の思想を「私はお金を稼ぐ能力は神からの贈り物であり，それは人類のためにできる限り開発され，使用されるべきであると信じる。私はその贈り物を授けられたので，お金を稼ぎ，さらにより多くのお金を稼ぎ，そして稼いだお金を良心の命令に従って同胞 (my fellow man) のために使うのが私の義務であると信じる」(interview in 1905, Collier and Horowitz 1976, p. 48) と説明しているが，これは正に彼が信仰した，プロテスタンティズム (Protestantism) ──「宗教改革に端を発し，ローマ・カトリック教会，東方正教会と並ぶキリスト教の一大勢力となった諸教派」(『日本大百科全書 (ニッポニカ)』) ──の富の生産（労働）と使用（消費など）に関する教義である。ピューリタンの牧師である R. バクスター (Richard Baxter: 1615-91) は「もしも神があなたがたに，自分の霊魂も他人の霊魂も害することなく，……，しかも，他の方法によるよりいっそう多くを利得しうるような方法を示し給うたばあい，もしそれを斥けて利得の少ない方法をえらぶとすれば，あなたがたは……，神の管理人としてその賜物を受けとり，神の求め給うときに彼のためにそれを用いることを拒む，ということになる。もちろん肉の欲や罪のためではなくて，神のためにあなたがたが労働し，富裕になるというのはよいことなのだ」(Weber 1989, p. 310) と述べている（ただし，ロックフェラーの競争手段には反競争的との非難されるものがあった）。また，M. ヴェーバー (Max Weber) は富の使用に関して「消費的使用を阻止することは，まさしく，それの生産的利用を，つまりは投下資本としての使用を促さずにはいなかった」(id., p. 345) としてプロテスタンティズムを資本主義の発展の要因とみなしている。なお，3.2 節で紹介したカーネギーの慈善の思想もプロテスタンティズムの教義と完全に整合するが，彼がプロテスタンティズムから影響を受けたかは疑わしい。

---

13) わが国に伝来した大乗仏教の慈善思想に関しては，渡唐して天台教学を修め，帰国後に天台宗を開宗した最澄が仏教書，『山家学生式』に「悪事向己　善事与他　忘己利他　慈悲之極」の言葉を書き残していることに触れるに留める。なお，それは石田，さらには二宮の思想に影響を及ぼしているかもしれない。

　こうして見ると，カーネギー，武士道，論語などの中国古典（二宮，渋沢），プロテスタンティズムの慈善の思想に大きな違いはなく——ただし，カーネギーが消極的であった，あるいはピーボディがロンドンでの住宅供給においてその対象を限定した困窮者への施しを渋沢は養育院（東京都健康長寿医療センター）を舞台にその院長として積極的に展開した——，何から学んでもよいかもしれない。

補論6　マイク・シコースキー氏の慈善活動の動機

　なぜ，私がTIPSのような非営利団体で働くかを説明するのは少々，難しいのですが[14]，出来事を順を追って示すことは可能です。1999年に戻って，われわれの教会の牧師が，イエスがわれわれにそうするよう指導した「他人に奉仕すること」の重要性に関する説教を行ないました。奉仕には多くの異なる方法があり，またそれを必要とする多くの人々がいます。彼はわれわれにいくつかの異なる形の慈善活動（charity work）を試み，そしてどれがあなたに最大の喜びをもたらすか，そしてあなたに満足を覚える方法であなたの才能（talent）と能力（ability）を利用するのを許すのかを確かめるように奨めました。教会は人々にホームレスを手助けする，子供たちを個人指導する，老人ホームにお年寄りを訪問するなどの機会を与えました。しかし，私の好奇心をそそったのは英語を学習する外国人を手助けする機会でした。当時，私は弁護士として働いており，そこで夕方，仕事の後に奉仕活動を開始しました。そして，英語クラスを教えた最初の日から私は「夢中」（"hooked"）になりました。私は異なる国から来た人々と話をし，彼らの生活や文化を学ぶのを楽しみました。なぜ，われわれは物事を別の仕方ではなく，ある仕方で述べる理由を説明するチャレンジ[15]を楽しみました。そして，私は学生が楽しみながら学べる練習

---

14)　TIPSはTruro International Programs and Servicesのことで，バージニア州フェアファクスにあるTruro Anglican Churchが提供する（Anglican Church（とEpiscopal Churchは共に）英国国教会系教会の総称で，わが国では聖公会と訳される）。筆者はかつてこの教会の隣のアパートメントに滞在し，マイクと出会った。

15)　チャレンジ（challenge）は「難しいがやりがいがあるもの」（『英辞郎 on the WEB』）の意味である。

問題（exercise）や他の機会を作ることを楽しみました。〔1文省略〕日中は弁護士として，夕方には教師として数年間，働いた後で，私はついに「思い切って踏み出し」（"to take the plunge"），フルタイムの教師となる決心をしました。それにより給料は明らかに低下し，私の友人の多くは私の選択を理解しませんでしたが，私はそれを全く後悔していません。私はそのことが好きで，それは必要とする人々への奉仕を通じて主（Lord）を喜ばせたいとの私の願望をチャレンジングで，楽しめる仕事を行いたいとの願望に一体化するのを許すからです。米国の多くの人々が奉仕活動を行ったり，慈善活動に従事したりするのはやはりそれが彼らに一体化した生活を送るのを許すからであると考えます。人々は他人を手助けすることから満足を得ます（キリスト教徒は，これは神が愛を与え，また受けるようにわれわれを設計したからと教えます。そして，いくつかの職業は何かを必要とする人々との多くの直接的な接触を提供しません）。あなたの時間や財産を与えて必要とする人々に手助けすることは多くの米国人に彼らの才能と価値を一体化する感覚を与えます。これが私の長く，退屈な回答になります。

　マイクは数日後のメールにボランティア活動は，①独身で，子供がいないこと，②学生ローンの負債が残っていないこと，の2点が可能にしたもので，そうでなければ不可能だった，さらに「私は聖人ではありませんよ」と説明を加えた。これが米国人の大切にする"fairness"なのかと感心する。

参考文献

Acs, Z. J. (2013) *Why Philanthropy Matters: How the Wealthy Give, and What It Means for Our Economic Well-Being*, Princeton Univ. Press.

Aesch, M. (2016) *Saving America: 7 Proven Steps to Make Government Deliver Great Results*, Routledge.

American Chemical Society [ACS] (2013) *Mellon Institute of Industrial Research*, (http://www.acs.org/content/acs/en/education/whatischemistry/landmarks/mellon-institute.html).

Andrews, G. (2021) "The Inside Story: How Indianapolis Landed the NCAA," *Indianapolis Business Journal*, 42(4), pp. 1A, 28A-29A.

Arnold, L. (2017) "Henry Hillman, Who Helped Fund KKR, Kleiner Perkins, Dies at 98," *bloomberg.com*, Apr 15.

Atkinson, A. B. (2015) *Inequality: What Can Be Done?*, Harvard University Press (山形浩生・森本正史訳『21世紀の不平等』東洋経済新報社, 2015).

Barron, J. (2017) "David Rockefeller's Thoughtful Path to Philanthropy," *The New York Times*, Nov 8.

Bauman, J. F. and E. K. Muller (2006) *Before Renaissance: Planning Pittsburgh 1889–1943*, Univ. of Pittsburgh Press.

Benioff, M. and C. Adler (2006) *Business of Changing the World: Twenty Great Leaders on Strategic Corporate Philanthropy*, McGraw-Hill (齊藤英孝訳『世界を変えるビジネス 戦略的な社会貢献活動を実践する20人の経営者たち』ダイヤモンド社, 2008).

Bertoni, S. (2012) "Chuck Feeney: The Billionaire Who is Trying to Go Broke," *Forbes*, October 7.

Bittkert, B. I. and G. K. Rahdert (1976) "The Exemption of Nonprofit Organizations from Federal Income Taxation," *Yale Law Journal*, 85(3), pp. 299-358.

Bloomberg, M. R. (2018) "Why I'm Giving $1.8 Billion for College Financial Aid.: Let's Eliminate Money Problem from the Admissions Equation for Qualified Students," *The New York Times*, Nov 18.

Bloomberg, M. R. (2019) *Bloomberg by Bloomberg*, revised and updated edn., John Wiley & Sons.

Blum, J. M. (1999) "The Entrepreneurs," in S. Lorant (ed.) (1999).

Bookchin, D. and J. Schumacher (2004) *The Virus and the Vaccine: Contaminated Vaccine, Deadly Cancers and Government Neglect*, St. Martin's.

Boselovic, L. (1995) "Rangoses to Prosper under Chambers' Merger with Dallas Rival,"

Pittsburgh Post-Gazette, Jun 20.

Buffett, W. E. (2011) "Stop Coddling the Super-Rich," *The New York Times,* Aug 14.

Burrough, B. and U. Gupta (1986) "Tycoon's Travails: Pittsburgh Billionaire Finds Venture Capital a Rough Game to Play," *Wall Street Journal,* Sep 17.

Cannadine, D. (2006) *Mellon: An American Life,* Alfred A. Knopf.

Carnegie, A. (1895) "Mr. Carnegie's Address," *Presentation of the Carnegie Library to the People of Pittsburgh, with a Description of the Dedicatory Exercises,* Nov 5.

Carnegie, A. [ed. by J. C. Van Dyke] (1920) *Autobiography of Andrew Carnegie,* Constable & Co (坂西志保訳『カーネギー自伝』中央公論新社 (中公文庫), 2002).

Carnegie, A. (2017) [1889] *The Gospel of Wealth,* Carnegie Corporation of New York.

Carnegie Mellon Univ. [CMU] (2021) "CMU, R. K. Mellon Foundation Announce Historic Partnership" (https://www.cmu.edu/news/stories/archives/2021/may/rkm-grant.html).

Chernow, R. (2004) *Titan: The Life of John D. Rockefeller, Sr.,* Vintage (井上広美訳『タイタン』(上)・(下), 日経 BP, 2000).

Collier, P. and D. Horowitz (1976) *The Rockefellers: An American Dynasty,* Henry Holt & Co.

Curry, J. L. M. (1898) *Peabody Education Fund. A Brief Sketch of George Peabody, and a History of the Peabody Education Fund through Thirty Years,* John Wilson and Son.

Dale, E. (1959) "Ernest Tener Weir: Iconoclast of Management," *California Management Review,* 1(3), pp. 11–27.

Daniels, A. (2020) "Foundations Adopt Policies to Move More Money Faster, and with Fewer Restrictions," *Chronicle of Philanthropy,* Apr 30.

Daniels, R. (2015) "A Generation at Risk: Young Investigators and the Future of the Biomedical Workforce," *Proceedings of the National Academy of Sciences of the United States of America,* 112(2), pp. 313–18.

Diamond, S. (2002) "Efficiency and Benevolence: Philanthropic Tax Exemptions in 19th-Century America," in E. Brody (ed.), *Property-Tax Exemption for Charities: Mapping the Battlefield,* Urban Institute Press.

Dietrich, W. S., II (2011) *Eminent Pittsburghers: Profiles of the City's Founding Industrialists,* Taylor Trade Publishing.

Drucker, P. F. (1985) *Innovation and Entrepreneurship,* Harper & Row (上田淳生訳『イノベーションと企業家精神』ダイヤモンド社, 2007).

Eisinger, J., J. Ernsthausen and P. Kiel (2021) "The Secret IRS Files: Trove of Never-Before-Seen Records Reveal How the Wealthiest Avoid Income Tax," *ProPublica,* Jun 8.

Ernsthausen, J., J. Bandler, J. Elliott and P. Callahan (2021) "More Than Half of America's 100 Richest People Exploit Special Trusts to Avoid Estate Taxes," *ProPublica,* Sep 28.

Ewing, T. (1889) *Memorial Volume: John Robison McCune,* Jos. Eichbaum & Co.

Franklin, B. (1818) *Autobiography of Benjamin Franklin*（松本慎一・西川正身訳『フランクリン自伝』岩波書店（岩波文庫）, 1957）.

Ford, H. (1926) *Today and Tomorrow: Timeless Wisdom for a Modern Digital Age*（竹村健一訳『藁のハンドル』中央公論新社（中公文庫）, 2002）.

Forney, J. W. (1867) *Letters from Europe*, T. B. Peterson.

Freeman, T. M. (2021) "MacKenzie Scott's HBCU Giving Starkly Contrasts with the Approach of Early White Funders of Historically Black Colleges and Universities," *The Conversation*, Aug 2.

Fulton, J. G. (1969) "The Hillmans of Pittsburgh," *Forbes*, Sep 15.

Gates, B. (2019) "What I'm thinking about this New Year's Eve: As the Year Comes to an End, I Reflect on How We Can Make Our Tax System More Fair," *Blog of Bill Gates*, Dec 30.

Grantmaking of Western Pennsylvania [GWP] (2015) "Giving in Pittsburgh How Much Stays Local?," (https://gwpa.org/sites/default/files/resources/Giving%20in%20Pittsburgh-How%20Much%20Stays%20Local.pdf).

Grice, E. (2006) "The Man Who Gave $350 Million to Charity," *Telegraph*, Jun 29.

Hadero, H. (2021) "'Stupid' and 'Insane': Some billionaires Vent over Tax Plan," *AP News*, Oct 29.

Hanaford, P. A. (1870) *The Life of George Peabody*, B. B. Russell.

Handlin, O. (1999) "The City Grows," in S. Lorant (ed.) (1999).

Hargreaves, S. (2014) "The Richest Americans in History," *CNN Money*, Jun 2.

Heilbroner, R. L. (1999) *The Worldly Philosophers: The Lives Times and Ideas of the Great Economic Thinkers*, 7th ed., Simon & Schuster Inc.（八木甫他訳『入門経済思想史 世俗の思想家たち』筑摩書房（ちくま学芸文庫）, 2001）.

Hersh, P. (1987) "Indianapolis Blueprint A Model for Other Cities," *Chicago Tribune*, Jul 5.

Horowitz, J. M., R. Igielnik and R. Kochhar (2020) "Most Americans Say There Is Too Much Economic Inequality in the U.S., but Fewer Than Half Call It a Top Priority," (https://www.pewresearch.org/social-trends/2020/01/09/most-americans-say-there-is-too-much-economic-inequality-in-the-u-s-but-fewer-than-half-call-it-a-top-priority/).

Ingham, J. N. (1983) *Biographical Dictionary of American Business Leaders*, H-M, Greenwood Press.

Jacobs, J. (1961) *The Death and Life of Great American Cities*, Random House（山形浩生訳『アメリカ大都市の死と生』新版, 鹿島出版会, 2010）.

Johnson, D. (1997) "A Master's Degree in Philanthropy Teaches the Business of Doing Good," *The New York Times*, Dec. 24.

Koskoff, D. E. (1978) *The Mellons: The Chronicle of America's Richest Family*, Thomas Y. Crowell Co.

Lambrou, E. C. (2010) "Portrait of a Philanthropist: John G. Rangos Sr., Pittsburgh Benefactor," *National Herald*, Oct 2.

Leong, J. (2012) "For the Record: Joseph Wharton," *Penn Today*, Jan 19.

Leuty, R. (2013) "As Google's Calico Targets Aging, Ellison Foundation Opts out, Leaving Researchers in the Lurch," *San Francisco Business Times*, Dec 19.

Lipton, E., D. E. Sanger, M. Haberman, M. D. Shear, M. Mazzetti and J. E. Barnes (2020) "He Could Have Seen What Was Coming: Behind Trump's Failure on the Virus," *The New York Times*, Apr 11.

Lorant, S. (ed.) (1999) *Pittsburgh: The Story of an American City*, 5th edn., Esselmont Books.

Lubove, R. (1995) [1969] *Twentieth-Century Pittsburgh: Government, Business, and Environmental Change*, John Wiley & Sons.

Machosky, M. (2017) "Hillman Foundations Plan to Use Founder's $800 Million Gift Locally," *NEXTpittsburgh*, Jun 1.

Massey, A. (2006) "Paternalism and Struggle at Weirton Steel Corporation," in J. D. Gatrell and N. Reid (eds.), *Enterprising Worlds: A Geographic Perspective on Economics, Environments & Ethics*, Springer.

McCafferty, E. D. (1923) *Henry J. Heinz: A Biography*, Bartlett Orr Press.

McCune, C. L. (1973) *Three Lives and All of Them Are Mine*, revised edn., privately printed.

Mellon, P. with J. Baskett (1992) *Reflections in a Silver Spoon: A Memoir*, William Morrow & Co.

Mellon, R. K. (1953) "Management's Responsibility to the Community," Remarks Made by Richard K. Mellon upon the Occasion of Receiving the Fourth Annual Gold Medal of Merit Award of the Wharton School of Finance and Commerce Alumni Society, Univ. of Pennsylvania.

Mendelson, R. (2011) "Immortal Gift," *Carnegie Mellon Today*, Oct.

Michalakis, D. C. (2016) "John G. Rangos Sr. Changing the Landscape of America - A Kid from a Steel Town Cleans up America and Spreads His Charity to All," *NEO Magazine*, Sep 13.

Murray, S. (2004) "Teresa Heinz Kerry, The Philanthropist, Tries Tough Love," *Wall Street Journal*, Apr 16.

National Herald (2014) "Duquesne U. Honors John Rangos," *National Herald*, Aug 31.

National Research Council (2004) *Bridging the Bed-Bench Gap: Contributions of the Markey Trust*, National Academies Press (https://doi.org/10. 17226/10920).

Nitobe, I. (新渡戸稲造 ; 1900) *Bushido: The Soul of Japan*, Leeds & Biddle (岬龍一郎訳『武士道』PHP 研究所 (PHP 文庫), 2005).

Obama, B. (2014) "Remarks by the President on "My Brother's Keeper" Initiative," (https://obamawhitehouse.archives.gov/the-press-office/2014/02/27/remarkspresident-my-brothers-keeper-initiative).

O'Clery, C. (2007) *The Billionaire Who Wasn't: How Chuck Feeney Secretly Made and Gave Away a Fortune*, Public Affairs.

Odyssey (2008) "John G. Rangos Sr. Research Center Opens at New Children's Hospital of Pittsburgh," Odyssey, Nov/Dec.

Odyssey Group Wealth Advisors (2020) "Charitable Giving: Charitable Trusts and Foundations," (https://odysseygroupwa.com/articles/charitable-trusts-charitable-foundations-private-foundations/).

Parker, F. (1995) *George Peabody: A Biography*, revised edn., Vanderbilt Univ. Press.

Peterson, B. (1987) "Outrunning Old Nicknames," *Washington Post*, Aug 7.

Philanthropy Roundtable (undated) "Fixing Problems via Philanthropy vs. Government," (https://www.philanthropyroundtable.org/almanac/article/fixing-problems-via-philanthropy-vs.-government).

Philippidis, A. (2015) "35 Grants for Young Researchers," *Genetic Engineering & Biotechnology News*, Apr 6.

Piketty, T. (2014) [2013] *Capital in the Twenty-First Century*, Belknap Press (山形浩生他訳『21世紀の資本』みすず書房, 2014).

Pittsburgh Post-Gazette (2018) "Billionaire Thomas Tull to Move His Headquarters to Pittsburgh, Become Permanent Resident Here," *Pittsburgh Post-Gazette*, Jan 12.

Pittwire (2021) "Pitt to Lead the Region's Transformation into a Life Sciences Powerhouse," *Pittwire*, Nov 17.

Popular Pittsburgh (undated) "Pittsburgh's Dark History," (https://popularpittsburgh.com/darkhistory/).

Ratliff, L. (2018) "Shoeshiner Who Donated $202,000 in Tips to Sick Children Leaves behind Legacy of Kindness," *TODAY.com*, Oct 22.

Riffe, S. (2019) "Archives Digitize Decades of Mellon Institute Records," (https://www.cmu.edu/news/stories/archives/2019/october/archives-digitize-mellon-institute-records.html).

Rodin, J. (2016) "The Legacy of Citizen Jane," (https://www.rockefellerfoundation.org/blog/the-legacy-of-citizen-jane/).

Rousseau, J.-J. (1762) Du Contrat Social: Ou Principes Du Droit Politique (桑原武夫・前川貞次郎訳『社会契約論』岩波書店 (岩波文庫), 1954).

Rouvalis, C. and S. Maurer (2012) *Albert's Kids: The Heroic Work of Shining Shoes for Sick Children*, Rosedog Press.

Sabatini, P. (2017) "Surely a Giant of Pittsburgh: Billionaire Financier Avoided Spotlight but Was One of the City's Most Generous Benefactors," *Pittsburgh Post-Gazette*, Apr. 15 (Sooner edn.).

Saez, E. and G. Zucman (2019) *The Triumph of Injustice: How the Rich Dodge Taxes and*

How to Make Them Pay, W.W. Norton & Co.（山田美明訳『つくられた格差　不公平税制が生んだ所得の不平等』光文社，2020）.

Saga Education（2020）"Evidence-Based Tutoring Program Scales to Address Learning Loss and Persistent Opportunity Gaps in Major Urban Districts," Press Release, August 10.

Sewald, J.（2012）"William S. Dietrich II, Businessman and Philanthropist," *Pittsburgh Quarterly*, Winter.

Sheridan, P.（2020）"Voices of Philanthropy: Some Big Pittsburgh-Area Donors Talk about Why They Give," *Pittsburgh Post-Gazette*, Dec 7.

Shughart, W. F., II（undated）"Public Choice,"（https://www.econlib.org/library/Enc/PublicChoice.html）.

Skrabec, Q. R., Jr.（2009）*H.J. Heinz: A Biography*, McFarland & Co.

Skrabec, Q. R., Jr.（2010）*The World's Richest Neighborhood: How Pittsburgh's East Enders Forged American Industry*, Algora Publishing.

Spencer, H.（1843）*The Proper Sphere of Government*, W. Brittain（森村進編訳『ハーバート・スペンサー コレクション』筑摩書房（ちくま学芸文庫), 2017）.

Spencer, H.（1857）"Progress: Its Law and Cause," *Westminster Review*, 67, pp. 445-85（清水礼子訳「進歩について」『世界の名著 36: コント スペンサー』中央公論社，1970）.

Stapleton, D.（2020）*A History of University Circle in Cleveland: Community, Philanthropy, and Planning*, MSL Academic Endeavors.

Theis, M. and A. Daniels（2020）"How 25 Big Grant Makers Are Responding to the Covid Crisis," *Chronicle of Philanthropy*, Apr 1.

Thelin, J. R. and R. W. Trollinger（2014）*Philanthropy and American Higher Education*, Palgrave Macmillan.

Univ. of Pittsburgh Library System（undated）"Stories from the Library: 50 Years of Hillman,"（exhibit.library.pitt.edu/hillman-stories/）.

UPMC（2017）"Pitt, UPMC Announce $30 Million Henry L. Hillman Foundation Gift to the Hillman Fellows for Innovative Cancer Research Program,"（https://www.upmc.com/media/news/hillman-fellows）.

UPMC Hillman Cancer Center（2017）"Hillman Legacy Lives on at UPMC Hillman Cancer Center,"（https://hillmanresearch.upmc.edu/hillman-legacy-lives-on-at-upmc-hillman-cancer-center/）.

Waleson, H.（2007）Beyond FIVE PERCENT: The New Foundation Payout Menu.

Weber, M.（1920）*Die protestantische Ethik und der 'Geist' des Kapitalismus*（大塚久雄訳『プロテスタンティズムの倫理と資本主義の精神』岩波書店（岩波文庫), 1989）.

Zlatos, B.（2006）"Walton's Death Signifies End of Era," *TribLIVE.com.*, Mar 12.

Zunz, O.（2012）*Philanthropy in America: A History*, 2nd Printing with a New Preface by the Author, Princeton Univ. Press.

青柳正彦（undated）「農士学校の沿革」，〈http://www.heartfultime.com/html/tmi/img/kappa201110282.pdf〉.

赤井克己（2007）『瀬戸内の経済人——人と企業の歴史に学ぶ 24 話』吉備人出版.

秋元雄史（2018）『直島誕生 過疎化する島で目撃した「現代アートの挑戦」全記録』ディスカバー・トゥエンティワン.

秋吉茂（1983）『春雷のごとく　林原一郎風雲録』謙光社.

麻生百年史編纂委員会（編）（1975a）『麻生百年史』麻生セメント（非売品）.

麻生百年史編纂委員会（編）（1975b）『麻生百年史』website 版.

阿部武司（編）（2017）『大原孫三郎　地域創生を果たした社会事業家の魁』PHP 研究所.

池田武彦（2017）「記者歴 50 年——思い出す人たち　その出会いと別れ(1)」『岡山人じゃが 2017』吉備出版社.

石内孔治（2010）「商学部創設 60 周年にあたって——ブリヂストン創業者・石橋正二郎氏の篤志に導かれて——」『久留米大学商経同窓会報』No.26.

石川康晴（2016）「ストライプのイノベーションと地域貢献」（第 18 回企業家賞記念講演）『企業家倶楽部』10 月号.

石川康晴（2019）『学びなおす力　新時代を勝ち抜く「理論とアート」』PHP 研究所（PHP ビジネス新書）.

石田梅岩（加藤周一訳）（2021）『都鄙問答』中央公論新社（中公文庫）.

石橋幹一郎追悼集刊行委員会編（1999）『石橋幹一郎　思い出と素顔』石橋幹一郎追悼集刊行委員会.

石橋正二郎（1962）『私の歩み』非売品.

石橋正二郎（1980）［1957］「私の履歴書」日本経済新聞社編『私の履歴書 経済人 2』日本経済新聞社.

泉彦蔵（1934）『麻生太吉伝』麻生太吉伝刊行会.

出光計助（1986）『二つの人生』講談社.

出光興産店主室（編）（1994）『積み重ねの 70 年』.

出光佐三（1962）『人間尊重五十年』春秋社.

出光佐三（1980）［1956］「私の履歴書」日本経済新聞社編『私の履歴書 経済人 1』日本経済新聞社.

出光佐三（2016）［1966］『マルクスが日本に生まれていたら』講談社（＋α文庫）.

稲盛和夫（2004）［2002］『稲盛和夫のガキの自叙伝——私の履歴書』日経 BP（日経ビジネス人文庫）.

稲盛和夫（2007）『人生の王道　西郷南洲の教えに学ぶ』日経 BP.

稲盛和夫（2010）［2006］『アメーバ経営』日経 BP（日経ビジネス人文庫）.

稲盛和夫（2014）『成功の要諦』致知出版社.

稲盛和夫（2016）［2013］『燃える闘魂』〈新書版〉毎日新聞出版.

稲盛和夫・山中伸弥（2017）［2014］『賢く生きるより，辛抱強いバカになれ』朝日新聞出版

（朝日文庫）.

犬飼亀三郎（1973）『大原孫三郎父子と原澄治』倉敷新聞社.

井上久男（2017）「政財界を牛耳る　麻生グループ／九州の帝王」『週刊東洋経済』No.6757, pp. 41-3.

井堀利宏（2001）『あなたが払った税金の使われ方』東洋経済新報社.

岩井泰子（2020）「自校を知り，自分の将来に役立てる」（https://www.notredame.ac.jp/~tyoshida/2020/ND_20200605.pdf）.

植田心壮（1995）『オリエント美術館を語る——その創設から今日まで——』日本文教出版.

上田貞次郎（1925）『株式会社の現代経済生活に及ぼす影響』東京銀行集会所.

浦辺鎮太郎（1978）「大原聰一郎と倉敷」環境文化研究所企画編集『歴史的町並みのすべて』若樹書房（松隈洋・笠原一人・西村清是（編）（2019）『建築家 浦辺鎮太郎の仕事：倉敷から世界へ，工芸からまちづくりへ』学芸出版社に再録）.

大倉喜八郎（述）・東京経済大学史料委員会（編）（2018）［2014］『大倉喜八郎 かく語りき——進一層，責任と信用の大切さを——』改訂版，日本経済評論社.

太田耕史郎（2002）『反トラスト政策の経済分析』広島修道大学総合研究所.

太田耕史郎（2016）『地域産業政策論』勁草書房.

大坪檀（2019）『見・聞・録による石橋正二郎伝〜ロマンと心意気〜』静岡新聞社.

大原謙一郎（2002）『倉敷からはこう見える　世界と文化と地方について』山陽新聞社.

大原總一郎（1961）「経済成長によき内容を」『日本経済新聞』（大原（1981b）に収録）.

大原總一郎（1981a）『大原總一郎随想全集1 思い出』福武書店.

大原總一郎（1981b）『大原總一郎随想全集4 社会・思想』福武書店.

大原孫三郎伝刊行会（編）（1983）『大原孫三郎伝』非売品.

岡田知弘（2007）「産業政策の転換と京都財界の政策要求」，村上弘・佐藤満・田尾雅夫編『京都市政　公共経営と政策研究』法律文化社

岡山放送（2020）「埋もれかけていた古代文化再び…岡崎コレクション！　オリエント美術館に寄贈」（https://www.ohk.co.jp/data/2715/pages/）.

鶴友会（編）（1924）『大倉鶴彦翁』鶴友会.

鶴友会（編）（1929）『鶴翁余影』鶴友会.

河村英雄（編）（1934）『名も無き民のこゝろ（河村幹雄博士遺稿）』岩波書店.

北九州市戸畑区役所（2011）『安川・松本家と戸畑の百年』（リーフレット），北九州戸畑区役所.

京都経済同友会（同友会）（1968a）『京都における中堅的企業の成長とその課題』.

京都経済同友会（同友会）（1968b）『豊かな京都への提言——未来都市を求めて』.

京都経済同友会（同友会）（1972）『ベンチャー・ビジネスと企業家精神』ボストン・ベンチャー・ビジネス視察報告.

京都経済同友会（同友会）（1989）『京都経済同友会の40年』.

清宮一郎（編）（1952）『松本健次郎懐旧談』鱒書房.

倉敷商工会議所（2019）「新会館建設へGO!!」『倉敷』No.756.

クラレ（編）（1980）『大原總一郎年譜』クラレ.

公益法人協会（2010）「平成 23 年度税制改正に関する要望」（http://www.kohokyo.or.jp/kohokyo-weblog/topics/images/20101018_youbousyozenbun.pdf）.

古賀靖敏（1995）『進取 努力 徹底──三井ハイテック会長兼社長三井孝昭 聞き書き』西日本新聞社.

小島直記（1986）『創業者・石橋正二郎──ブリヂストン経営の原点──』新潮社（新潮文庫）

小嶋光信（2014）「《講演録》ネコを駅長にした立役者 ～社会に貢献し，人を幸せにする経営理念「忠恕」～」『Bplatz』（https://bplatz.sansokan.jp/archives/4771）.

西郷隆盛（松浦光修編訳）（2008）『〔新訳〕南洲翁遺訓　西郷隆盛が遺した「敬天愛人」の教え』PHP 研究所.

斉藤泰嘉（2008）『佐藤慶太郎伝──東京府美術館を建てた石炭の神様』石風社.

堺屋太一（2012）『人を呼ぶ法則』幻冬舎（幻冬舎新書）.

佐々木直樹（2018）「100 億円をも惜しまない稀代のパトロン　日本美術を世界に伝える──オークラコレクション展（下）」『ARTNE』，（https://artne.jp/column/1599）

佐藤慶太郎（1937）「金に対する私の信念」『新興生活』9 月号.

佐藤慶太郎翁伝記編纂会［佐藤翁伝記編纂会］（編）（1942）『佐藤慶太郎』大日本生活協会.

産経新聞（2014）「九州の礎を築いた群像　安川電機編（1）-（6）」.

産経 WEST（2017）「「海賊とよばれた男」の“もう一つの顔”──出光佐三，荒れ果てた故郷の神社を私財投じて復興，有力世界遺産候補に（1）-（3）」.

渋沢栄一（1911）「二宮先生の遺法」『東京市養育院月報』（121），pp. 3-4（デジタル版『渋沢栄一伝記資料』第 3 巻，pp. 652-54）.

渋沢栄一（1917）「福沢先生及び独立自尊論」『竜門雑誌』（353），pp. 68-75（デジタル版『渋沢栄一伝記資料』第 45 巻，pp. 426-31）.

渋沢栄一（2008）［1927］『論語と算盤』KADOKAWA（角川ソフィア文庫）.

渋沢栄一（2010）『国富論　実業と公益』国書刊行会（原著：『青淵百話』同文館，1912）.

渋沢栄一（2020）『渋沢栄一自伝（雨夜譚・青淵回顧録（抄）』KADOKAWA（角川文庫）（原著：『青淵回顧録』青淵回顧録刊行会，1927）.

渋沢秀雄（2019）［1959］『父 渋沢栄一』（新版），実業之日本社.

島村史孝（1989）『道草人生　安川寛聞書』西日本新聞社.

週刊現代（2017）「「森友」から「くまモンの飲食費」までチェック…これが会計検査院だ」『週刊現代』12.14.

白石喜太郎（2021）［1933］『渋沢栄一 92 年の生涯　秋の巻』国書刊行会.

平良敏子（1991）「私の履歴書（①〜㉚）」『日本経済新聞』.

立石一真（1985）『永遠なれベンチャー精神──私の実践経営論──』ダイヤモンド社.

立石一真（1990）『人を幸せにする人が幸せになる　人間尊重の経営を求めて』PHP 研究所.

立石義雄（2005）『未来から選ばれる企業　オムロンの「感知力」経営』PHP 研究所.

田中邦博・長弘雄次（1998）「創生期における若松港・洞海湾の開発に関する史的研究」『土木史研究』第 18 号，pp. 579-94.

田中直樹（1975）「筑豊石炭礦業発展史概要」麻生百年史編纂委員会（編）（1975a）.

田村賢司（2020）「個人資産 100 億円寄付だけでは終わらない，拡大する永守大学改革」『日経ビジネス』5 月 20 日.

塚本幸一（1991）『私の履歴書』日本経済新聞出版.

富田高慶（述）（1933）［1856］『報徳記』岩波書店（岩波文庫）.

中野茂夫（2001）「工業系企業の産業基盤整備が近代地方都市の空間変容に及ぼした影響〜倉敷紡績と都市・倉敷の関係を事例に〜」『日本建築学会計画系論文集』No.544, pp. 273-80.

中野政則（2012）『正二郎はね　ブリヂストン創業者父子二代の魂の軌跡』出窓社.

永守重信（2018）「私財をなげうって偏差値教育を打破する」『本当に強い大学 2018』東洋経済新報社.

新潟大学全学同窓会（2007）「旧・新潟師範学校記念館の歴史　建設までの経緯と記念館の歩み」『雪華』vol.6.

西川伸一（2003）『この国の政治を変える会計検査院の潜在力』五月書房.

西日本新聞社（編）（2001）『安川寛追悼文集』西日本新聞社.

二宮康裕（2010）『二宮金次郎正伝』モラロジー研究所.

日本経済新聞社（編）（2008）［2004］『日本電産 永守イズムの挑戦』日本経済新聞社.

二村一夫（1988）「大原孫三郎が出した金」『大原社会問題研究所雑誌』No.359.

根津嘉一郎（1938）『世渡り体験記』実業之日本社.

根津翁伝記編纂會（編）（1961）『根津翁傳』根津翁傳記編纂會.

NetIB-NEWS（2016）「「創業家の乱」——出光興産と昭和シェルの合併に反対した創業家の狙い？」（後）」NetIB-NEWS,（https://www.data-max.co.jp/article/429）.

野口仁志（2019）『甲状腺クロニクル 甲状腺診療とともに歩いた野口病院三代記』日本エディターズ.

花田勝広（2016）『出光佐三と宗像——温故知新と回想——』宗像考古刊行会.

花見朔巳（編）（1939）『男爵山川先生傳』故男爵山川先生記念會

林原健（2003）『独創を貫く経営——私の履歴書——』日本経済新聞社.

林原健（2014）『林原家　同族経営への警鐘』日経 BP 社.

林原健（2018）『日本企業はなぜ世界で通用しなくなったのか』KK ベストセラーズ（ベスト新書）.

林原靖（2013）『破綻——バイオ企業・林原の真実』ワック.

春木一夫（2015）［1972］『どや勝負しょか』村田機械.

PwC あらた有限責任監査法人（2019）『社会的課題の解決に寄与する活動に対する資金提供に関する海外調査（報告書）』平成 30 年度内閣府委託調査，3 月.

福澤諭吉（松崎欣一編）（2003）［1899］『福翁自伝・福沢全集緒言』慶應義塾大学出版会.

福澤諭吉（服部禮次郎編）（2009）［1897］『福翁百話』慶應義塾大学出版会.

福武聰一郎（2003）「よく生きる（仕事人秘録）（①〜⑯）」『日経産業新聞』.

福武聰一郎（2016）「ベネッセアートサイト直島から瀬戸内国際芸術祭へ」福武聰一郎・北川フロム『直島から瀬戸内国際芸術祭へ——美術が地域を変えた』現代企画室.

藤田慎一郎（undated）「大原總一郎さんと美術館」『月報（大原總一郎随想全集 4 社会・思想）』（福武書店）.

藤吉雅春（2017）「100 億円を寄付した永守重信の「壮大な構想」」『Forbes JAPAN』, 8 月号.

藤原銀次郎（1960）『世渡り九十年』実業之日本社.

藤原正彦（2015）『管見妄語 卑怯を映す鏡』新潮社（新潮文庫）.

細井和喜蔵（2009）[1925]『女工哀史』岩波書店（岩波文庫）.

堀江耕平（2013）|変人会・瞬間湯沸かし器…京都経済人の意外な素顔」（京都ここだけの話）『NIKKEI STYLE』Jan 17.

堀場厚（2011）『京都の企業はなぜ独創的で業績がいいのか』講談社.

堀場雅夫（2003）[1995]『イヤならやめろ！ 社員と会社の新しい関係』日本経済新聞出版（日経ビジネス文庫）.

堀場雅夫（2004）[1992]「私の履歴書」日本経済新聞社編『私の履歴書 経済人 29』日本経済新聞社.

松田基（楢原雄一編）（1993）『リーディングカンパニーに育てる——信託経営の理念と実践——』日本文教出版.

三村聡（2021）「倉敷市における地域公共政策の支援活動」『岡山大学経済学会雑誌』53 (2), pp. 1-25.

宮本恵理子（2020）「ミクシィ創業者の笠原氏が個人資産 10 億円寄付で, 本当にやりたかったこと」 *Business Insider*（https://www.businessinsider.jp/post-216921）.

武藤山治（1934）『私の身の上話』単式印刷.

村田昭（1994）『不思議な石ころ（私の履歴書）』日本経済新聞社.

森林太郎（1899）「我をして九州の富人たらしめば」『福岡日日新聞』（9. 16）.

森村市左衛門（述）（井上泰岳編）（1912）『独立自営』実業之日本社.

安川敬一郎（撫松）（1935）『撫松余韻』非売品.

安川第五郎（1970）『わが回想録』百泉書房.

安川寛（聞き手：四島司）（1991）「安川・松本家のひとびと」（北九州に強くなろうシリーズ No.1）, 西日本シティ銀行（https://www.ncbank.co.jp/corporate/chiiki_shakaikoken/furusato_rekishi/digibook/print/K001.pdf）.

山川健次郎（1929）「武士道に就て」『教科資料』第 95 輯（海軍省教育局）（故男爵山川先生記念会編（1937）『男爵山川先生遺稿』故男爵山川先生記念会, 所収）.

山田泰久（2021）「日本における寄付の系譜」日本フィランソロピー協会（2021）『共感革命 フィランソロピーは進化する』中央公論事業出版.

山中伸弥（2018）『走り続ける力』毎日新聞出版.

湯浅叙子（1999）「塚本幸一の生涯」ワコール社長室社史編纂事務局編『ワコール 50 年史—

　　　―ひと　相互信頼』ワコール.

吉川勝司（原案）（2010）『より広い世界を目指して～「モノづくり」で世界に挑戦した村田
　　禎介・純一親子のものがたり』村田機械.

吉田忠雄（1982）『「なしたもんだ」の経営』千広企画出版部.

吉田忠裕（出町譲取材・構成）（2017）『YKK の流儀　世界のトップランナーであり続ける
　　ために』PHP 研究所.

劉寒吉（1968）『松本健次郎伝』松本健次郎伝刊行会.

若宮卯之助（1929）『森村翁言行録』大倉書店.

渡辺京二（2005）［1998］『逝きし世の面影』平凡社（平凡社ライブラリー）.

（映像作品）

テレビせとうち・ビデオプロモーション・日経映像（制作著作）（2009）「美しい経済人 大
　　原總一郎」（https://www.youtube.com/watch?v=_otq7_F1pvM）.

人名索引

A

アデルソン，S.（Sheldon Adelson） 15
アーマー，P.（Philip Armour） 205
アトキンソン，A.（Anthony Atkinson） 9

B

バクスター，R.（Richard Baxter） 219
ベネダム，M.（Michael Benedum） 87
ベゾス，J.（Jeff Bezos） 12, 18, 28
バイデン，J.（Joe Biden） 9
ブラヴァトニック，L.（Len Blavatnik） 15
ブルームバーグ，M.（Michael Bloomberg）
 12, 28, 29, 201, 204
ブッチャー，C.（Charles Boettcher） 196
ブリン，S.（Sergey Brin） 15
ブルース，A.（Ailsa Bruce） 68, 69
バフェット，W.（Warren Buffett） 12, 16,
 28, 29, 206, 211
ブッシュ，V.（Vannevar Bush） 196

C

カールソン，C.（Curt Carlson） 204, 209
カーネギー，A.（Andrew Carnegie） 3, 4,
 23, 30, 35, 37-42, 59, 62, 65, 72, 73, 84, 89, 90,
 128, 140, 168, 203, 204-206, 211, 212, 216,
 218-220
カーネギー，L.（Louise Carnegie） 41
クーパー，P.（Peter Cooper） 40
クーパーマン，L.（Leon Cooperman） 17,
 18, 29

D

ダニエルズ，R.（Ronald Daniels） 196

ディートリック，W. 2 世（William Dietrich,
 II） 83-85, 89
ドレクセル，A.（Anthony Drexel） 204
ドラッカー，P.（Peter Drucker） 198
ダイソン，J.（James Dyson） 200

E

エドワーズ，M.（Michael Edwards） 83
エドワーズ，R.（Richard Edwards） 82
エリオット，C.（Charles Eliot） 22
エリソン，L.（Larry Ellison） 12, 15, 29
エンゲルス，F.（Friedrich Engels） 42

F

フィーニー，C.（Chuck Feeney） 205-206,
 211, 212
フィールド，M.（Marshall Field） 205
フォード，H.（Henry Ford） 62, 216
フォーニー，J.（John Forney） 35
フランクリン，B.（Benjamin Franklin） 23,
 72, 199
フリック，H.（Henry Frick） 42, 66

G

ゲイツ，B.（Bill Gates） 12, 16, 28, 29, 35,
 206, 211
ゲイツ，F.（Frederick Gates） 30
ゲイツ，M.（Melinda Gates） 206
グリフィン，K.（Kenneth Griffin） 17, 18,
 204

H

ハークネス，A.（Anna Harkness） 30
ハークネス，E.（Edward Harkness） 25

ハークネス, S.（Stephen Harkness）　25

ハーパー, W.（William Harper）　43

ハートフォード, J.（John Hartford）　202

ハインツ, H. J.（Henry J. Heinz）　61-63, 65-66, 67, 89, 144

ハインツ, H. J. II（H. John "Jack" Heinz, II）　62, 64

ハインツ, H. J. III（H. John Heinz, III）　64-65

ハインツ, Ho.（Howard Heinz）　62, 64

ハインツ, V.（Vira Heinz）　64

ハインツ・ケリー, T.（Teresa Heinz-Kerry）　64, 65

ハーマン, A.（Andrew Herrmann）　193

ヒルマン, E.（Elsie Hillman）　77, 90

ヒルマン, J. H. Jr.（J. Hartwell "Hart" Hillman, Jr.）　75-77

ヒルマン, J. H. Sr.（J. Hartwell Hillman, Sr.）　74

ヒルマン, H.（Henry Hillman）　75-78, 90, 201

ホプキンス, J.（Johns Hopkins）　23-24, 37, 199, 204-205

ハント, A.（Alfred Hunt）　67

ハント, Ri.（Richard Hunt）　67

ハント, Ro.（Roy Hunt）　67

ハント, W.（William Hunt）　41, 67, 85

I

アイカーン, C.（Carl Icahn）　12, 15

J

ジェイコブズ, J.（Jane Jacobs）　27

ジェニングス, M.（Mary Jennings）　77

K

クリンゲンシュタイン, Joh（John Klingenstein）　199

クリンゲンシュタイン, Jos（Joseph Klingenstein）　196

クルップ, A.（Alfried Krupp）　163

L

ローダー, L.（Leonard Lauder）　199

レクシー, A.（Albert Lexie）　90-91

リリー, E.（Eli Lilly）　26

リリー, J. K. Jr.（Josiah Kirby Lilly, Jr.）　26

リリー, J. K. Sr.（Josiah Kirby Lilly, Sr.）　26

ルミュー, M.（Mario Lemieux）　85-86

ロッカート, C.（Charles Lockhart）　82, 83

M

マキューン, C.（Charles McCune）　82

マキューン, J. II（John McCune, II）　81-82

マキューン, J. III（John McCune, III）　82

マキューン, J. IV（John McCune, IV）　83

マンチン, J.（Joe Manchin）　18

マーキー, L.（Lucille Markey）　202-203

マルクス, K.（Karl Marx）　42, 155, 168

マザー, E.（Elizabeth Mather）　25

マザー, S.（Samuel Mather）　25

マザー, W.（William Mather）　25

メイ, C.（Cordelia May）　209

メロン, A. W.（Andrew William Mellon）　66-69, 72-73, 76, 82, 84, 209

メロン, P.（Paul Mellon）　68-70

メロン, R. B.（Richard Beatty Mellon）　66-69, 72-73, 209

メロン, R. K.（Richard King Mellon）　4, 63, 66, 68, 70, 71, 73, 74, 77

メロン, T.（Thomas Mellon）　66, 72

メロン, W. L.（William Larimer Mellon）　67, 69, 209

メナード, J. Jr.（John Menard Jr.）　15

ミラー, P.（Patricia Miller）　77

ムーア, G.（Gordon Moore）　28

モーゼス, R.（Robert Moses）　25

マスク, E.（Elon Musk）　12, 16, 29, 194

N

ネルソン, B.（Ben Nelson）　200

P

パッカー, A.（Asa Packer）　23
パトリノス, D.（Demetrios Patrinos）　85
ピーボディ, G.（George Peabody）　3, 4, 30,
　34-37, 202, 204-205, 212, 220
ペル, C.（Claiborne Pell）　16
ピーターフィー, T.（Thomas Peterffy）　15
ピケティ, T.（Thomas Piketty）　9
プラット, C.（Charles Pratt）　40
プラット, E.（Enoch Pratt）　41, 204

R

ランゴス, A.（Alexander Rangos）　79, 80
ランゴス, J. Jr.（John Rangos, Jr.）　79, 80
ランゴス, J. Sr.（John Rangos, Sr.）　78-81,
　89
ロックフェラー, D.（David Rockefeller）
　208-209
ロックフェラー, J. Jr.（John Rockefeller,
　Jr.）　44, 203, 208
ロックフェラー, J. Sr.（John Rockefeller,
　Sr.）　3, 4, 18, 23, 30, 35, 42-44, 59, 73, 168,
　199, 202, 203, 204-206, 212, 219
ロックフェラー, J. III（John Rockefeller,
　III）　202, 208-209
ロックフェラー, L.（Laurance Rockefel-
　ler）　208
ロックフェラー, M.（Martha Rockefeller）
　208
ロックフェラー, N.（Nelson Rockefeller）
　208
ロックフェラー, W.（Winthrop Rockefel-
　ler）　208
ローゼンウォルド, J.（Julius Rosenwald）
　30

S

サエズ, E.（Emmanuel Saez）　9
セージ, O.（Olivia Sage）　30
スカイフ, D.（David Scaife）　209

スカイフ, R.（Richard Scaife）　209
スカイフ, S.（Sarah Scaife）　68, 70, 71
スコット, M.（MacKenzie Scott）　18, 28, 29
シールバック, W.（William Seelbach）　202
シコースキー, M.（Mike Sikorski）　5,
　220-221
シモンズ, J.（Jim Simons）　196
スローン, A.（Alfred Sloan, Jr.）　196
スミス, R.（William Smith）　17, 18, 29
ソンタグ, R.（Rick Sontag）　196
ソロス, G.（George Soros）　12, 28, 29, 203
スペンサー, H.（Herbert Spencer）　39, 208
スタンフォード, L.（Leland Stanford）
　23-24, 41
ストーン, A.（Amasa Stone）　24

T

テッパー, D.（David Tepper）　69
スループ, A.（Amos Throop）　23
ティルデン, S.（Samuel Tilden）　21, 40
トランプ, D.（Donald Trump）　9, 196
テュレーン, P.（Paul Tulane）　204-205
タル, T.（Thomas Tull）　85-86

W

ウォルターズ, H.（Henry Walters）　204
ウォルトン, R.（Rachel Walton）　90, 209
ワナメーカー, J.（John Wanamaker）　65
ウィアー, E.（Ernest Weir）　81, 89
ウェスティングハウス, G.（George Westing-
　house）　62
ウォートン, J.（Joseph Wharton）　199
ワイデン, R.（Ron Wyden）　9, 16, 18

Z

ザッカーバーグ, M.（Mark Zuckerberg）
　12, 29
ズックマン, G.（Gabriel Zucman）　9

あ行

赤﨑勇　207

麻生賀郎　　131
麻生太賀吉　　5, 131, 134-136
麻生太吉　　4, 123, 126, 131-136, 139, 157
麻生太郎　　132, 136, 137
麻生泰　　132, 136, 137
石川康晴　　183-185, 188
石田梅岩　　216, 219
石橋幹一郎　　149, 150, 152-157, 210
石橋正二郎　　5, 144, 147-157, 210
石橋徳次郎　　147, 148, 149, 152
出光計助　　143, 157
出光佐三　　5, 101, 142-147, 157, 170
伊藤雅俊　　51
稲盛和夫　　4, 50, 102, 103, 105-111, 116, 204,
　207
井堀利宏　　194
上原小枝　　49
上原正吉　　49
上原昭二　　49
大倉喜七郎　　103, 210
大倉喜八郎　　46, 54, 200, 210
大隅良典　　44, 208
大原あかね　　166, 188, 189
大原謙一郎　　162, 163, 166, 170, 188
大原孝四郎　　159-160
大原總一郎　　5, 114, 161-163, 165-170, 188,
　204, 207, 210
大原孫三郎　　5, 160-168, 170, 187, 188, 210,
　217
大村智　　208
岡﨑彬　　187
岡﨑林平　　186-187

か行

河村幹雄　　134, 136
菅直人　　213
岸田文雄　　10
北尾義孝　　201
小泉純一郎　　213
小嶋光信　　175, 176, 188
小林陽太郎　　207

さ行

西郷隆盛（南洲）　　107, 216
佐藤慶太郎　　137-141, 157, 206
佐藤研一郎　　4, 116, 119-120, 213
渋沢栄一　　45, 46, 47, 54, 204, 206, 207, 216,
　218, 220
孫正義　　50, 201

た行

滝崎武光　　51
立石一真　　4, 94-97, 114-116
立石孝雄　　95-97, 105
立石信雄　　95, 96
立石義雄　　95-97, 110, 116
塚本幸一　　101-103, 111, 115, 116
塚本能交　　102, 116

な行

中谷忠子　　50
中谷正　　50
中谷太郎　　49
永守重信　　4, 50, 112-114, 116, 201
新渡戸稲造　　215, 218
似鳥昭雄　　51
二宮尊徳　　217-218, 219, 220
根津嘉一郎　　47, 206

は行

服部金太郎　　207, 218
服部真二　　210
鳩山由紀夫　　213
林忠四郎　　207
林原一郎　　171, 172, 173, 174
林原健　　171-174, 188
原邦三郎　　162
伴五紀　　207
畫馬輝夫　　201
福沢諭吉　　48, 49, 123, 217-218
福武純子　　180-183
福武總一郎　　5, 179-183, 188

福武哲彦　　178-180
福武信子　　181
福武英明　　180, 181, 188
福武れい子　　181
藤原銀次郎　　47, 200, 218
堀場厚　　104, 116
堀場雅夫　　4, 103-105, 110, 113, 116
本庶佑　　51, 208

ま行

前澤友作　　52
松浦俊明　　181
松下幸之助　　48, 102
松田壮三郎　　175, 176
松田基　　175-178, 207
松田与三郎　　174
松本健次郎　　123-127, 129, 157, 163
三井孝昭　　130
武藤山治　　163, 218
村田昭　　4, 116, 117, 212-220
村田純一　　98-100, 116
村田禎介　　98-100

村田泰隆　　116, 117
森村市左衛門　　48-49, 206, 207, 218
森村豊　　48-49
森林太郎（鷗外）　　129-130, 211, 217

や行

安川寛　　124, 127, 129, 134
安川敬一郎　　4, 123-131, 135, 156, 163, 200, 216, 217
安川第五郎　　124, 126, 128, 129, 134, 157
安川泰一　　124, 130
安川清三郎　　123, 124
安田善次郎　　210
安田善之助　　210
安原真二郎　　185-186
柳井正　　50, 183
山内溥　　116, 118-119
山川健次郎　　125, 215-216
山田進太郎　　52
山中伸弥　　51, 108, 197, 198
吉田忠雄　　206
吉田忠裕　　202

著者略歴

1965年1月　静岡県天竜市（現浜松市天竜区）に生まれる
1992年3月　青山学院大学大学院経済学研究科博士後期課程満期退学
広島修道大学経済科学部専任講師，助教授などを経て，
2003年4月　教授
2018年4月-2022年3月　副学長
2022年4月　大学院経済科学研究科長
2002年8月-2003年8月　ジョージメイソン大学 Center for Study of Public Choice, Visiting Scholar
2010年8月-2011年8月　サウスオーストラリア大学 Center for Regulation and Market Analysis, Visiting Academic

著訳書　『地域産業政策論』（勁草書房，2016），『ラストベルト都市の産業と産業政策——地方都市復活への教訓——』（勁草書房，2019），黒川和美著『官僚行動の公共選択分析』（勁草書房，2013（編集代表者）），ガルブレイス＝ダリティ著『現代マクロ経済学』（TBS ブリタニカ，1998（共訳）），など

地域振興と慈善活動
慈善・寄付は地域を呼び覚ます

2022年9月20日　第1版第1刷発行

著　者　太田耕史郎（おおたこうしろう）

発行者　井村寿人

発行所　株式会社　勁草書房（けいそう）

112-0005 東京都文京区水道2-1-1　振替　00150-2-175253
（編集）電話 03-3815-5277／FAX 03-3814-6968
（営業）電話 03-3814-6861／FAX 03-3814-6854
三秀舎・中永製本

https://www.keisoshobo.co.jp

太田耕史郎

ラストベルト都市の産業と産業政策 A 5 判 3,300 円
地方都市復活への教訓 50465-7

太田耕史郎

地域産業政策論 A 5 判 3,300 円
50429-9

川野辺裕幸・中村まづる 編著

公共選択論 A 5 判 3,080 円
50490-9

鷲見英司

地方財政効率化の政治経済分析 A 5 判 4,950 円
50479-4

中澤克佳・宮下量久

「平成の大合併」の政治経済学【オンデマンド版】 A 5 判 4,950 円
98316-2

西川雅史

財政調整制度下の地方財政【オンデマンド版】 A 5 判 4,400 円
健全化への挑戦 98426-8

川崎一泰

官民連携の地域再生 A 5 判 3,675 円
民間投資が地域を復活させる 50377-3

長峯純一

公共選択と地方分権【オンデマンド版】 A 5 判 5,060 円
98204-2

勁草書房刊

＊表示価格は 2022 年 9 月現在。消費税 10％ が含まれております。

まえがき

　本書の出版には 2 つの背景がある。筆者は 2019 年に出版した『ラストベルト都市の産業と産業政策』において米中西部のかつて製造業で繁栄したいくつかの都市の近年の産業の動向とその要因を調査したが，新産業の台頭には起業家またはその一族の企（起）業家としての活動はもちろんのこと，彼らの地域への寄付などの慈善活動の展開が重要な要因となるとの強い認識を得たことがその 1 つである。それに関しては，A．トクヴィル（Alexis de Tocqueville）のものともされる，"America is great because she is good" の言葉が思い出される。もう 1 つは情報技術（Information Technology）や金融工学（financial engineering）の発展が富豪を次々と誕生させるなかで，とりわけ米国では経済（所得・資産）格差が拡大し，富裕層への課税を強化する税体系のあり方が盛んに議論されていることである。

　最初の背景と関連して，今回，改めてわが国のそれを含むいくつかの都市・地域の起業家の慈善活動を調査したが，誰であれ，ある人の慈善の活動と思想を尋ねるのは筆者にとっては格別に清々しいもので，このようなテーマ，そして新たに A．カーネギーの *The Gospel of Wealth* と G．ピーボディ，安川敬一郎に出会えたことは幸せといえる。著名な起業家にはしばしばかなり大部の，あるいは複数の自伝・伝記があるが，ありがたいことにそうしたものへのアクセスは大幅に改善している。安川については，北九州市立自然史・歴史博物館が翻刻・刊行を進める『安川敬一郎日記』（全 5 巻）などにより，また赤池炭坑を共同経営した平岡浩太郎との思想的な結びつきを解明するなどして，内容の拡充を図っていきたい。また，米国ではクリーブランドも調査対象の 1 つとしてきたが，それに関して本書では 1 起業家兼慈善家としてのロックフェラーと Univ. Circle 地区のかつての都市開発を紹介したに過ぎない。同市ではピッツバーグほどには起業家の慈善活動の効果が明確でないが，大学や病院に対する高額寄付も後を絶たない。調査結果の何らかの形での公表を準備したい。

（謝辞）

慈善に対する意識は周囲から育てて頂いたようにも思われる。とりわけ大学時代の恩師である黒川和美先生と奥様の由美子様のゼミ生へのご指導・ご対応は，金子貴一さんの「感謝と謙虚」（『トップが綴る いま伝えたい！感謝の心』PHPエディターズ・グループ）に記されているように，それこそ善意に溢れた，また善意に対する自覚と感謝を呼び起こすものであった。この「感謝と謙虚」の教えは，本書で取り上げる善意の連鎖のように，多数に上る門下生より次世代に伝えられていることであろう。また，これも善意で岡山大学地域総合研究センター長の三村聡先生と（公財）有隣会様から資料のご提供を，友人のマイクからは第10章の補論6の寄稿を頂いた。最後に，本書の出版に当たって勁草書房編集部の宮本詳三様に多大なお骨折りを頂いた。今回でご担当を頂くのは3回目，こちらも何とも幸せなことである。

2022年夏

太田耕史郎

地域振興と慈善活動　**目次**

まえがき

序章　寄付・慈善活動を考える ………………………………………… 3

第 1 部　起業家の慈善活動をふり返る

第 1 章　社会階層は固定化されているのか ………………………… 9
1.1　はじめに　9
1.2　経済格差　10
1.3　一般大衆の認識　14
1.4　富裕層の所得の源泉　14
1.5　富裕層の態度　16
補論 1　日本の経済格差　18

第 2 章　米国の寄付活動をふり返る ………………………………… 21
2.1　法制度の整備　21
2.2　寄付活動の歴史　23
2.3　寄付活動の現状　27
2.4　財団　30
補論 2　信託，基金と財団　32

第 3 章　ピーボディ，カーネギーとロックフェラー ……………… 34
3.1　ジョージ・ピーボディの寄付活動　34
3.2　アンドリュー・カーネギーの寄付活動　37
3.3　ジョン・ロックフェラー Sr. の寄付活動　42

第4章 日本の寄付活動をふり返る ……………………………………… 45

4.1 寄付活動の歴史 45

4.2 寄付活動の現状 50

4.3 財団 52

4.4 おわりに 54

補論3 日米での大学に対する寄付金の比較 54

第2部 地域産業を振興する慈善活動

第5章 ピッツバーグ ………………………………………………… 59

5.1 都市の概要 59

5.2 ハインツ一族 61

5.3 メロン一族 66

5.4 ヒルマン一族 74

5.5 ジョン・ランゴス Sr. 78

5.6 マキューン一族 81

5.7 ウィリアム・ディートリック2世 83

5.8 最近の起業家・慈善家 85

5.9 財団による地域の産業振興 86

5.10 おわりに 89

補論4 アルバート・レクシー 90

第6章 京都 ……………………………………………………………… 92

6.1 京都の概要 92

6.2 立石一族 94

6.3 村田（禎介）一族 98

6.4 塚本幸一 101

6.5 堀場雅夫 103

6.6 稲盛和夫 105

6.7 永守重信 112

太田耕史郎

租税裁量と経済変動

増補・現代信用理論を超えて

勁草書房